기술혁신의 기원

기술혁신의 배경과 그 원동력

기술혁신의 기원

기술혁신의 배경과 그 원동력

초판 1쇄 발행 2021년 4월 30일

지은이 정상조

펴낸곳 서울대학교출판문화원
주소 08826 서울 관악구 관악로 1
도서주문 02-889-4424, 02-880-7995
홈페이지 www.snupress.com
페이스북 @snupress1947
인스타그램 @snupress
이메일 snubook@snu.ac.kr
출판등록 제15-3호

ISBN 978-89-521-3045-7 93300

이 저서는 2016년 정부(교육부)의 재원으로 한국연구재단의 지원을 받아 수행된 연구임(NRF-2016S1A6A4A01020576).

This work was supported by the National Research Foundation of Korea Grant funded by the Korean Government(NRF-2016S1A6A4A01020576).

기술혁신의 기원

기술혁신의 배경과 그 원동력

정상조 지음

TECHNOLOGICAL INNOVATION

서울대학교출판문화원

머리말

코로나19로 이 세상이 멈춰 버린 것처럼 불안하기도 하고 답답하기도 한 날들이 계속되고 있다. 세계적 펜데믹으로 부자들은 재산을 늘리고 여유를 즐길 수 있게 된 반면, 가난한 사람들은 더 심각한 생계 위협을 받고 있다. 공교롭게도 코로나19로 인해 미국의 도널드 트럼프(Donald Trump) 전 대통령이 연임에 실패했지만, 재임 중 악화시켜 놓은 국가 간 갈등과 긴장은 계속되고 있다. 한국에서는 진보적인 정책이 꽃을 피우기도 전에 성장 엔진이 식어 가는 것 아닌가 하는 우려가 커지는 실정이다. 대한민국의 발전이 정점을 찍고 내리막길을 가는 것 아닌가 하는 생각이 들기 때문일 것이다. 현재는 삼성과 LG의 휴대폰과 가전제품이 세계에서 1등을 하고, 케이팝이 세계 젊은이들을 감동시키고 있다. 우리는 대한민국 역사상 가장 풍요롭고 기술혁신이 가장 왕성한 순간에 와 있는지도 모른다. 그런데 앞으로도 우리 대기업들이 계속 1등을 할 수 있을까? 그리고 제2의 삼성이 나올 수 있을까?

과거를 되돌아보는 것에서 미래 전망과 설계를 시작해 보고자 한다. 요즘 트롯 열풍 속에서 과거를 회상해 보는 것처럼, 지난 60여 년간 경제성장과 기술혁신을 되돌아보면서 역사적 교훈을 찾고 미래를 설계하는 데 참고할 수 있을 것이다. 더 거슬러 올라가, 조선과 고려 및 신라 시대의 경제와 기술혁신을 살펴보고, 그 당시 서양의 경제 및 기술혁신과 비교해 보면 더 명확한 역사적 교훈을 발견할 수 있을 것이다.

과거의 역사적 사실을 상세히 분석하는 것은 필자의 역량을 벗어난 과업이다. 대한민국과 중국, 서양의 역사에서 기술혁신과 경제발전의 배경과 원동력을 살펴보기 위해 이미 많은 학자와 전문가가 인생을 바쳐 놀라운 분석 결과를 발표해 왔다. 어쩌면 필자가 이러한 기존 연구 결과 가운데 보고 싶은 사실만 보고 믿고 싶은 논리만 선택해, 결과적으로 엉성하고 논리 비약이 심한 결론을 제시하는 것일지도 모른다. 그러나 주관적 결론을 제시하기보다 일종의 시험적 논리를 제시해 전문가들의 추가적인 연구를 자극하는 계기가 마련된다면 필자의 역할을 다한 것으로 여길 것이다.

기술혁신의 중요성을 생각해 보면 기술혁신의 배경과 원동력에 관한 경제학적, 사회학적, 역사학적 연구는 많지만 법제도 시각에서 검토하고 법제도의 개선에 필요한 시사점을 찾으려는 연구는 너무나 일천한 것 같다. 따라서 기술혁신의 기원에 관한 경제학, 사회학, 역사학의 연구 성과를 활용해 미래를 설계하고 법 정책을 수립할 필요가 있다. 기술혁신을 둘러싼 동서양의 자유와 재산에 관한 법제도를 살펴봄으로써 대한민국의 지속적인 성장과 21세기 기술혁신을 도모하기 위한 새로운 시각을 찾아낼 수 있기를 기대한다.

2021년
정상조

차례

| 1장 |

서론

1. 왜 기술혁신인가?

석기시대부터 오늘날 디지털 시대에 이르기까지, 기술혁신은 인류 문명의 발전에 가장 핵심적인 동력이 되어 왔다. 전통적인 경제학 이론에 의하면 노동과 자본이 경제발전의 토대라고 인식되어 왔지만, 오늘날 기술혁신이 노동과 자본 이상으로 중요한 가치를 지닌다는 점은 부인할 수 없다. 노동과 자본 등 전통적인 생산 요소의 증가로 이룩한 경제성장보다 기술혁신에 의한 경제성장이 더 큰 비중을 차지하고 있다.[1]

기원전 25세기 이전으로 거슬러 올라가 보자. 이집트는 찬란한 고대문명을 꽃피우면서 피라미드 건축으로 그 당시 과학기술의 수준을 잘 보여 주었다. 고대 사회에서부터 부국강병 뒤에는 상당한 과학적 지식과 뛰어난 기술혁신이 뒷받침되고 있었다. 기원전 25세기 이집트와 메소포타미아 지역은 청동기와 상당한 농경 기술을 가지고 수만 명 단위로 정착해 생활하는 농경사회를 형성했다. 수렵채집사회와 달리 농경사회는 농경 기술의 발전에 힘입어 잉여 농축산물을 저장하고 교환하기 시작했다. 농축산물을 저장하고 교환하려면 문자와 숫자가 필요하고 소유와 거래에 관한 제도의 발전도 요구되었다.

기원전 8세기 중국의 춘추전국시대 다수의 제후국이 전쟁을 불사하며 경쟁하는 가운데, 산동(山東) 지역의 제(齊; 기원전 1046?-기원전 221)

---

1 상당수 연구 결과에 의하면 노동과 자본의 기여분은 15%에 불과하고 기술혁신의 기여분이 85%에 달한다: Nathan Rosenberg, *Innovation and Economic Growth* (OECD, 2004); Jan Fagerberg, Martin Srholec and Bart Verspagen, *Innovation and Economic Development* (TIK Working Papers on Innovation Studies, No. 20090723, 2009).

나라[2]는 소금 생산량이 많아 경제적으로 부유했고, 그 당시 가장 뛰어난 제철 기술도 보유하고 있었다. 춘추전국시대의 군웅할거(群雄割據)에도 불구하고 제나라가 800년간 부국강병을 이룩한 배경에는 제철 기술의 뒷받침이 큰 역할을 했다.[3] 기원전 4세기 진(秦)나라는 수리공학(水利工學)의 발전에 힘입어 대규모 운하 건설을 추진한 결과 농산물의 생산과 유통이 증가했고, 진시황(秦始皇)은 춘추전국시대를 마무리 짓고 중국을 통일했다.

중국의 당(唐; 618-907)과 송(宋; 960-1279) 두 왕조는 인류의 문명을 크게 발전시키고, 서양보다 훨씬 더 풍요로운 제국을 건설했다. 당과 송의 문명은 인류의 4대 발명이라고 일컫는 나침반, 화약, 종이, 인쇄술 등의 기술혁신에 의해 이룩한 것이다.[4] 당과 교류가 활발했던 신라도 불국사와 첨성대 같은 뛰어난 기술을 보유하고 있었고, 고려는 송과 교류하며 상당한 기술혁신을 이룩해 인류 최초의 금속활자술로 『직지심체요절(直指心體要節)』을 출판하기도 했다.

동양의 기술과 문물은 상품 교역의 경로를 따라 서양으로 유입되었고, 동양의 부와 기술은 서양 사람들의 동경심을 불러일으켜 동양으로 진출하는 계기가 마련되었다. 중국의 인쇄술과 농업 기술은 중동에 전파되어, 회교도 왕조는 이베리아반도까지 점령하고 8세기부터 13세기까지 황금기를 누렸다. 아라비아 숫자도 5세기경 인도에서

---

2 제나라는 춘추시대 춘추 오패의 하나로, 그리고 전국시대 전국 칠웅의 하나로, 현재 산동 지방을 지배해 온 제후국이다.

3 조지프 니덤, 김영식·김제란 옮김, 『중국의 과학과 문명』(까치, 1998), 49쪽.

4 David Maule, *Inventions that Changes the World* (Pearson Education Ltd., 2008); Wade Hampton, *The Compass, Printing & Gunpowder Weapons: The Transmission of Three Key Technologies from China to Latin Christendom in the Late Medieval Period* (MA Thesis: University of Reno, 1998).

개발되어 중동에 전파되었고, 수백 년 뒤 유럽에 전달되어 15세기경에는 로마 숫자를 대체했다.[5]

그러나 르네상스가 시작되는 14세기부터 동서양의 흥망성쇠가 뒤바뀌기 시작했다. 명(明)나라와 조선은 해금(海禁)정책에 입각해서 해외 교역을 최소화했지만, 서양은 정반대로 중세 암흑기를 끝내고 동양의 향신료를 구하기 위해 신항로를 개척하고 동양의 황금을 찾아 대항해와 신대륙 발견으로 새로운 시대를 열었다. 그 당시 유럽에서 고기보다 더 비싼 값에 거래되던 후추 등 향신료는 주로 인도에서 왔지만,[6] 향신료를 수출한 인도 상인보다 그것을 수입해서 판매하고 기술혁신을 주도한 유럽의 상공인과 기업가들이 더 많은 부를 축적했다. 농산물이나 광물의 생산보다 기술혁신과 상거래가 더 중요한 이유가 바로 여기에 있다.

18세기 이후 영국의 산업혁명에서도 기술혁신이 제국 건설과 경제발전에 가장 중요한 원동력이 되었다는 점에는 이론의 여지가 없다. 동양에서 서양으로 주도권이 넘어간 가장 주된 배경을 보면, 동양에서는 명나라 초기부터 기술혁신이 정체된 반면에, 서양에서는 르네상스 때부터 시작해 계몽 시대의 지식축적과 산업혁명을 통한 기술혁신이 보다 왕성하게 이루어졌다. 서양에서도 나라마다 기술혁신 정도가 달라 경제성장 궤도도 조금씩 달랐다. 이는 인구 증가나 자본축적만으로 경제발전이 이뤄진 것이 아니라 새로운 제품이나 공정 또는 새로운 시장 개발에 의해 경제가 발전하고 사회가 변화되어 온 것임

---

5 Gregory Clark, *A Farewell to Alms: A Brief Economic History of the World* (Princeton University Press, 2007), p. 185.

6 주경철, 『대항해 시대: 해상 팽창과 근대 세계의 형성』(서울대학교출판부, 2008), 514쪽.

을 잘 보여 준다.[7] 예컨대, 스페인과 영국 등 서구 열강이 모두 대항해 시대(大航海時代, Age of exploration)를 열고 신대륙을 정복했지만, 금은보화의 약탈과 권위주의적 신분 질서를 벗어나지 못한 스페인은 주도권을 잃은 반면,[8] 과학기술을 발전시키고 자유와 재산권 보호를 중시한 영국은 태양이 지지 않는 제국을 건설했다.

19세기 이후 동양에서의 변화를 보더라도, 일본은 중국이나 한국과 달리 서양의 지식과 기술을 신속하게 받아들여 부국강병을 이룩했다. 일본의 근대화는 물론, 한국의 해방 후 경제발전도 나일론에서 자동차, 그리고 냉장고에서 스마트폰 생산에 이르기까지, 즉 낮은 수준에서 높은 수준까지 다양한 기술혁신[9]에 의해 가능했다. 또한 최근 매년 7% 이상 경이로운 경제성장률을 기록한 중국과 매년 6% 이상 경제성장률을 기록한 인도의 경제발전도 저렴한 노동력만으로는 설명하기 어렵고, 선진 외국 기술의 모방과 효율적인 공정개발 등 기술혁신의 결과라고 평가되고 있다.[10]

기술혁신은 개인의 경제적 풍요와 부국을 이루게 할 뿐만 아니라, 군사력이 강한 국가를 만들기 위한 전제조건이기도 하다. 제2차 세계 대전 당시 미국의 프랭클린 루스벨트(Franklin D. Roosevelt) 대통령은 기술혁신이 군사력에 중요하다는 것을 공식적으로 인정하고, 과학

---

7 Joseph A. Schumpeter, *Capitalism, Socialism and Democracy* (Introduction by Richard Wedberg, published by Routledge in 2003. The first original version published in the UK in 1943), pp. 82-83.

8 존 P. 파월슨, 권기대 옮김, 『부와 빈곤의 역사』(나남, 2007), 382쪽.

9 http://best70.ntis.go.kr/ (2015. 7. 8. 방문).

10 Peilei Fan, *Innovation Capacity and Economic Development: China and India* (Research Paper No., World Institute for Development Economics Research, 2008).

기술연구개발처(Office of Scientific Research and Development)를 설립해 군사용 과학기술 연구개발에 연방정부 차원의 본격적인 투자를 시작했다. MIT 학장을 역임하고 루스벨트 대통령의 과학보좌관이 된 버니바 부시(Vannevar Bush)[11] 교수가 대통령에게 제출한 보고서 「과학: 끝없는 전선(Science, The Endless Frontier)」에서는 세계 대전 기간 중에 개발된 군사용 기술을 민간 분야에 활용하는 것이 중요하다고 강조한다. 또한 부시 보고서는 과학의 발전과 기술의 혁신이 전쟁 시나 평화 시를 불문하고 언제나 경제적으로, 그리고 군사적으로 끝없는 전쟁의 최전선이라는 점을 명확히 하고 있다.

요컨대 기술혁신은 부국강병과 흥망성쇠에 커다란 영향을 미치는데, 무엇이 동양과 서양의 기술혁신을 좌우하고 무엇이 한국과 일본의 흥망성쇠를 좌우했는지 궁금하지 않을 수 없다.[12] 인류는 모두 똑같은 아프리카 유인원의 후손인데, 왜 그리고 무엇이 유럽과 아시아에서 기술혁신과 부국강병의 커다란 차이를 만들었는가, 시대에 따라 그들의 흥망성쇠가 어떻게 바뀌었는가, 그리고 기술혁신과 부국강병의 기원과 배경은 무엇인가? 기술혁신의 배경과 원동력을 조금 더 정확하게 이해할 수 있다면, 대한민국의 미래를 설계하는 데 훨씬 더 객관적인 도움을 받을 수 있을 것이다. 기술혁신의 기원에 대해 공부하는 이유가 바로 여기에 있다.

---

11 버니바 부시 교수는 제2차 세계 대전에서 레이더 등 무기 개발에 참여했을 뿐만 아니라, 미국인의 희생을 줄이고 전쟁을 조기에 끝내기 위해 핵무기 개발 계획인 맨해튼 프로젝트를 맡아서 추진한 바 있다. 부시 교수가 제출한 보고서를 근거로 종전 후 1950년에 미국 연방정부는 미국과학재단을 설립해 자연과학과 공학 분야 연구개발을 지원한다.

12 재레드 다이아몬드, 김진준 옮김, 『총, 균, 쇠』(문학사상사, 1998), 674쪽.

2. 기술혁신의 배경과 원동력

기술혁신으로 부국강병을 이룩할 수 있다면, 이론적으로 모든 나라가 기술혁신이나 기술도입으로 부국강병을 달성하려고 노력할 것이다. 그러나 우리 현실을 보면 어떤 나라는 지속적인 기술혁신으로 경제발전과 부국강병을 이룩하는 데 반해, 어떤 나라는 기술혁신에 뒤처지거나 심지어 기존 기술을 도입하는 것에 무관심하고 빈곤을 방치하기도 한다. 나라에 따라 왜 이런 차이가 발생하는지, 또는 한 나라에서도 왜 역사적으로 흥망성쇠의 변화가 생기는지 되묻지 않을 수 없다. 다시 말해 과연 무엇이 이런 기술혁신과 경제발전을 가능하게 만들었고, 과연 어떠한 배경과 원동력에 의해 기술혁신이 이루어지는지 물어보지 않을 수 없다.

180만 년에서 20만 년 전에 이루어진 생물학적 진화의 결과, 인류의 조상인 호모 사피엔스(Home Sapiens)는 아프리카에서 탄생한 것으로 알려져 있다. 7만 년 전 아프리카 북부 지역이 건조한 사막으로 변함에 따라 적절한 기후와 토양을 찾아 1년에 약 1.5킬로미터의 속도로 이동해 6만 년 전 인도와 인도네시아에 도달했다. 약 5만 년 전에서 4만 년 전 사이 두 번째 대이동이 일어나 약 4만 년에서 3만 5천 년 전 유럽에 정착하기 시작했고, 약 4만 년 전 중국에, 그리고 약 2만 년 전에는 일본에 오늘날과 같은 인류가 정착한 것으로 알려져 있다.[13] 인류학적 논란이 있지만, 시베리아와 알래스카를 연결한 육로를 통해 1만 2천 년 전 미국과 칠레 지역에 인류의 화석 발자취를 남겼

---

13 Ian Morris, *Why the West Rules – For Now: The Patterns of History, and What They Reveal about the Future* (Farrar, Straus and Giroux, 2010), pp. 67–68.

다. 지역에 따라 인류의 조상이 정착해서 생활하기 시작한 시점이 서로 다른 것은 오로지 생물학적 및 지리학적 요인 때문인 것으로 추측된다.

선사시대의 기술혁신도 지리학적 요인에 크게 좌우된 것으로 보인다. 1만 년 전 비옥한 토양을 가진 이집트에서 이라크에 이르는 중동 지역에서 농경 기술의 발달로 정착이 이루어져 농산물을 생산하고 저장하는 농경사회가 형성되었고, 7천 년 전 중국에서도 곡식 재배가 시작되었다. 발트해 부근의 북유럽 지역과 한국 및 일본과 같이 바다로 둘러싸인 지역은 해산물이 풍부해 곡식 재배의 필요성이 크지 않아 농경 기술 도입이 훨씬 늦게 진행되었다. 식물 화석을 분석한 바에 따르면 기원전 4400년경 한반도에 쌀이, 기원전 2600년경 일본에 수수가 도입되었지만 모두 무시되었다. 한국에서는 청동기의 발전과 더불어 기원전 1500년경에, 일본 큐슈에서는 철기의 발전과 함께 기원전 600년경에 농경 기술이 활용되면서 본격적인 곡식 재배가 시작되었고, 혼슈를 거쳐 홋카이도에 농경 기술이 도입되는 데는 그로부터 1,200년이 더 걸렸다.[14] 한반도와 일본에서도 뒤늦게나마 식량 수요가 증가하면서 해변에서의 어패류 채집만으로는 부족해 스스로 곡식 재배를 시작해 농경사회를 이룬 것으로 추측된다. 또한 인류의 내재적 공격성과 전쟁의 역사를 고려해 볼 때, 농경 기술을 가진 만주 혹은 북동쪽 사람들의 침략이나 이동에 의해 한반도와 일본에서 농경사회로의 변화가 촉진되었다고 볼 수도 있다.

다윈의 생물진화론이 자연도태와 적자생존의 생태계 변화를 설명

14 위의 책, pp. 127-129.

해 주는 것처럼, 사회적 진화론은 우월한 인종이나 국가를 위한 승자의 논리로 또는 약육강식의 인류사회 현실을 설명하는 데 일정한 설득력을 가진다.[15] 예컨대, 기원전 8세기부터 시작된 춘추전국시대 제후국들은 적자생존의 원칙에 따라 흥망성쇠가 결정되었다. 제후국들은 무한경쟁을 통한 진화 과정에서 제철 관련 기술을 발전시켰고, 제후들은 정치적 조언과 다양한 철학을 제공해 주는 제자백가(諸子百家)의 절실한 수요자가 되었다. 영국을 비롯한 유럽 국가들이 르네상스 이후 과학의 발전과 기술의 혁신으로 중국을 비롯한 동양을 짓밟고 대제국을 건설한 것을 사회적 진화론으로 정당화하기도 한다. 사회적 진화론이 적자생존의 결과로 일어난 인류 사회 변화를 설명하는 하나의 도구는 될 수 있으나, 생존경쟁에서 승리한 부족, 도시, 국가 등이 어떻게 기술혁신과 부국강병을 이룩했는지에 관한 배경과 그 원인 분석에는 아무런 도움을 주지 못한다.

농경 기술의 도입과 농경사회의 시작이 어느 지역은 빠르고 어느 지역은 느린 배경에 대해서는 토지와 기후에 관한 지리학적 설명이 합리적이다. 그러나 일단 농경사회가 구성되고 식량의 생산과 저장 및 잉여식량의 교환이 시작되면 문자와 숫자가 필요해지고, 사회 구성원 중에서 문자와 숫자를 이해할 수 있는 소수의 지배층과 그렇지 못한 다수의 피지배층으로 나뉘게 된다. 따라서 농경사회의 기술혁신과 경제적 풍요는 지리학적 요인 외에도 지배층의 능력과 의지, 피지배층에 허용된 경제활동의 자유, 재산의 보호, 종교와 윤리 등 다양한

15 사회적 진화론이 19세기 제국주의 백인의 우월성을 합리화하고 20세기 나치의 유대인 말살 정책을 정당화하는 논리로 악용된 바 있음은 주지의 사실이다: 재레드 다이아몬드, 앞의 책, 24-26쪽.

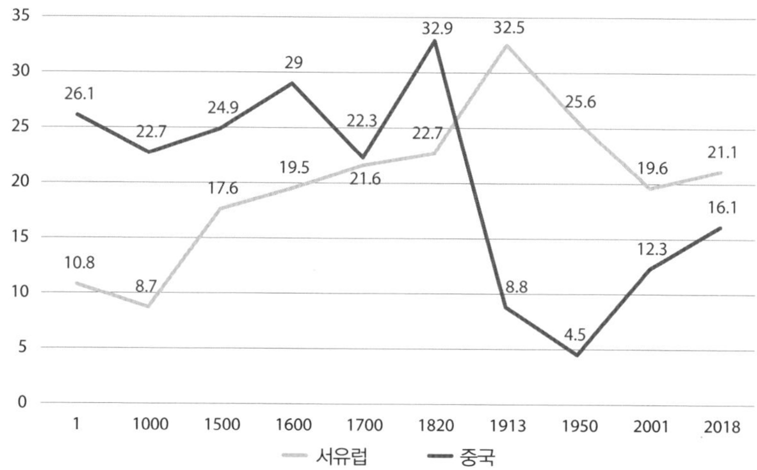

그림 1-1. 시대별 GDP 비중 변화

주: 지난 2천 년간 유럽과 중국의 GDP 비중은 Angus Maddison, *The World Economy: Historical Statistics* (OECD Development Centre, 2004)에서, 2018년 GDP는 세계은행 데이터를 토대로 만들었다.

요인의 영향을 받을 수 있다. 농경사회에는 기술혁신과 경제발전 속도가 매우 느렸지만, 여러 가지 요인이 수천년간 영향을 미친 결과 중국, 인도, 중동, 유럽 등 각 지역의 경제적 차이가 나타났고 흥망성쇠의 변화가 있었던 것이다.

고대 이집트와 그리스 및 로마 시대에는 경제가 풍요롭고 문화가 화려했지만, 5세기경부터 봉건 시대의 암흑기가 시작되어 유럽에서는 상거래와 기술혁신이 정체되고 경제력과 군사력이 크게 약화되는 침체기를 맞이했다. 이에 반해 중국에서는 실크로드를 통한 국제교역이 활발해지고 시장에서 자유로운 상거래가 허용됨으로써 상당한 기술혁신을 이루고 경제적 풍요를 누렸다. 화약, 나침반, 종이, 인쇄술의 4대 발명품이 중국 당송시대에 서양으로 전파되었고, 19세기 초까지 중국의 총생산량이 유럽 전체보다 훨씬 더 많았다(그림 1-1 참조).

5세기경부터 유럽에서는 상거래 활동과 기술혁신이 정체된 반면, 중국이 기술적·경제적 우위를 차지한 배경과 원인에 대해서는 충분한 연구가 이루어지지 않은 실정이다. 다만 봉건 시대 유럽은 농노제도를 기반으로 한 신분의 구속과 기독교 중심의 경직된 세계관이 상거래 활동을 억제하고 별다른 기술혁신의 인센티브를 제공하지 못한 것으로 추측된다. 이에 반해, 중국은 오래전부터 발달된 중앙집중식 관료제와 비교적 자유로운 상거래, 그리고 실크로드를 통한 국제교역이 기술혁신과 경제적 풍요를 가능하게 한 것으로 보인다.

그러나 이후 14세기부터 유럽에서는 르네상스를 계기로 기술혁신이 왕성하게 이뤄진 반면에, 중국의 기술혁신은 정체되기 시작해 18세기에 이르러서는 중국의 경제적 우위가 급격히 사라진다. 르네상스 이후 유럽에서 급속도로 진행된 기술혁신과 경제발전의 배경 및 원동력에 대해서는 식민론, 환경론, 문화론, 제도론 등으로 유형화할 수 있는 다양한 선행연구가 있었다. 그러나 분명한 점은 지역과 국가에 따라 기술혁신의 배경과 원동력이 조금씩 달랐다는 것이다. 14세기부터 이탈리아 도시국가들이 이룩한 경제적 풍요와 기술혁신은 도시의 자유와 로마법 전통에 기인했다. 반면에, 15세기 말부터 포르투갈과 스페인은 왕실 중심으로 식민지를 정복하고 금은보화를 약탈했지만 그에 수반되는 기술혁신은 항해 중심의 제한적인 범위에 그쳤다. 포르투갈과 스페인에서의 기술혁신은 왕실과 귀족 중심의 권위주의적 방식으로 추진된 데 반해, 16세기 말부터 시작된 네덜란드 황금기의 기술혁신은 종교적 자유와 주식회사 및 증권거래를 비롯한 법제도의 혁신으로 달성되었다는 점에서 상당히 다르다. 17세기 명예혁명과 18세기 산업혁명을 거치면서 영국은 유럽 대륙과 또 다른 기술혁신을 보여 주었다.

유럽 대륙과 영국에서의 기술혁신 및 제도혁신은 19세기 미국에서 학습되고 대규모로 확대재생산되었다. 영국에서는 명예혁명으로 상공인들이 전제군주로부터 자유로워지고 개인의 재산이 보호받았다. 그런 자유와 재산의 보호, 특허제도는 귀족과 신흥 상공인들에게 투자와 혁신을 촉진하는 훌륭한 제도적 기반이 되었다. 북미 지역에 정착한 영국인들은 신분이나 빈부의 구별 없이 평등하게 자유와 재산의 보호를 확산시킬 수 있었다. 미국에 정착한 영국인을 비롯한 백인 정착인들은 흑인을 수입해 노예 노동력을 착취하고 백인들 간에는 유럽에서보다 훨씬 더 민주적인 정치경제 질서를 만들어 나갔다. 신대륙 미국의 민주적인 정치 질서와 포용적인 경제 질서는 투자와 혁신의 촉진에 상호 긍정적인 영향을 주면서 19세기 중반부터 2차 산업혁명과 놀라운 기술혁신을 가능하게 해주었다. 영국은 사유화법으로 부유한 농부의 재산권을 확실히 보장해 줬지만, 에이브러험 링컨(Abraham Lincoln) 대통령은 자작농법(自作農法, Homestead Act)을 제정해 부자나 집권층에 한정하지 않고 모든 일반 정착인에게 개척지를 불하해 주어 새로운 기회를 제공하고 새로운 농업 기술의 도입을 앞당겼다. 기술혁신의 원동력이 된 특허제도도 영국보다 훨씬 더 평등하고 대중적인 접근과 활용이 가능하도록 만들었다. 영국에서는 특허출원에 많은 비용이 필요하고 예측가능성이 낮다고 비판받는 반면, 미국의 특허제도는 저렴한 비용으로 다양한 계층의 발명가들에게 평등한 기회를 부여했다는 점에서 보다 민주화된 제도라고 평가된다.

19세기 후반기에 2차 산업혁명으로 빠른 성장을 시작한 미국은 20세기 들어 전 세계를 제패하는 최강국이 되었다. 같은 시기, 조선은 망해 식민지배를 받았다. 조상들이 게으르고 부패하고 무질서해서 구한말 나라를 잃고 일본의 식민지로 전락했다는 일본의 식민사관이 과학적인 분석을 방해했다. 한편으로는 조상들이 부끄럽게 생각되기도 하지만, 다른 한편으로는 조선 초기에 어떻게 부국강병이 가능했고 그 후 무엇이 잘못되었는지 살펴보지 않을 수 없다. 과거와 현재, 동양과 서양의 씨줄과 날줄을 교차하여 기술혁신이 가장 융성하고 산업이 발전했던 지역이나 국가의 제도적 특징과 환경, 특히 기술혁신의 배경과 원동력을 살펴보려는 것은 과거의 식민사관을 극복하기 위해서라고 할 수도 있다.

국가별 흥망성쇠 내지 기술혁신과 경제발전의 원인과 배경을 하나의 이론으로 완벽하게 설명하기는 어렵지만, 식민사관이나 민족성이라는 애매모호한 개념보다 객관적이고 합리적인 배경과 원동력을 찾아본다면, 한국의 미래를 설계하는 데 도움이 될 것이다. 동양에 비해 상대적으로 뒤처져 있던 서양은 15세기 르네상스 이후 600여 년간 눈부신 기술혁신과 경제발전을 이룩했지만, 서양의 국가별 흥망성쇠도 서로 커다란 차이를 보인다. 예컨대, 포르투갈과 스페인은 대항해시대를 열고 가장 먼저 식민지를 개척했지만 산업혁명에서 뒤처지고, 후발주자였던 영국은 자유와 재산의 제도적 보장과 특허제도의 활용으로 태양이 지지 않는 제국을 건설했다. 또한 식민지로 개척된 아메리카 대륙에서도 멕시코와 브라질 등의 남미 국가는 금과 은, 다이아몬드, 원목 등 풍부한 자원을 갖고 있지만 가난하고 힘없는 나라에 머물러 있는 반면에, 미국과 캐나다는 오늘날 세계 최강의 국가로 발전하는 아메리카 대륙 내 대분기(great divergence)가 발생한 원인이 궁금하지 않을 수 없다.

중국을 비롯한 동양에서 기술혁신의 기원에 관한 자료는 많지 않다. 그러나 서양에서 르네상스 이후 기술혁신이 일어난 배경과 원동력에 관해서는 많은 연구가 축적되어 있다. 산업혁명의 원동력이 된 증기기관을 움직이려면 석탄과 철광이 많이 필요한데, 영국에는 석탄과 철광이 풍부해 산업혁명에 성공했다고 보는 지리학적 주장이 있다.[16] 14세기 중반 흑사병으로 유럽 인구의 절반가량이 사망해 농노제도가 붕괴하고 인본주의적 사상과 과학혁명이 일어났다고 보는 인구학적 주장도 있다. 부의 축적과 사업가 정신을 신성시하는 신교도(protestantism) 윤리가 서양 자본주의의 성공 원인이라고 보는 문화적 우월주의에서 시작해, 서양의 식민지 개척을 위해 기술혁신이 이루어지고 부의 착취를 통해 자본주의적 생태계가 강화되었다고 보는 비판적 식민론까지 다양한 연구가 있다. 최근에는 새로운 생각과 기술혁신을 가능하게 해주는 자유와 관용, 그 성과를 보호해 주는 지식재산권과 관련 법제도 등의 역할과 기능이 새롭게 주목받고 있다. 요컨대, 동서양에서 이루어진 기술혁신과 그에 필요한 환경 및 법제도의 관계를 객관적으로 재조명함으로써 시사점을 찾아낼 수 있다면, 21세기 한국에서 지속적인 성장을 위한 기술혁신의 바람직한 생태계를 그려볼 수 있을 것으로 기대된다.

---

16 Peng Nansheng (彭南生) and Yan Peng (严鹏), "When and How the East-West Great Divergence Took Place: A Review from the Perspective of Technological Capability in Machine Tool Industry," *China Economist* Vol. 8, No. 1 (January-February 2013), p. 103.

| 2장 |

동양 기술혁신의 역사

1. 개관

근대 및 현대 역사를 보면 서양이 눈부신 기술혁신과 부국강병을 이룩한 뒤, 동양이 그러한 기술혁신을 학습하고 추격해 왔음을 부인할 수 없다. 그러나 15세기 르네상스 이전까지는, 인류 문명을 발전시켜 온 기술혁신이 대부분 중국에서 이루어졌고, 오랜 시간 뒤 서양으로 전파되었다. 예컨대, 직물을 만드는 방직 기술이나 철을 생산하는 주철 기술[1] 그리고 화약, 나침반, 종이, 인쇄술 등 다양한 기술이 중국에서 개발된 뒤 서양으로 전파되었다.[2]

5세기경 주(周)나라에서 주철 기술이 발전해 농기류와 무기류가 생산되기 시작했다.[3] 제나라가 철 생산 능력을 갖고 있어 주나라에서 독립할 수 있었던 것처럼, 기술혁신은 중국 대륙에서 일찍부터 정치 권력의 성패를 좌우하는 매우 중요한 요인 중 하나였다. 그 후 진(秦)나라의 시황제(始皇帝)는 혁신적 수리공학 기술로 운하를 건설해 상대적으로 더 많은 곡물을 생산하고, 관료제와 도량형을 통일하는 등 국가를 효율적으로 경영함으로써 중국 전체를 통일하고 지배했다.[4]

그 후 유방이 세운 한(漢)나라는 방대한 외교 원정으로 실크로드의 기초를 확립하고, 『황제내경(皇帝內經)』을 편찬해 2천 년 중국 의학의 기반을 만들었다. 오늘날 인류 문명의 기초가 된 종이는 기원전 2세

1 중국의 대마 방직 기술은 영국의 수력 방직 기술보다 500년이나 앞섰고, 중국은 이미 11세기에 12만 5천 톤의 선철을 생산한 반면에 영국은 700년 후에야 비로소 석탄과 코크스를 사용하는 용광로 기술로 철을 생산하게 된다: 데이비드 S. 랜즈, 안진환·최소영 옮김, 『국가의 부와 빈곤』(한국경제신문사, 2009), 106쪽.

2 위의 책, 106쪽.

3 조지프 니덤, 김영식·김제란 옮김, 『중국의 과학과 문명』(까치, 1998), 50쪽.

4 위의 책, 52쪽.

기경 한나라의 환관 채륜(蔡倫)이 발명한 것으로 알려져 있다. 인류 최초 목판 인쇄 기술도 기원후 3세기경 한나라에서 개발되었다. 그 후 삼국시대부터 5세기까지 전쟁이 끊임없이 이어져 생활이 살벌해졌지만 군사 기술은 발달했다. 전쟁과 혼란을 종식시키고 가장 풍요로운 경제와 가장 찬란한 문화를 이룩한 당송시대에 들어오면서, 후술하는 바와 같이 중국은 지구상에서 가장 뛰어난 과학기술 수준을 확보하게 되었다.[5]

중국 남북조시대 말 6세기에 유황으로 만든 성냥이 사용된 기록이 있다. 850년경 불로장생 묘약을 연구하던 당나라 도교 연금술사에 의해 인류 최초로 화약이 발명되었다.[6] 화약의 구체적인 성분은 북송시대 1044년에 편찬된 『무경총요(武經總要)』에 기록되어 있다. 당나라는 세계에서 가장 뛰어난 과학기술과 풍요로운 생활을 누렸던 것으로 추측된다. 수도 장안(長安)의 당시 인구가 100만 명에 달했는데, 그 당시 전 세계 인류가 2억 명에 불과했던 점을 고려하면, 당나라 수도가 전 세계에서 가장 커다란 국제도시였던 셈이다.[7] 또한 11세기까지 유럽에는 1만 명 이상 거주하는 도시가 거의 전무했지만, 송나라에는 3%의 인구가 1만 명 이상의 도시를 형성하면서 생활하고 있었다. 11세기경 중국의 인구는 5,900만 명 정도로 추정되는데, 3%에 해당하는 중국 도시 거주 인구 177만 명은 그 당시 영국의 총인구 200만 명에

5 존 P. 파월슨, 권기대 옮김, 『부와 빈곤의 역사』(나남, 2007), 277쪽.
6 Ian Morris, *Why the West Rules - For Now: The Patterns of History, and What They Reveal about the Future* (Farrar, Straus and Giroux, 2010), p. 375.
7 Alain George, "Direct Sea Trade Between Early Islamic Iraq and Tang China: from the Exchange of Goods to the Transmission of Ideas," *Journal of Royal Asiatic Society*, Series 3, 25, 4 (2015), p. 589.

육박하는 엄청난 규모였다.[8] 당송시대에 커다란 규모의 도시가 많고 도시 생활 인구가 많았다는 사실은, 당송시대에 이미 많은 중국인이 농업 이외 경제활동, 즉 다양한 상공업활동과 기술혁신에 참여했을 것이라는 짐작을 하게 한다.

상품과 기술의 교류는 전쟁 또는 교역을 통해 이루어졌다. 예컨대, 8세기경 아랍이 중국과의 전투 과정에서 잡아온 포로 제지공에게서 종이 만드는 기술을 학습하고 중동과 유럽 지역에 파피루스나 양피지 대신 중국식 종이를 공급하게 되었다.[9] 화약과 도자기도 중동을 거쳐 유럽에 전달되었다. 송나라 문헌에 화약 성분이 상세히 소개되어 있고, 화약으로 만든 폭죽이 널리 사용된 것으로 알려져 있다.

서양보다 300여 년 앞선 1088년 송나라의 필승(畢昇)은 인류 최초의 활자 인쇄술을 발명함으로써 지식과 정보 유통에 크게 기여했다. 1119년에 주욱(朱彧)이 항해 기술에 관해 저술한 『평주가담(萍洲可談)』에는 인류 최초의 나침반 사용에 관한 설명이 등장한다. 주욱이 소개한 항해용 나침반은 사발 속에 담긴 물 위에 자성을 가진 바늘을 올려놓은 것이어서 다소 불편했다. 그러나 이 나침반은 유럽에 전달되어 13세기 말 근대적인 나침반이 탄생하는 데 원천기술 역할을 했다.

당송시대의 뛰어난 기술과 찬란한 문명은 베네치아의 상인 마르코 폴로(Marco Polo)의 여행기 『동방견문록』[10]에도 잘 나타나 있다. 13세기 후반에 들어오면 마르코 폴로의 부친을 비롯한 많은 유럽 상

---

8 Angus Maddison, *The World Economy: Historical Statistics* (OECD Development Centre, 2004), p. 242.

9 재레드 다이아몬드, 김진준 옮김, 『총, 균, 쇠』(문학사상사, 1998), 372쪽.

10 『동방견문록』은 마르코 폴로가 아시아 특히 중국까지 여행하고 돌아온 뒤 옥사를 치르면서 동료 죄수에게 이야기했고, 동료 죄수이면서 로맨스 작가였던 루스티켈로 다 피사(Rustichello da Pisa)가 집필해서 완성한 여행기다.

인, 작가, 선교사가 실크로드를 따라 몽골 제국, 특히 원나라에까지 와서 동양의 높은 경제수준과 뛰어난 과학기술을 확인한 바 있다.[11] 오늘날 경제학자들의 경제사 연구 결과를 보면, 11세기 중국의 국내총생산(GDP)이 세계총생산에서 차지하는 비중은 22.7%에 달했으나 유럽 전체 국내총생산의 비중은 세계총생산액의 8.7%에 불과해, 중세 봉건 시대까지 중국이 지구상에서 가장 부강한 국가였다. GDP에서 중국의 우위는 산업혁명 직전까지 계속되어, 1820년 기준으로 중국의 비중은 32.9%인 데 반해 유럽 전체의 비중은 23%에 불과했다.[12] 그러나 이후 산업혁명을 계기로 유럽에서는 기술혁신이 눈부신 속도로 이루어져 국내총생산량이 급속도로 증가한 반해, 중국에서는 기술과 산업활동이 정체되면서 상대적으로 그 비중이 급격히 줄어들어 19세기 초에는 종이호랑이로 전락했다.[13]

시장의 발달은 노동분화 및 전문화를 가져다준다.[14] 당송시대에는 상거래가 활발하게 이루어졌고 자유로운 상거래 수요에 따라 외국과의 교역도 활발했다. 활발한 상거래는 당송시대 과학기술의 발전에 커다란 기여를 했다. 그러나 명나라 영락제 이후 해상 교역을 억제하고 관료들의 부패와 서민들에 대한 착취가 심해져 상거래와 기술혁신

---

11 그러나 유럽의 상인 및 선교사들과의 교류는 명나라에 들어와서 단절되었다가, 200여 년이 지난 후 유럽 탐험 시대의 시작과 함께 명 말기에 와서야 예수회 선교사들과 포르투갈 탐험가들이 중국 남쪽 해안에 다시 나타나기 시작한다.

12 Angus Maddison, 앞의 책, p. 261.

13 Angus Maddison의 앞의 책에 의하면, 동양과 서양의 흥망성쇠가 역전되어 중국과 서구 열강의 빈부 격차가 가장 심했던 1950년 기준 중국의 국내총생산은 세계총생산의 4.5%로 급감한 반면, 유럽의 국내총생산 비중은 26.2%, 미국의 국내총생산 비중은 27.3%로 크게 증가했다.

14 Adam Smith, *An Inquiry into the Nature and Causes of the Wealth of Nations* (T. Nelson and Sons, Paternoster Row, and Edinburgh, 1852), p. 8.

이 위축되면서 청나라의 경제력과 군사력은 쇠퇴했다.

인류 문명을 크게 변화시킨 4대 발명품, 즉 나침반, 화약, 종이, 인쇄술 등의 기술혁신은 대부분 당조와 송조에 이루어졌다.[15] 당송시대의 기술혁신은 몇 가지 특징을 지니고 있다. 첫째, 당 태종(太宗)과 같은 황제의 지도력과 적극적인 후원에 힘입어 기술혁신이 이루어졌다.[16] 오늘날처럼 법제도가 발달하지 않은 당송시대에 황제의 명령과 관심이 법제도의 역할을 대신한 것으로 이해된다. 그런데 황제의 관심은 오늘날 법제도가 기술혁신을 촉진하기 위해 취하는 방법론과 아주 유사한 측면이 있다. 예컨대, 오늘날 법제도는 과학기술의 발전을 촉진하기 위해 과학기술 분야의 개인과 기업들의 자유로운 경쟁을 널리 허용하고 그 성과에 대한 경제적 보상이나 인센티브를 제공함으로써 연구개발을 촉진한다. 중국에서 기술혁신이 왕성했던 시대를 보면 과학기술 관련 연구와 교육 및 인재 발굴, 장려책이 효율적으로 제공된 것으로 보인다.

둘째, 4대 발명품을 비롯한 대부분의 기술혁신은 자연과학적 연구의 결과라기보다, 현실의 경험과 실용성의 요구에 따른 것이다. 유교를 비롯한 인문사회적 논리 체계가 효율적인 왕권통치 질서의 필요에 의해 개발된 것처럼, 기술혁신도 현실적인 필요성과 수요에 의해 이루어지는 것은 당연하다. 중앙 정부와 지방 관료 모두 효율적인 통치를 위해 유교의 교리를 앞세운 것처럼, 효율적인 후생복지를 제공하

---

15 David Maule, *Inventions that Changes the World* (Pearson Education Ltd., 2008); Wade Hampton, *The Compass, Printing & Gunpowder Weapons: The Transmission of Three Key Technologies from China to Latin Christendom in the Late Medieval Period* (MA Thesis: University of Reno, 1998).

16 李健, 「唐宋时期科技发展与唐宋变革」, 『中州学刊』 总第180期 (2010年 11月), 第177-179页.

기 위해 과학기술 개발을 장려하고 그 확산을 주도해 나갔다.

셋째, 중국은 전통적으로 거대한 농업 국가이기 때문에 천문 역법(曆法)과 수학 기술 등 실용적인 기술이 발전했는데, 그러한 기술혁신은 상품과 서비스, 종교와 문화 등 다양한 분야에 걸친 왕성한 국제교류와 아이디어 교환에 의해 촉진되었다. 당송시대 중국이 서양과 아랍 및 중앙아시아보다 기술혁신에서 앞서고 경제적으로 더 풍요로웠기 때문에, 서양 등에서 상인과 학자들이 장안과 같은 국제도시에 몰리고, 그러한 국제교류가 중국의 기술혁신과 경제발전을 더 가속화하는 선순환의 기술혁신 생태계가 형성된 것으로 보인다.

2. 중국사를 통해서 본 기술혁신

1) 과학기술 연구

시대와 사회에 따라 연구 방법은 달랐지만, 서양의 기술혁신이 체계적인 연구개발의 결과인 것처럼, 중국의 찬란한 기술혁신도 조직적인 연구와 노력의 결과였다. 당나라 고조 이연(李淵)은 연구 및 정책자문을 위해 황실 아카데미인 한림원(翰林院)[17]을 설립했다. 당나라 중반에 한림원은 한림학사원과 한림기술원으로 분화된다. 한림원은 중국 역사상 처음 설립된 국립 과학기술연구기구인 동시에 정부의 정책결

17 현재 한국에는 자연과학, 의학, 공학 등 과학기술 분야 권위 있는 전문가들로 구성된 한국과학기술한림원과 한국공학한림원이 있다. 이는 고려시대의 한림원을 참고한 것으로 볼 수도 있지만, 더욱 역사를 거슬러 올라가면 당나라 초기에 설립된 한림원에서 그 기원을 찾을 수 있다.

정 자문 역할도 했다. 오늘날 시각으로 보면 원시적인 수준의 연구를 수행했기 때문에 약간의 미신도 포함하고 있지만, 최초의 실험실이라고 할 수 있는 '금단각(金丹閣)'을 설립해 운영하기도 했다. 금단각은 도교에서 믿고 있는 연금술을 비롯해 물리적, 화학적 실험을 수행했다. 주지하는 바와 같이 화약(火藥)은 도교의 연금술이라고 하는 기술혁신의 결과물인 것이다.

북송시대 천장각(天章閣) 대제 증공양(曾公亮)과 단명전(端明殿) 학사 정도(丁度)가 1044년에 완성한 『무경총요』는 전술 및 병법, 화약 제조 방법과 각종 무기제조 기술을 상세하게 소개하고 있다.[18] 그 후 정부 관료 및 한림원 대학사를 지낸 심괄(沈括)이 1086년에 완성한 『몽계필담(夢溪筆談)』은 천문학, 수학, 야금 등 다양한 과학기술 지식을 담고 있는데, 특히 자기 나침반의 제작 및 사용 방법을 상세하게 제시하고 있다.

당송시대의 과학기술 연구는 정부 주도라는 점에서 오늘날의 연구와 상당히 다르지만, 그러한 연구가 기술혁신의 성과를 거둬 세계 최고의 경제와 문화를 이룩한 것도 엄연한 사실이다. 이와 같은 기술혁신 배경에는 장안이라는 국제도시에 아랍인, 페르시아인, 시리아인 등 다양한 국적의 상인과 학자들이 모여서 아이디어와 경험을 교류했다는 점을 주목할 필요가 있다. 그리고 불교뿐만 아니라 조로아스터교와 기독교는 시리아에서, 마니교는 페르시아에서 수입되어[19] 종교의 자유 속에 새로운 아이디어와 경험이 더욱 자유롭게 공유되고 기

---

18 刘尚希·韩凤芹·史卫, 「唐宋科技繁荣: 政府行为与创新环境」, 『财政研究』(2015年第5期), 第27页.

19 조지프 니덤, 앞의 책, 68쪽.

술혁신이 자극되는 환경이 갖추어진 것으로 볼 수 있다.

2) 과학기술 교육

고대문명을 보면 아테네에서 플라톤의 아카데미가 세워져 학문이 발전한 것처럼, 중국에서는 제자백가 철학자들이 거대한 학문 체계를 세우고 교육제도를 도입했다. 특히 제나라 선왕(宣王) 시대에는 학자들에게 숙소와 생활비까지 지급해 주며 아카데미를 설립해 공교육을 실시했다. 서양에서는 5세기에 서로마의 멸망과 함께 중세 암흑기가 시작되었지만, 중국에서는 당송시대에 왕성한 상거래와 기술혁신이 이뤄지고 국가 차원의 교육과 관료제도가 발전했다.

당송시대에는 여러 가지 형태의 교육기관에서 과학기술 교육을 제공했다. 예컨대, 당나라에는 인류 역사상 최초의 의학 교육기관인 '태의서(太醫署)'가 있었고, 왕립 대학이라고 할 수 있는 '국자감(國子監: 國子學 또는 國子寺라고도 함)'은 암산이나 주산 등에 능통한 산수 전공생들을 길러냈다. 국자감의 교육을 비롯해 숙박 및 의복과 도서 등에 소요되는 비용은 모두 국가에서 부담했다.[20] 송나라는 국자감에 대한 예산 지원을 확대할 뿐만 아니라 일정 면적의 토지를 부여해 그 수익을 교육에 활용할 수 있도록 함으로써 국가 차원의 교육 진흥에 상당한 노력을 기울였다.

20 刘尚希·韩凤芹·史卫, 앞의 글, 第28页.

3) 과학기술 확산

과학기술이 경제발전에 기여하기 위해서는 널리 확산되어 산업 현장에서 활용되어야 한다. 중국은 유럽에 비해 일찍부터 중앙집권적 통치가 이뤄졌고 중앙에서 개발된 기술을 지방에 널리 확산하는 데도 많은 노력을 했다. 중앙에서 기술혁신의 결과를 반영한 서적을 출판하면 지방에서도 기술을 활용하도록 하는 소위 '중앙-지방' 역할 분담이 이루어졌다. 『당국사보(唐國史補)』에 기재된 내용에 따르면 설겸훈(薛兼訓)이 강동절제(江東節制)로 있으면서 현지인의 방직 기술이 많이 부족한 것을 보고 거금을 들여 북부 지역에서 방직에 능숙한 부녀 수백 명을 고용해 현지인에게 방직 기술을 가르치게 했다. 이로써 방직 기술이 널리 보급되었고 현지 응용 과정에서 새로운 기술혁신도 뒤따른 것으로 추측된다.

당대의 문종(文宗)은 828년에 물레방아(水車) 도안을 널리 배포해 농부들이 선택적으로 활용할 수 있도록 배려한 바 있다. 송대에 숙주(宿州) 지방에서 진희량(陳希亮)이 홍수에도 떠내려가지 않는 무지개 현수교를 세워 활용하자, 인종(仁宗)은 그를 표창하고 장려하면서 그 현수교 건설 방법을 전국으로 널리 확산시켰다. 주희(朱熹)는 지방에 근무할 당시 「권농문(勸農文)」을 작성해 농사법을 알기 쉽게 전파하려고 노력했다.[21]

제도 측면에서 보면, 당 중반 이후 골목시장의 제한을 없앰으로써 상거래가 크게 발전했고, 시장에서 경쟁 환경이 조성되어 새로운 상

21 刘尚希·韩凤芹·史卫, 앞의 글, 第28页.

품과 과학기술의 발전이 촉진되고 확산된 것으로 추측된다. 종이, 나침반, 인쇄술, 화약도 항해와 군사 용도로 수요가 많아졌고,[22] 시장경쟁을 통해 관련 기술의 혁신이 이루어졌다. 새로운 기술의 혁신으로 새로운 상품을 시장에 내놓은 사람은 상당한 수익과 부를 얻고, 그러한 시장 환경에서 기술혁신이 촉진된 것이다. 당송시대의 문헌들을 보면 이모작, 잉어 양식, 새로운 돼지 사육, 새로운 꽃 배양, 신약 개발 등을 통해 엄청난 부를 축적한 사례들이 소개되어 있다.[23] 시장경쟁을 통한 부 축적을 토대로 이미 당송시대에 대규모 수공업 공장이 만들어지고, 경덕진(景德鎭)의 도자기 생산기지, 성도(成都)의 견직물 생산기지, 휘주(徽州)의 한지 생산기지, 항주(杭州)의 도서출판 기지 등이 형성되기도 했다.

이러한 시장경제의 발전으로 인해, 1024년 사천성(四川城)의 상인들이 세계 최초로 지폐를 발행해 사용하기 시작했다.[24] 송 왕조는 국가 차원의 지폐를 발행해 국제교역 활성화와 군사예산 집행의 정책적 목표를 원활하게 달성했다. 지폐 사용은 화폐경제를 발전시키고 더 나아가 금융산업의 형성에 커다란 기여를 했다.

농업 기술의 발전과 농기계 활용으로 농업 생산성이 향상되어 잉여 노동력이 수공업 및 상업 서비스로 옮겨 가면서 느리지만 거대한 산업구조의 변화가 일어났다. 실제로 10세기 말 북송시대부터 농업세보다 비농업세, 즉 공업과 상업 분야의 세수가 더 많은 비중을 차지했

---

22 제지 기술에 대한 수요가 크기 때문에, 751년 중국과 전투를 하던 이슬람군은 중국의 제지공들을 포로로 잡아가 아랍에서 종이 제조를 시작한 것으로 알려져 있다: 재레드 다이아몬드, 앞의 책, 372쪽.

23 陆游集·云仙杂记·清异录·类说 등의 서적: 刘尚希·韩凤芹·史卫, 앞의 글, 第31页.

24 존 P. 파월슨, 앞의 책, 318쪽.

다.[25] 또한 기술혁신과 경제발전으로 문화가 융성하고, 문화의 융성은 다시 기술혁신과 경제발전의 비옥한 토양이 되어, 당송시대는 중국 역사상 가장 뛰어난 기술혁신과 문화 전성기를 이루었다. 중앙 정부와 지방 관료 모두 효율적인 통치를 위해 유교의 교리를 앞세웠지만, 흥미롭게도 통치 질서로서 유교가 백성의 후생복리 증진에 필요한 한도에서 융통성이 인정되었다는 점이다. 당송시대에는 사농공상의 유교 논리도 엄격하지 않아, 기술혁신 및 상거래가 자유롭게 이루어졌다.

4) 과학기술 전문가

수(隋; 581-618)나라 이래 발전해 온 고시제도는 과학기술 전문가를 발굴하는 데 커다란 기여를 했다. 진나라의 거대한 운하 건설과 대규모 수리 사업들이 가능했던 것도 우수한 관료들이 있었기 때문이다.[26] 한나라 무제는 장건(張騫)으로 하여금 방대한 외교 원정을 하도록 하여 실크로드를 개발하고 중국이 서역으로 팽창해 나가도록 했다.

당 태종은 고시를 통한 과학기술 인재 발굴에 많은 노력을 기울였다. 당 시대 고시에는 50개의 전공 과목이 있었는데, '구장산술(九章算術)'[27] 및 의학 과목도 포함되어 있었다. 정규 교육을 받지 못한 지방의 인재들도 고시를 볼 수 있었고, 고시에 합격하면 한림원에서 추가

25 刘尚希·韩凤芹·史卫, 앞의 글, 第32页.

26 조지프 니덤, 앞의 책, 50쪽.

27 저자는 알 수 없으나 여러 사람에 의해 개정되어 오던 것을 삼국시대 류휘(劉徽)가 263년에 주석을 단 것이 전해 내려오며, 중국의 가장 오래된 계산법으로 도형의 넓이나 환율 계산법 등을 상세히 설명하고 있다.

교육을 받는 자격을 얻을 수 있었다. 고시 응시자가 점점 늘어나 남송 말기에는 산수와 의학을 포함한 모든 과목 응시생이 40만 명에 이르렀다.[28]

과학기술 인재는 국내에서뿐만 아니라 외국에서도 유치했다. 예컨대, 당 태종은 인도에 사람을 파견해 설탕 끓이는 방법을 배워 오도록 했다. 인도인 카사야위(Kasayawi, 迦叶孝威)와 쿠마라자(Kumaraja, 鳩摩羅) 등을 초청해 기상관측과 달력 제조를 담당하는 사천태(司天臺)에 근무하게 함으로써 인도의 기술을 전수받기도 했다. 송대에는 아랍의 전문가에게서 기상관측 장비와 아라비아 숫자를 배우고 도입하기도 했다.[29]

북송 6대 황제인 신종(神宗)은 왕안석(王安石)을 재상으로 등용해 그의 개혁적인 사회경제정책을 채택했다. 특히 왕안석은 통화량 증가, 독과점 타파, 과거제도와 사회보장제도 확대 및 연고주의 타파 등을 주장했지만, 신종 집권 후반에는 보수주의자 사마광(司馬光)에 의해 좌절되고 밀려났다. 왕안석으로 대표되는 북송시대 개혁파 학자 가운데는 심괄과 같은 뛰어난 과학자도 있었다. 심괄은 그의 역작 『몽계필담』에서 나침반과 활자 인쇄술에 관해 상세히 설명하고, 화석 등 지질학적 지식도 자세히 소개했다. 심괄은 과학뿐만 아니라 시문과 음악에도 능통해 마치 400년 앞서 나타난 중국의 레오나르도 다빈치(Leonardo da Vinci)와 같았다.

신종 황제의 인재 발굴로 1천여 년 전 한 왕조의 예술과 작품에서

---

28 Valerie Hansen, *Changing Gods in Medieval China, 1127-1276* (Princeton Univ. Press, 1990), p. 7.

29 刘尚希·韩凤芹·史卫, 앞의 글, 第28页.

지혜를 구하는 북송시대 르네상스가 꽃피고 기술혁신이 이루어졌으며 경제적으로도 풍요로웠다.[30] 이탈리아의 르네상스는 상공인이 쟁취한 자유와 재산을 토대로 이루어져 유럽 대륙으로 확산될 수 있었지만, 북송시대의 르네상스는 황제 개인의 리더십과 인재 발굴로 이루어진 것이어서, 황제의 리더십과 인재 발굴이 멈추거나 바뀌면 르네상스 기술혁신도 멈추는 한계가 있었다.

5) 과학기술 장려

과학기술을 중요시하는 분위기를 조성하고 본보기를 보여 줌으로써 과학기술의 발전을 장려하며 여러 가지 다양한 인센티브와 장려책을 강구했다. 예컨대, 과학기술에 뛰어난 사람에게 승진 혜택을 주기도 하고, 사후 비석에 업적을 새겨 넣거나 업적을 기리기 위한 아호를 부여하기도 했다. 송대에는 일부 민간 과학기술 연구자에게 '처사(處士)'호의 서열을 부여해 주고 국가 장려수당을 지급했다. 이미손(李弭遜)의 『균계집(筠谿集)』에서도 '기술처사 서열 부여'에 대해 언급하고 있다.

물질적인 인센티브로는 상금이나 전답, 면직물이나 견직물 등을 하사하기도 했다. 예컨대, 당나라 최고의 지리학자 가탐(賈耽)은 「관중롱우급산남구주등도(關中隴右及山南九州等圖)」, 「해내화예도(海內華裔圖)」 등을 작성한 공로를 인정받아 비싼 말과 은그릇, 비단을 하사받은 바 있다.[31] 견권(甄權)은 『맥경(脈經)』, 『침방(針方)』, 『명당인형도(明堂人形

30 Ian Morris, 앞의 책, p. 419.
31 刘尚希·韩凤芹·史卫, 앞의 글, 第29页.

圖)』 등을 저술해 조산대부(朝散大夫)로 임명받고 옷을 여러 벌 하사받았다. 강사도(姜師度)는 농업 기술의 발전에 공헌한 공로로 '영전지도수축사(營田支度修筑史)'로 임명되었다. 이와 같이 당송 왕조는 사회에 공헌한 사람에게 표창을 명확히 내렸다.

과학기술의 발전을 위해 많은 인적, 물적 자원을 투입했는데, 당 현종(玄宗) 13년에는 전국 13개 지방에서 자오선을 측정하고, 대운하를 보수하며, 저수시설을 확보하기 위해 많은 노력을 기울였다. 과학기술의 발전을 장려하기 위해 북송 초기에는 왕이 각 지방 농민들에게 농기계의 개선과 방직 기술의 선진화를 장려한 바 있다.

새로운 기술에 관한 수요가 있고 그러한 기술의 개발과 공급이 이루어지려면, 법제도의 공정성과 예측 가능성이 전제되어야 한다. 당송시대에 체류했던 외국 상인들의 기록에 따르면, 행정이 비교적 공정했고, 국고의 지원으로 공교육이 체계적으로 잘 이루어졌다.[32]

6) 과학기술 교류

외국과의 과학기술 교류는 기술혁신에서 중요한 과정이다. 중국의 과학기술 교류는 중앙아시아 및 서양과의 교역을 통해 왕성하게 이루어졌다. 실크로드는 당송시대의 중요한 교역 통로일 뿐만 아니라, 한나라와 로마 제국의 상품 교역 및 문화와 기술의 교류 통로이기도 했다. 당대에는 이슬람 우마이야(Umayya) 왕조[33]의 상인들이 도자기, 의약품, 연금술 등의 기술과 정보 교류에 기여했고, 광주(廣州)에

32 Alain George, 앞의 글, p. 599.

33 무아위야 1세가 다마스쿠스를 수도로 하여 세운 이슬람 왕조(661-750).

는 이라크를 포함한 아랍계 상인들의 집단 거류지가 형성되기도 했다.[34] 당나라 수도 장안에서는 페르시아 상인들과 신라 및 일본 등지에서 온 외국인들이 활발히 교역하고 정보를 교환했다.

인도네시아 벨리퉁섬 근처 바다에 9세기 초에 난파되어 수장된 것으로 추정되는 배 안에서 엄청난 수량의 중국 도자기와 금은 식기류 등이 나온 것을 보면, 그 당시 상인들이 실크로드뿐만 아니라 해상 운송도 많이 활용했던 것으로 보인다.[35] 티베트의 확장으로 인해 실크로드를 통한 육상 교역에는 여러 가지 장애 요인이 있었던 데 반해, 해상 교역은 상대적으로 더 안전하고 신속하다고 알려져 있었다. 송나라와 원나라 때에는 해상 교역을 통해 동남아시아와의 교류가 급증했다. 13세기에 접어들면서 중세 암흑기에서 벗어나 교육 중심의 도시국가로 발전하기 시작한 베네치아 등 유럽도 국제교류에 활발하게 참여했다. 특히 베네치아 상인 마르코 폴로는 원나라 관료로서 16년여간 중국에 체류하면서 겪은 경험담을 여행기로 남겨 중국의 찬란한 문화를 서양에 소개하기도 했다.

중국은 명나라 초기까지 국제교류가 왕성했는데, 정화(鄭和)의 해외 원정이 정점을 이루었다. 명나라 영락제의 명령에 따라 1405년 60여 척의 대형 함선과 100여 척의 소형 선박으로 원정단을 구성해 제1회 원정을 실시한 이래, 1433년까지 7회에 걸쳐 남해 원정을 실

---

34 황소(黃巢)의 난 당시 황소가 광주에 체류하고 있던 이슬람, 유대인, 기독교인 등 12만 명의 외국인을 학살했다는 역사적 사실을 통해 얼마나 많은 외국 상인이 체류하던 대도시가 형성되어 있었는지 추측할 수 있다: Alain George, 앞의 글, p. 598.

35 수장된 배는 아프리카에서 가져온 목재로 못을 사용하지 않고 건조한 것으로 보이고, 따라서 아마도 걸프 지역이나 아라비아반도에서 건조되어 이슬람 상인들이 소유했던 것으로 추정된다: Alain George, 앞의 글, p. 583.

시했다. 정화 장군이 탑승한 대형 함선 '보선(寶船)'은 500여 명의 선원이 탑승할 정도로 큰 4층짜리 대형 선박이었으며, 제1차 남해 원정 시에는 60여 척의 대형 선박과 100여 척의 소형 선박에 탑승한 선원이 2만 7천여 명에 달한 것으로 알려져 있다. 크리스토퍼 콜럼버스(Christopher Columbus)는 불과 19미터 길이에 40여 명의 선원이 탑승할 수 있는 범선 '산타마리아(Santa Maria)호'를 타고 또 다른 두 척의 선박에 총 100명 안팎의 선원을 데리고 세계 최초로 아메리카를 발견해, 유럽의 본격적인 대항해 시대를 열었다.[36] 정화의 원정은 크리스토퍼 콜럼버스의 항해보다 80여 년 앞서고 선박의 크기 및 선단의 규모도 훨씬 더 컸다는 점에서, 명나라의 선박 건조 기술 및 항해 기술이 얼마나 뛰어났는지 추측할 수 있다. 자침이 움직이면서 정확한 방위를 알려 주는 오늘날의 나침반은 서양에서 개발되었지만, 중국은 그전에 이미 나침반 기술을 활용하고 있었다. 아마도 교역을 통해 서양에 전파했을 것으로 추측된다. 또한 대항해 시대를 시작한 서양은 비교적 정교한 총포 기술을 개발해 활용했지만, 중국은 이미 화약 제조 기술과 기본적인 총포 기술을 개발해서 사용하고 있었다.

중국의 해외 교역은 기본적으로 상인들에 의한 상품과 정보 교환으로 이루어져 왔지만, 정화의 원정은 상인들의 해외 교역을 보호해 주는 의미도 있고, 인도양 국가들에 대해 중국의 위력을 과시해 조공을 바치게 만들기 위한 것으로도 보인다.[37] 정화의 해외 원정이 왜 그토록 커다란 규모로 여러 차례 이루어졌는지는 아직도 많은 논란이

36 주경철, 『대항해 시대: 해상 팽창과 근대 세계의 형성』(서울대학교출판부, 2008), 135쪽.

37 조지프 니덤, 앞의 책, 79쪽.

있다. 정화의 함선들이 해적선을 격침하고 인도양에서 저항하는 현지 인들을 살해한 기록을 보면, 중국 상인들의 해외 교역을 보호하고, 더 나아가 동남아시아 여러 나라의 조공을 확보하는 의미가 있었을 것으로 보인다.[38] 이런 점에서 정화의 해외 원정은 훗날 서양이 해군의 군사력을 배경으로 불공정한 교역 조건을 강요한 해양 제국주의의 선례가 되었다.[39]

3. 한국사를 통해서 본 기술혁신

오늘날 한국의 과학기술은 근본적으로 서양에서 배워 온 과학기술을 토대로 한 것이지만, 고조선에서부터 조선 말기까지는 당시 최고 선진국이었던 중국에서 배워 온 것이었다.[40] 오늘날 휴대폰과 반도체 등 일부 분야 기술이 세계 최고 수준에 이른 것처럼, 과거에도 활자 인쇄술 등 여러 분야에서 중국의 기술보다 더 우수하거나 그에 버금가는 기술을 개발한 적이 있었다. 신라는 당과의 교류를 통해 상당한 기술혁신을 이루고 경제적 성장을 달성해 서역 상인들에게까지 황금이 풍부한 나라로 알려져 있었다.[41]

신라, 고려, 조선 초기까지 이어진 혁혁한 기술혁신도 중국과 마찬가지로 농업국가의 특징에서 유래되었고, 신라와 고려에서는 불교의 영향으로 기술혁신이 촉진된 측면을 부인할 수 없다. 또한 중국과 마

38 Ian Morris, 앞의 책, p. 408.
39 주경철, 앞의 책, 16쪽.
40 김영식, 『과학, 역사 그리고 과학사』(생각의나무, 2008), 116-118쪽.
41 Alain George, 앞의 글, p. 597.

찬가지로 한국도 군왕의 관심과 후원에 따라 기술혁신이 촉진되거나 반대로 정체되는 특징을 보였다.

세종대왕 때는 천문 역법, 금속활자술, 화포 기술 등 다양한 분야의 과학기술이 한국 역사상 가장 뛰어난 혁신을 이룩했다. 세종대왕이 한글을 창제하고 금속활자술도 발전시켰지만, 대부분의 서적 인쇄는 한자로 이루어졌고 한글은 보조적인 문자로만 제한적으로 활용되었으며, 출판 부수도 극히 적었다. 결과적으로 한국의 기술혁신이 세계적으로 최고 수준에 도달한 부분도 있지만, 전반적으로 중국보다 더 유교적 질서에 사로잡혀, 기술혁신의 결과가 크게 상업화되지 못하고, 사농공상의 폐쇄적인 질서로 인해 상거래도 활성화되지 못한 본질적인 한계를 안고 있었다.

1) 농업과 과학기술

중국과 마찬가지로 한국은 농업의 중요성이 커 농업에 필요한 천문학이나 역학이 발전했다. 신라 선덕여왕은 647년에 첨성대(瞻星臺)를 세웠고, 『고려사(高麗史)』에도 일식이나 태양흑점 등 상세한 천문관측 결과가 기록되어 있다.[42] 널리 알려진 바와 같이, 세종은 조선의 실정에 맞는 시각과 정치, 그리고 일식과 월식을 예측하기 위해 칠정산(七政算)을 완성케 하고, 강우량을 정밀하게 측정하기 위해 측우기(測雨器)를 제작했다. 해시계와 물시계, 특히 자동으로 시간을 알려 주는 물시계 자격루(自擊漏)를 제작했다. 그리고 영조는 세계 최고 수준의 혼

42 전상운, 『한국과학기술사』(정음사, 1976), 18쪽.

천시계(渾天時計)를 제작 완성했다.

2) 불교 및 유교와 과학기술

불교 교리 자체는 과학기술과 무관하지만, 삼국시대와 고려시대에 걸쳐 불교가 발전함에 따라 그 종교적 수요에 의해 여러 가지 기술혁신이 이루어졌다. 예컨대, 뛰어난 합금 주조 기술의 소산인 신라의 범종(梵鐘)은 아름다운 소리를 내기 위한 공명용 음관을 이용해 신라의 뛰어난 기술 수준을 짐작하게 한다. 또한 751년에 목판으로 인쇄된 『무구정광대다라니경(無垢淨光大陀羅尼經)』은 현존하는 목판 인쇄물 가운데 세계에서 가장 오래된 것으로, 신라의 뛰어난 목판 인쇄술을 보여 준다.[43] 목판 인쇄술은 고려에 와서 유네스코 세계문화유산으로 지정된 『팔만대장경(八萬大藏經)』을 만들게 했고, 고려 후기에는 세계 최초 청동활자본인 『직지심체요절』[44]이 탄생하는 데 밑거름이 되기도 했다. 청동활자 인쇄술은 조선시대 들어 여러 가지 금속활자 주조에 활용되고 더욱 개량되었다.[45]

불교는 외국과의 정보 및 기술 교류에 촉매 역할을 하기도 했다. 백제의 승려 겸익은 인도에 다녀오면서 새로운 문물을 가져왔고, 신라의 승려 혜초는 723년 중국에서 출발한 뒤 바다로 인도까지 갔다가 727년에 육로로 돌아오면서 그 여행기를 『왕오천축국전(往五天竺國

---

43 위의 책, 16쪽.

44 『직지심체요절』은 말미에 "宣光 7년(서기 1377) … 興德寺"라고 표기되어 있어 흥덕사가 출판한 것으로 보인다.

45 태종 때 계미자, 세종 때 경자자·갑인자·병진자, 문종 때 경오자, 세조 때 을해자·정축자·무인자·을유자, 성종 때 갑진자·계축자, 중종 때 병자자, 선조 때 경서자 등 여러 차례에 걸쳐 여러 가지 금속활자가 주조되었다.

傳)』이라는 책으로 출판해, 인도와 아랍에서 당나라 장안에 이르기까지 외국의 다양한 정보와 지식을 소개했다.

조선시대의 유교는 억불정책과 엄격한 주자학을 강조한 반면에, 신라 및 고려시대의 불교는 이교도에 관대한 입장이었다. 1333년 로마 교황 요한 22세가 '존경하는 고려인들의 국왕께' 보낸 편지에는 교황청 사제들이 고려를 방문했다는 점을 시사하면서 충숙왕이 고려의 그리스도인들을 잘 대해 주신다는 소식을 듣고 무척 기뻤다는 내용이 담겨 있었다고 한다.[46]

불교와 달리 유교는 생활윤리 및 정치철학으로서의 측면이 강하고 유교 교육을 강조했다. 유교 교육은 과거 시험 합격으로 보상받게 함으로써 국가의 효율적인 관리와 체제 유지에 많은 기여를 했다.[47] 유교의 영향으로 신라 신문왕은 682년 세계 최초의 국립대학이라고 할 수 있는 '국학'을 설립해 유교 경전뿐만 아니라 명산과(明算科)를 두고 산학박사과 조교가 수학을 가르치고 함께 공부해 신라시대의 찬란한 기술혁신의 기초가 되는 수학 전문가를 양성했다. 조선은 건국 초부터 유학 교육을 중시해 성균관을 건립하고 지방에 향교를 설치해 공교육을 강화했다. 일반적으로 과학기술의 발전에 교육이 중요한 역할을 해왔지만, 조선시대의 교육은 과거 준비 또는 유교 경전 중심의 형이상학적인 인문학에 편중되어 있었고, 과학기술이나 실용 학문을 다루지 않아 과학기술의 발전에 크게 기여하지 못했다.

요하네스 구텐베르크(Johannes Gutenberg)의 금속활자 인쇄술은 민간인이나 민간 기업 중심으로 개발, 활용, 사업화되어 유럽 전역으

46 http://witland.xyz/bbs/board.php?bo_table=wit_best&wr_id=399978.
47 이헌창, 『한국경제통사』(도서출판 해남, 2014), 232쪽.

로 전파되었지만, 고려와 조선시대의 금속활자 인쇄술은 국가에 의해 제한적으로만 사용되었을 뿐이다.[48] 구텐베르크의 활자 인쇄술로 유럽에서는 수익을 올리는 민간 상업 인쇄소가 많이 등장했고, 출판사 간 경쟁, 무단복제 및 작가와의 관계를 합리적으로 해결하기 위해 저작권법이 탄생했다. 그러나 조선의 활자 인쇄술은 주로 국가에 의해 『원육전(元六典)』과 같은 법전이나 사서삼경 등 유교 경전의 출판에 활용되었을 뿐이다. 『목민심서(牧民心書)』 등을 저술한 정약용이나 『열하일기(熱河日記)』를 저술한 박지원 등 선비들도 서적의 인쇄 및 배포에 아무런 관심을 갖지 않은 것으로 보인다.[49] 한국의 활자 인쇄는 19세기 초까지 주로 한자로 된 문헌을 인쇄하는 데 활용되었기 때문에 수요가 극소수 양반에 한정되었고, 서양의 알파벳은 26개에 불과하지만 한자는 수만 개의 표의문자로 되어 있어 활자 제작에 엄청 많은 시간과 비용이 소요되었다.[50] 또한 한국 활자술은 일찍 개발되었으나 기술개량이 이루어지지 않아 수공업 방식에 의존했지만, 구텐베르크의 활자술은 포도주 압착기를 활용해 반기계화하여 대량 인쇄가 가능했다.[51] 요컨대, 구텐베르크의 금속활자술이 서양의 과학기술 혁명을 가능하게 한 기술적 원동력이 된 것과 달리, 한국의 활자술은 한자로 된 유교 경전 인쇄에 사용되었기 때문에 과학기술 지식의 확산에 아무런 도움도 주지 못한 것으로 평가된다.

유럽에서 기독교가 중세 암흑기를 초래하기도 했지만 종교 개혁

48 고려시대의 서적원, 조선시대의 주자소 등이 도서 인쇄를 담당했다.

49 『목민심서』는 19세기 말에야 출판되었고, 『열하일기』는 20세기 초에 출판되었다.

50 인쇄 비용이 많이 들어 책 한 권에 안동포 3~4필과 교환할 정도로 아주 비싼 가격에 유통되어, 대부분 서민은 책을 접하기 어려웠다: 강명관, 『조선시대 책과 지식의 역사』(천년의상상, 2014), 302쪽.

51 http://www.britannica.com/technology/printing-press.

으로 산업혁명과 자본주의에 길을 열어 준 것처럼, 조선에서도 유교가 17세기 후반부터 그 장점을 살리면서 양반의 자본 투자와 상업활동을 장려하고, 서양 문물의 도입으로 과학기술의 발전과 국부 증진을 도모하려는 실학사상이 등장했다. 특히 박제가는 조선의 국내 경제 규모가 미미하지만 3면이 바다로 둘러싸여 있어 해상 무역을 통한 경제발전으로 부국이 될 수 있다는 선구적인 주장을 했다.[52] 실학사상이 훗날 개화사상으로 연결되고, 해방 이후에야 비로소 대한민국 경제발전에 사상적 기여를 할 수 있었다.

3) 왕권과 과학기술

농업을 육성하기 위한 기술뿐만 아니라 불교 및 유교의 수요를 충족하기 위한 기술개발에서도 안정된 왕권과 확고한 지도력이 중요한 역할을 했다. 특히 세종대왕의 리더십이 과학기술 발전에 커다란 기여를 한 사실은 널리 알려져 있다.

세종은 태종의 국방 의지를 이어받아 여러 가지 군사 기술을 개발하고, 다연발 로켓포라고 할 수 있는 화포를 제작했다. 또한 청동활자를 만들어 인쇄 기술을 개량하고 훈민정음을 발명해 지식과 정보의 확산에 커다란 기여를 했다. 그리고 『향약구급방(鄕藥救急方)』과 『향약집성방(鄕藥集成方)』을 편찬하도록 해서 조선의 독자적인 의술 체계를 확립하고, 정초로 하여금 우리 실정에 맞는 농법을 정리해 편찬한 『농사직설(農事直說)』을 인쇄해서 배포하도록 했다. 세종은 국방과 의

52 이헌창, 앞의 책, 230쪽.

료에 관한 기술혁신뿐만 아니라 농업에 필요한 천문 역법의 발전을 위해서도 과학적이고 체계적인 연구를 추진했다.[53]

시간과 날짜를 계산해 농사 등에 필요한 일식과 월식 및 절기를 정확히 예측하는 역법의 중요성을 인식하고, 중국 당(唐)과 원(元)의 역법을 조선에 맞게 수정해 사용하려고 했다.[54] 그 역법에 따른 시간과 절기를 계산하려면 방원법(方圓法)[55] 등의 수학 지식이 필요하다고 판단해, 담당 관료를 중국에 보내 산법(算法) 즉 수학을 배우게 했다.[56] 역법에 따라 산정한 일월식의 시각과 실제로 측정된 시각에 오차가 있는 것을 지적하면서, 그러한 측정 결과를 모두 기록해 후일 보다 정확한 역법 개발에 활용할 수 있도록 하라고 지시하기도 했다.[57] 세종의 기술혁신 방법론은 실험과 입증을 중시하는 서양의 실증적 과학방법론과 다를 바 없었다. 세종은 또한 천체의 위치와 시간을 보다 정확히 측정하기 위해 혼천의(渾天儀)와 앙부일구(仰釜日晷)를 제작하게 했다. 중국과 조선의 경도 및 위도에 차이가 있어 조선에 보다 적합한 역법(曆法)을 완성할 필요성을 깨닫고, 당 및 원의 역법과 다른 우리 고유의 역법을 개발하기 위해 많은 관심을 갖고 지원했다.[58] 세종대

53 이헌창, 앞의 책, 237쪽.

54 그 당시 당나라의 '선명력(宣明曆)'과 원나라의 '수시력(授時曆)'이 가장 정밀한 역법으로 알려져 있었다: 『세종실록』 19권, 세종 5년 2월 10일(1423) 4번째 기사, "선명력·수시력·보교회보중성력요 등의 서적의 차이점을 교정하게 하다."

55 천문학이나 항해 등에서 거리를 계산하기 위해 지구와 같은 구면 위 삼각형의 각의 크기와 변의 크기를 계산하는 구면삼각법(球面三角法, spherical trigonometry).

56 『세종실록』 51권, 세종 13년 3월 2일(1431) 1번째 기사, "김한·김자안 등을 추천받아 중국에 보내 산법을 익히게 하다."

57 『세종실록』 49권, 세종 12년 8월 3일(1430) 1번째 기사, "일식·월식의 시각과 분수를 추보한 숫자와 맞지 않더라도 기록하여 바치라고 하다."

58 『세종실록』 58권, 세종 14년 10월 30일(1432) 1번째 기사, "임금이 역법에 관해 말하고, 김종서에게 추국하게 한 뜻을 이르다."

왕의 격려에 힘입어 이순지가 일식과 월식을 정확히 계산하는 방법에 관해 작성한 『교식추보법(交食推步法)』은 코페르니쿠스보다 100여 년 먼저, 지구가 둥글고 태양 주위를 돈다는 생각을 토대로 했던 것으로 추정된다.[59] 이러한 기술혁신과 연구를 통해 조선 고유의 역법이면서 동시에 세계적으로도 가장 우수한 분석을 담고 있는 『칠정산외편(七政算外篇)』이 출판되었다.[60]

세종대왕은 기술적 혁신뿐만 아니라 제도적 혁신에서도 후대 왕들이 따라갈 수 없는 위대한 업적을 이룩했다. 특히 조세처럼 중요한 제도를 만들거나 변경할 때는 공평하고 효율적인 과세 목적을 달성하기 위해, 오랜 기간 대신들과 토론했을 뿐만 아니라 납세자들의 여론을 수렴하는 합리적인 절차를 새로이 도입해 시행했다. 이러한 절차를 거쳐, 토지의 비옥도에 따라 6등급으로 나누고 풍작 또는 흉작 정도에 따라 9등급으로 나눠 과세하는 공법(貢法)이 확정되었다. 세종대왕은 집권 10년부터 대신들과 토론을 시작해 세종 26년에 공법제도가 완성되어 시행될 때까지 15년 넘게 황희 같은 대신들의 반대 의견도 모두 경청하면서 계속 이어 나갔다. 세종대왕은 납세자들에게 저항감을 주지 않고 공평한 과세를 위해 납세자들의 의견을 수렴할 필요가 있다고 판단해, 무려 5개월에 걸쳐 여론조사를 실시했다. 여론조사 결과, 공법 시행에 찬성하는 사람은 9만 8,657명, 불가하다는 사람은 7만 4,149명으로 찬성 의견이 다소 많았다. 총 17만 2,806명에 대한 여론을 수렴한 셈인데, 『세종실록지리지(世宗實錄地理志)』에 그 당시

---

59 박종인, 「꿈처럼 사라져 버린 세종의 '과학 시대'」, 『조선일보』 2019. 2. 13. http://news.chosun.com/site/data/html_dir/2019/02/13/2019021300028.html.

60 한영호·이은희·강민정, 「세종의 역법 제정과 七政算」, 『東方學志』 제168집(2014년 12월), 99쪽 이하.

총인구가 70만 명이라고 기록된 점을 보면, 세종대왕의 공법 관련 여론조사는 총인구의 4분의 1을 대상으로 한 엄청난 규모였음을 알 수 있다.[61]

과학기술의 발전으로 세종은 우리 역사상 가장 위대한 왕으로 존경받고 있지만, 바로 그 점이 조선시대 과학기술 발전의 한계다. 다시 말해 세종과 같이 현명하고 훌륭한 왕이 지도력을 발휘하거나 장영실과 같은 인재를 발굴하고 신분 상승이나 적절한 인센티브를 부여한 경우에는 과학기술이 발전할 수 있다. 그러나 왕이 무능하거나 그 권력 기반이 불안해서 제도 개선이나 인재 발굴이 제대로 이루어지지 못한 경우에는 과학기술의 발전을 기대하기 어렵다.

세종 이후 조선의 과학기술은 별다른 발전 없이 정체되었지만, 그 당시 유럽에서는 가톨릭의 구속에서 벗어나 인본주의가 꽃을 피우고 구텐베르크의 금속활자술 덕분에 많은 사람이 과학기술을 공유하고 혁명적으로 발전했다. 서양의 인쇄술에서 시작된 기술혁신은 자유와 재산 보호라는 제도적 기반 위에서 장인을 비롯한 상공인들의 이기심과 욕망에 힘입어 지속적으로 이루어지고 널리 확산될 수 있었다. 조선 세종대왕의 개인적 지도력에 힘입어 발전한 과학기술은 그 당시 서양의 과학기술보다 앞섰지만 지속성과 확산성이 약했다. 조선의 르네상스라고 불리는 영정조 시대에 실학자들이 시장 기능의 활성화와 서양 문물의 도입, 과학기술의 발전을 도모해야 한다고 주장했지만, 그러한 실학사상과 새로운 정책은 기존 양반 사대부의 지위를 위태롭게 한다는 반대에 부딪혀 전혀 받아들여지지 않았다.

61 오기수, 「세종대왕이 입법한 공법(貢法)의 민주적 가치」, 『국제경상교육연구』 제10권 제4호(2013), 43, 67쪽.

4) 상거래와 과학기술

조선시대에 유교 이념을 지나치게 강조해 상인을 천시하고 이윤 추구를 억제하기 전까지는 자연스럽게 시장에서 상거래가 활발하게 이루어졌고, 그에 따라 외국과의 기술 교류도 활발했다. 이런 활발한 상거래는 조선 초기까지 과학기술의 발전에 커다란 기여를 했다.

거슬러 올라가면 기원전 2세기부터 변한과 가야는 중국 및 일본과 왕성하게 교류하면서 제철 기술을 발전시키고 철제품을 수출해 상당한 부를 이룩한 것으로 알려져 있다. 백제의 제철 기술은 4세기경 왜왕에게 전달된 칠지도(七支刀)라는 칼의 정교함에서도 잘 알려져 있다. 6세기 초 화산 폭발로 마을 전체가 매몰된 일본 군마현 유적지에서 백제식 비늘갑옷이 나온 사실만 보더라도, 백제와 일본 간에 상당한 물품 교역과 기술 교류가 이루어졌음을 추정할 수 있다.[62] 변한과 가야의 제철 기술은 신라에 이어져, 낙동강 주변 '똥뫼' 지역에서 발굴된 7기의 제련로(製錬爐)와 쇠집게 등을 통해 6세기경 신라의 제철 기술이 상당한 수준이었음을 알 수 있다.[63] 7세기 중앙아시아 트란스옥시아나(Transoxiana; 현재의 우즈베키스탄) 바르후만왕 즉위식에 참석한 두 명의 고구려 사절이 사마르칸트 박물관 벽화에 나타난 것을 보면,[64] 고구려도 실크로드를 통한 교류에 적극적이었던 것으로 추정된다.

혜초 등에 의한 왕성한 종교 교류뿐만 아니라 중국 등과의 활발한

---

62 「권오영의 21세기 고대사」, 『중앙일보』 2019. 3. 9.
http://www.hani.co.kr/arti/culture/religion/885224.html#csidx73e43bb36a34fd6ae74e086166169ce.

63 이한상, 「낙동강변의 신라 제련소」, 『조선일보』 2019. 1. 23.
http://news.chosun.com/site/data/html_dir/2019/01/22/2019012202738.html.

64 https://www.mk.co.kr/news/politics/view/2019/04/246592/.

상품 교역을 통해서도 과학기술의 발전이 이루어졌다. 예컨대, 신라 시대에는 중국과 교역이 왕성해, 당나라 산동성(山東城) 및 강소성(江蘇城) 지역에 신라 사람들이 모여 거주하는 신라방(新羅坊)이 형성되었다. 이곳에 거주하던 신라인들은 당나라와 신라의 교역을 담당했다. 신라는 금은 세공품 등을 수출하고 비단과 불경, 기타 서적을 수입했다. 신라는 일본과도 교역을 했고, 아랍 상인들에게 인삼 등을 팔고 향료 등을 수입했다.[65] 교역 과정에서 6세기경 동양의 누에가 중동으로 수출되었고,[66] 아랍 상인들과의 교역에서 신라와 고려는 서역의 지식과 기술을 전해 받았다. 프랑스에서 추방된 신교도 위그노들이 네덜란드 등으로 유입되어 그 지역의 의류 제조업이 발달한 것처럼, 아라비아 상인들이 신라와 고려에 들어와 정착하고 서역의 지식과 기술을 전달하면서 기술혁신에 기여했을 것으로 추측된다. 신라 헌강왕 때 설화에 등장하는 처용이 아랍인으로 추정되고, 경주 괘릉 입구에 있는 석상의 머리카락이나 터번의 모양으로 보아 페르시아인이나 위구르인으로 추정된다. 이처럼 설화나 석상에 외국인의 모습이 보이는 것으로 보아 신라와 고려가 왕성한 해외 교역을 했고 상당수 외국인을 받아들였음을 알 수 있다.

9세기 초 신라 장보고의 해상 활동을 보면, 중국 및 일본 등과 적극적인 해상 교역활동을 벌여 선박 건조 및 항해 기술의 발전을 촉진하는 계기가 되었음을 알 수 있다. 장보고는 청해진을 설립하고 중국, 일본, 아랍과의 해상 교역을 장악했다. 그 당시 해상 교역의 규모를 보면, 신라시대의 선박 제조술과 항해술이 상당한 수준이었음을

65 이승영, 「장보고 정신과 무역대국의 재현」, 『국제통상연구』 제7권 제1호, 218쪽.
66 재레드 다이아몬드, 앞의 책, 372쪽.

알 수 있다. 서양에서는 르네상스가 되어서야 범선이 대중화된 반면에, 동양에서는 7세기부터 범선이 활용되었다. 신라의 돛 제작 기술과 범포(帆布)는 아랍에 수출될 정도로 수준이 높았다.[67] 또한 넓은 지역의 항해에 필요한 별자리를 비롯한 천문학이 발달해 첨성대도 천문관측용이라고 보는 견해가 많다. 그리고 흐린 날씨에 항해하기 위해, 그 당시 중국 육상에서 사용된 원시적 형태의 나침반이나 지남기(指南器)가 신라에서는 선박 항해에도 활용되었을 것으로 추측된다.[68]

신라와 고려는 주로 중국 및 대륙의 실크로드를 통해 교역하며 정보를 교환하고 기술의 발전을 이룩했다. 846년에 발간된 이븐 쿠르다지바(Ibn Khurdadhibah)의 『도로와 왕국 총람』 등 다수의 아랍 사료를 보면 7세기부터는 신라와 고려가 해상 교역을 통해 아랍 및 페르시아와 직접 교역하고 지식과 정보를 교환한 것을 알 수 있다. 아랍의 사료에는 신라와 고려가 금이 많고 살기 좋은 지역으로 묘사되어 있으며, 아랍 사람들이 귀국하지 않고 신라나 고려에 정착해서 그곳에 동화된 경우가 많았다고 전한다.[69] 또한 광산자원과 값비싼 보옥(寶玉)들이 산출되는 풍부한 광지층을 보유하고 있다고도 전했다.[70] 고려 말 설손과 장순룡은 위구르계 사람이었다. 아랍에서 와 고려에 정착한 색목인들도 많았다는 사실은 신라와 고려가 국제교역과 기술 교류에 적극적이었음을 말해 준다.

---

67 최근식, 「장보고 무역선과 항해 기술 연구: '新羅船' 運航을 중심으로」(고려대학교박사학위논문, 2002), 70쪽.

68 위의 글, 118쪽 이하 참고.

69 이희수, 『중동지역 한국학 관련 고문헌 및 역사 어문자료 기초조사』(대외경제정책연구원, 2011), 37쪽.

70 위의 책, 33쪽.

4. 과학기술의 정체

당송시대의 찬란한 기술혁신은 명청시대에 와서 정체되고, 한국에서도 조선 초기까지 발전해 온 높은 수준의 기술이 그 후 정체의 길을 걷게 된다. 기술혁신의 정체는 산업생산량의 증가를 어렵게 만들고, 기술의 상대적 쇠퇴는 군사적으로 나약한 국가로 전락하게 만든다. 예컨대, 18세기 중반까지 중국의 국내총생산(GDP)이 세계총생산량의 33% 정도를 차지했지만, 19세기 말에는 6% 정도로 급격히 감소한다. 반면에 유럽에서는 르네상스와 과학혁명, 산업혁명을 거치면서 왕성한 기술혁신과 경제발전이 이루어졌다. 예컨대, 영국의 GDP는 18세기 중반에 불과 2%에도 못 미쳤으나 19세기 말에 18%를 넘었고, 미국의 GDP는 18세기 중반에 0.1%에 불과했으나 19세기 말에 24%에 달하는 엄청난 증가를 보였다.[71] 이러한 기술혁신의 역전 내지 국가별 흥망성쇠가 일어나는 이유는 무엇일까? 과학기술이 퇴보해 멸망한 청과 조선의 배경을 제대로 살펴보면 오늘을 분석하고 내일을 대비하는 데 필요한 교훈을 얻을 수 있을 것이다.

뛰어난 기술과 화려한 문명을 이룩한 이집트와 마야 문명이 멸망한 주된 원인은 심각한 가뭄 등 자연재해였다는 견해가 있다.[72] 선진국과 후진국의 차이가 생긴 요인을 기후에서 찾는 견해도 있으나, 심각한 기후변화가 국가 멸망의 한 가지 요인이 될 수는 있지만 절대적

---

71 Paul Kennedy, *The Rise and Fall of the Great Powers* (Random House New York, 1987), p. 149.

72 미국항공우주청(NASA)의 기후변화에 관한 연구 결과에 의하면 이집트는 4,200년 전 가뭄으로, 마야는 900년경 가뭄으로 멸망한 것으로 추정된다: Emily Sohn, *Climate change and the rise and fall of civilizations*, NASA Global Climate Change. https://climate.nasa.gov/news/1010.

이고 가장 중요한 원인이라고 볼 수 있을지는 의문이다. 중세 말 흑사병으로 유럽 인구의 절반가량이 죽었지만 그로 인한 국가별 흥망성쇠는 상당히 다른 모습으로 나타났다. 아편 중독도 청나라 멸망 직전의 커다란 사회현상을 설명할 뿐이다. 자연재해나 질병의 피해를 최소화하지 못하고 부패와 마약 중독을 방지하지 못한 보다 근본적인 원인과 배경을 찾아볼 필요가 있다.

국가의 흥망성쇠에는 기후나 질병과 같은 일회성 사건보다 훨씬 더 장기간에 걸친 근본적인 원인과 배경이 존재한다. 15세기경 유럽에서는 암흑기를 지나 르네상스와 더불어 새로운 사상이 싹트고 과학기술이 발전한 데 반해, 명나라와 조선에서는 해금(海禁)정책과 함께 과학기술이 정체되기 시작한다. 이와 같이 대조적인 변화를 경제학계에서는 흔히 '대분기(大分岐, Great Divergence)'라고 말한다.

서양의 시각에서는 산업혁명 이후 어떠한 배경과 원인에 의해 기술혁신이 이루어졌는지 연구해 왔다. 따라서 한국의 시각에서는 중국과 조선의 기술혁신이 쇠퇴한 배경과 원인을 파악하는 것이 중요한 과제일 것이다. 중국과 조선의 유교사상, 특히 사농공상(士農工商)의 질서가 기술혁신을 위축시켰는가? 유럽 중세 봉건 시대처럼 엄격한 신분 질서와 지배층에 의한 착취가 기술혁신을 방해했는가? 상공업의 억제와 천시로 시장의 기능과 기술혁신의 인센티브가 사라졌는가? 한자 문맹률이 높아 과학기술의 확산에 한계가 있었고, 그 결과 전문가들의 참여가 어려웠는가? 해금정책으로 국제적인 인적 교류 및 상품이나 아이디어의 교환이 부족해 기술혁신이 정체되었는가? 군왕의 리더십이 흔들리면서 기술혁신의 동력도 상실되었는가?

1) 유교와 과학기술

논리적으로 유교가 과학기술을 배척할 필연적 이유는 없다. 과학기술은 학문의 대상인 동시에 먹고사는 삶의 문제도 된다. 공자는 학문과 근면 절약을 강조하면서 동시에 정치가 식량을 풍족하게 하고 군비를 넉넉하게 하는 것이라고 강조했다. 영국의 청교도도 근면 절약뿐만 아니라 경제활동과 영리 추구를 권장함으로써 산업혁명의 성공과 자본주의의 발달에 기여한 것으로 평가되고 있다. 이론적으로 부국강병의 중요성을 강조한다는 점에서 유교는 청교도와 표면상으로 다를 바 없다. 조선 초기에는 정도전을 비롯한 성리학자들이 개인의 도덕철학뿐만 아니라 부국강병의 정치철학도 강조했고, 세종대왕기에는 과학기술의 발전과 풍요로운 삶이 실현되기도 했다. 그러나 유교의 이론과 현실은 상당히 달랐다. 특히 조선 후기의 성리학은 도덕철학에 관한 논쟁에만 매달리고 기술혁신이나 상공업의 활성화를 천시하는 왜곡된 모습으로 조선의 쇠망을 부추겼다.

유교는 학문적으로 우수한 사람들이 행정을 맡아야 한다는 생각을 토대로 하기 때문에 교육이 강조되고 학문적 능력을 평가해 관료를 선발하는 관료제가 발전했다. 유교가 미신보다 합리적 생각과 학문을 강조한 점에서는 과학기술의 발전 가능성을 내포하고 있었다. 그러나 현실적으로는 자연 현상보다 인간과 사회에 대한 관심에 집중하고 자연과학을 등한시하며 무시하는 폐해를 낳은 것으로 평가되고 있다.[73] 뿐만 아니라 조선 후기에는 과거제도가 문벌에 의해 독점되고

73 조지프 니덤, 앞의 책, 109쪽.

중인의 출세를 가로막는 커다란 폐해가 나타나기도 했다. 한편, 유형원, 박제가 등의 실학자들은 과거제도의 폐지를 주장했다.[74]

과학기술이 발전하려면 새로운 것을 시도하는 모험정신과 다양한 의견, 이단자들에 대한 관용이 필요한데,[75] 엄격한 위계질서하에서 자유로운 생각을 억누르고 유교 교리에 집착함으로써 조선의 과학기술은 오히려 퇴보하게 되었다. 요컨대, 유교가 논리필연적으로 과학기술과 모순·충돌 관계에 있는 것은 아니지만, 중국과 조선의 역사적 경험에 의하면 과학기술의 발전에 역행하는 방향으로 해석되어 왔다. 유교사상의 왜곡된 해석의 대표적인 예로 사농공상의 차별적 직업관을 들 수 있다.

중국에서 유래된 유교는 조선에 도입된 이후 중국보다 더 형이상학적 도덕철학으로서의 성격만 극단적으로 강조해 백성의 삶에서 점점 멀어졌다. 특히 양명학처럼 다소 개혁적인 유교해석론이 전혀 수용되지 못하고 기존 주자학의 공리공론이 점점 심화되었다. 조선의 주자학은 기존 질서와 조화로운 삶을 강조하고 생계를 위한 노력과 소유욕을 오히려 천시해,[76] 개인적으로나 국가적으로 투자와 혁신을 위축시키는 결과를 초래했다. 양반은 생계 걱정이 없어 수신제가(修身齊家)의 도덕철학으로 만족할 수 있고 도덕적 의무로 무장할 필요가 있었지만, 일반 백성까지 도덕철학만 강요하면서 농업과 공업, 상업과 같이 먹고사는 문제를 천시하고 규제하는 것은 조선의 건국 이념에도 반하는 것이었다. 사농공상의 왜곡된 유교 질서는 기술혁신의

---

74 한영우, 『과거, 출세의 사다리 2』(지식산업사, 2013), 12쪽.

75 재레드 다이아몬드, 앞의 책, 364쪽.

76 Max Weber, *The Protestant Ethic and the Spirit of Capitalism*, Translated by Talcott Parsons with an introduction by Anthony Giddens (Routledge, 2005), p. xv.

침체와 조선 말 국력의 약화, 공멸의 최후를 맞게 한 궁극적인 원인이 되었다.

조선의 유교는 도덕철학 중심의 성리학으로서 아주 높은 수준까지 발전했지만, 과학기술을 천시하고 백성의 삶에 무관심하며 무책임한 논리를 제공했다. 예컨대, 사림파의 중시조 김종직은 "문신(文臣)으로 천문(天文)·지리(地理)·음양(陰陽)·율려(律呂)·의약(醫藥)·복서(卜筮)·시사(詩史)의 7학(學)을 나누어 닦게 하는데, 시사는 본래 유자(儒者)의 일이지만, 그 나머지 잡학(雜學)이야 어찌 유자(儒子)들이 마땅히 힘써 배울 학(學)이겠습니까?"라고 세조에게 아뢴 바 있다.[77] 강한 왕권을 확립한 세조는 김종직의 왜곡된 논리를 물리칠 수 있었지만, 그 후 권신과 사대부가 지배하는 조선의 유교는 지배층의 도덕철학과 주자가례를 백성들에게 강요하고 지배구조를 강화하는 논리로 전락했다. 과학기술이 발전하고 상거래가 활성화되면 경제와 사회가 변화를 겪고 재산을 축적한 새로운 계급이 형성될 수 있는데, 권신과 사대부는 그러한 변화와 새로운 계급의 도전을 사전에 차단하고 기존 위계질서를 정당화하는 이데올로기로 유교를 악용했던 것이다.[78] 유교의 한계를 꿰뚫어 본 실학파 박제가는 정조에게 『북학의(北學議)』를 올리면서 "아무 쓸모 없는 유생이 옛날에는 없었는데 지금은 넘쳐나고, 쓸모 있는 수레가 옛날에는 있었으나 지금은 없습니다."라고 상소한 바 있다.[79]

---

77 조선왕조실록 가운데 『세조실록』 34권, 세조 10년(1464) 8월 6일, "7학에 능한 것이 문신의 일이 아님을 말한 김종직을 파직하다."

78 재레드 다이아몬드, 『총, 균, 쇠』, 400-403쪽은 추장 사회에서부터 국가 형태에 이르기까지 모든 비평등사회에서 지배계층이 대중의 지지를 얻기 위해, 우선 대중을 무장해제하고 합법화된 무력을 사용해 공공질서를 유지하면서 지배구조를 정당화하는 종교나 이데올로기의 도움을 받는 것이라고 설명하고 있다.

79 박제가, 안대회 옮김, 『쉽게 읽는 북학의: 조선의 개혁 개방을 외친 북학 사상의

유럽에서도 중세 봉건 시대의 기독교 사상이 과학기술의 발전을 가로막고 소위 암흑기를 초래했지만, 종교 개혁과 더불어 인간 중심의 인문학과 과학기술의 급속한 발전이 이루어졌다. 중국에서도 왕양명(王陽明)이 기존의 주자학에 이의를 제기하고 현실에 부합되는 소위 양명학(陽明學)을 세웠지만, 제도 개혁에는 커다란 영향을 미치지 못했다.[80] 1517년 마르틴 루터(Martin Luther)는 '95개 논제(Ninety-five Theses)'를 발표함으로써 모든 기독교인은 평등하게 태어났다는 평등의식을 강조하고 라틴어 성경을 독일어로 번역해 출판함으로써 문맹률을 낮추는 데 기여했다. 이로써 유럽에서는 많은 사람이 천주교의 엄격한 교리와 신분의 구속에서 벗어나 르네상스와 과학혁명에 참여했다. 15세기 말에서 16세기 초에 왕양명은 기존 주자학(朱子學)과 달리 모든 사람이 복잡한 논리를 떠나 태어날 때부터 선악의 차이를 직관적으로 알고 있다고 생각했다. 그리고 나아가 행동을 통해 이치를 깨닫고 행동하지 않고는 이치를 안다고 말할 수 없다는 지행합일(知行合一)을 주장했지만, 불행히도 중국의 왕실과 정치 엘리트들은 그의 개혁적인 사상을 현실에 반영하지 못했다. 유럽에서는 종교개혁으로 새로운 정치사상과 기술혁신의 길이 열렸지만, 중국에서는 유교사상의 시대적 요구에 부응하는 변화나 개혁의 요구가 묵살되어 경제와 사회가 정체되고 말았다.

정수』(돌베개, 2014), 41쪽.

80 Ian Morris, 앞의 책, p. 453.

2) 착취적 신분제

신분제가 재산의 부당한 착취를 정당화해 주는 순간 착취당하는 피지배층은 더 이상 재산의 축적이나 기술혁신을 위해 노력할 필요가 없다. 유럽에서는 14세기에 흑사병으로 봉건적 신분 질서가 무너지고 16세기에 종교 개혁으로 가톨릭 성직자의 권력 독점과 부패가 막을 내렸다. 그러나 중국과 조선에서는 19세기 말까지 유교가 계층 간 위계질서를 유지하고 오히려 지배층의 이익을 극대화하는 이념으로 악용되었다. 유럽에서는 르네상스와 더불어 기독교가 종교 개혁을 통해 산업혁명과 자본주의의 발전에 길을 열어 주었지만, 동양에서는 유교가 그러한 변화의 계기를 찾지 못하고 착취적 신분 질서를 정당화해 주는 이념으로 고착되고 악용되었던 것이다.

유교에서 중시하는 예의와 도덕도 이론적으로는 일정한 생업과 재산을 전제로 하고, 중국과 조선에서 농업생산성을 높이기 위한 기술개발이 장려되어 왔다. 그러나 조선의 경우 선비나 지배계층은 생업이나 재산을 멀리해야 예의와 도덕을 갖출 수 있다고 여겨, 실제로 농공상 등 생업에 종사하면 혼인 및 벼슬길이 막히는 비생산적 신분 질서가 지배했다.[81] 예의와 도덕만 생각한다면 생업이나 재산을 멀리하는 스님이나 목사님의 생활 방식이 이상적일 수 있지만, 사회 내에서 선비나 지배계층이 생업을 무시하면 다른 계층이 지배계층을 위해 더 많이 생산하고 더 많이 희생해야 한다. 다시 말해 예의와 도덕을 강조하는 유교사상은 사농공상의 불합리한 위계질서를 만들고, 그 위

81 한영우, 앞의 책, 20쪽.

계질서로 인해 유교 경전을 공부한 소수의 지배계층이 대다수 백성의 피를 빨아먹는 불행한 결과를 초래했다.[82]

조선은 양반, 중인, 상인, 천인(노비)과 같이 네 가지 신분으로 구성된 철저한 신분제 사회였다. 무인 이성계와 성리학자 정도전은 백성의 생계를 중시하는 민본주의(民本主義)[83]와 능력 중심의 유교통치를 주장하면서 조선을 건국했지만, 백성의 이익을 보호하고 경제활동의 인센티브를 제공하는 제도 확립에는 성공하지 못했다. 유럽에서는 르네상스를 전후해 농노제(serfdom)가 붕괴하고[84] '신분에서 계약으로' 커다란 사회적 변화가 일어났지만, 조선에서는 민본주의가 정치적 구호에만 그치고 구체적인 제도 개선에는 실패한 것으로 보인다. 유럽에서는 농노제의 해체로 기술혁신과 산업혁명을 이루고,[85] 미국에서도 노예 해방으로 임금 노동자가 증가하면서 2차 산업혁명을 경험했다. 그러나 조선의 양반 사대부는 노비와 백성을 착취하면서 아무런 기술혁신의 필요성을 느끼지 못하고, 오히려 기술혁신이 불러올 수 있는 창조적 파괴(creative destruction)를 두려워하면서 구한말의 굴욕과 패배를 맞이했다.[86]

조선 초기 민본주의는 고려의 세습적 귀족정치를 청산한다고 주장했지만, 구체적인 제도 개선이 뒤따르지 않았기 때문에, 조선의 양

82 조선 후기에 조선을 방문한 서양인들은 한결같이 조선의 백성들이 모두 불결하고 비참한 생활을 하고 있는 데 반해 관리들은 잘살고 있었던 것으로 기록하고 있다: 김학준, 『서양인들이 관찰한 후기 조선』(서강대학교출판부, 2010), 108, 143쪽.

83 한영우, 『왕조의 서례자 정도전』(지식산업사, 1999), 139쪽 이하.

84 영국에서는 1381년 농민봉기(Peasants' Revolt)를 계기로 농노제가 붕괴하기 시작했고, 프랑스에서도 서서히 붕괴하다가 1789년 대혁명을 계기로 완전히 폐지되었다.

85 이헌창, 앞의 책, 224쪽.

86 김학준, 앞의 책, 587쪽.

반과 사대부는 세습적이고 착취적인 신분으로 변질되었다. 본래 조선의 양반(兩班)은 문관인 동반(東班)과 무관인 서반(西班)으로 구성된 현직 관료를 의미하고, 사대부(士大夫)는 문관 관료로서 4품 이상의 대부(大夫)와 5품 이하의 사(士)를 포함하는 현직 관료를 의미하는 용어였다. 그러나 조선 중기 이후에는 양반과 사대부 모두 관료 본인뿐만 아니라 그 친족과 후손까지 권력과 함께 노예, 토지 등 재산을 독점하는 착취적 신분으로 변질되었다. 양반과 중인 및 노비는 의복, 칭호, 좌석, 형사처벌 등 인권에 이르기까지 커다란 차이를 만들어 냈고, 더 나아가 그 신분이 세습되어 계층의 사다리를 올라갈 수 있는 거의 모든 인센티브가 사라져 버렸다.[87]

유럽에도 육체노동을 하지 않는 소지주 내지 젠틀맨(gentleman)과 귀족계급이 있었지만 상공업으로 부를 축적해 신분이 상승되는 길이 열려 있었다. 특히 18세기부터 유럽에서는 신분의 구속에서 벗어난 수많은 과학기술자와 사업가가 산업혁명을 이루어 나가기 시작했다. 그러나 은둔의 왕국 조선에서는 백성들이 관료와 사대부의 수탈에 시달리다 약간의 대가를 받고 스스로 노비가 되는 자매계약(自賣契約)을 체결하는 퇴행마저 일어났다. 또한 양반과 사대부는 자매계약을 부모 봉양 등의 효도라고 미화하면서 노비를 늘려 나가기도 했다.[88] 소위 선비는 단정하고 청렴한 생활을 하면서 학식과 예의범절을 갖춘 인격 있는 사람으로 존경받아 마땅하지만, 신분 또는 집단으로서 양반 사대부는 착취적인 정치경제 구조의 정점에 서서 자기들만의 노비와 토

87 한영우, 『과거, 출세의 사다리 2』(지식산업사, 2013), 10쪽.

88 최병조, 「법학방법론과 법문화 - 자유인 매각 계약의 예증을 통한 법문화 비교의 관점에서」, 『서울대학교 법학』 제57권 제2호(2016), 5-48쪽.

지에 대한 소유권을 강화하고,[89] 일반 백성을 상대로 착취와 수탈을 즐기면서 국력을 약화시켰던 것이다.[90]

중국이나 조선의 관료제는 이론적으로 과학기술정책을 추진하는 데 효율적인 조직이 될 수 있지만, 현실적으로 상류 지식층 대부분이 관료가 되기 위한 유교 경전 공부에만 집중함으로써 과학기술에 관심을 갖고 연구하는 인재가 나오기 어려운 환경이었다. 시험을 통해 과학기술 전문 관료를 충분히 선발한다면 그러한 부작용을 어느 정도 완화시킬 수 있지만, 과학기술 전문 관료 선발조차 유명무실해진다면 관료제의 폐해는 심각해질 수밖에 없을 것이다. 중인 가운데 의료 기술을 가진 의관(醫官), 천문과 지리에 밝은 음양관(陰陽官), 그리고 율관(律官), 역관(譯官), 산원(算員) 등의 기술 관원이 있었지만, 이들도 정3품 당하관 이상은 승진할 수 없는 심한 차별을 받았다.[91]

그뿐만 아니라 양반은 관료로 출세할 기회를 독점했다. 중국에서는 상인도 과거에 합격해 관료로 진출하는 사례가 많았지만, 조선에서는 서얼과 상인에게 문과 응시 기회조차 주어지지 않았다. 양반은 과거 응시라는 특권을 누리면서 유학을 한다는 명분으로 군역의 부담을 면제받고, 공물 부담도 힘없는 농민들에게 떠넘기는 경우가 많았다.[92] 동서고금을 막론하고 착취적 신분제도 또는 착취적 정치제도(extractive political institutions)가 착취적 경제 그리고 사회 붕괴를 초래하는 경우는 많았다. 16세기 말 프랑스도 성직자와 귀족은 조세 부담이

89 제임스 B. 팔레, 김범 옮김, 『유교적 경세론과 조선의 제도들: 유형원과 조선 후기』(산처럼, 2008), 48쪽.

90 조선 후기 조선을 방문한 서양인들은 한결같이 조선의 관리들이 백성을 착취하고 수탈한다고 기록하고 있다: 김학준, 앞의 책, 174쪽.

91 한영우, 앞의 책, 29쪽.

92 정병석, 『조선은 왜 무너졌는가』(시공사, 2016), 427쪽.

면제되고 관직이 매매 대상으로 전락하면서 제3신분 평민의 생활이 궁핍해졌으며, 1789년 프랑스 대혁명에 의해 비로소 착취적이고 구시대적인 질서가 붕괴되었다.

양반은 농공상의 어떠한 노동도 하지 않고 과거시험이나 추천을 통해 권력을 손에 쥘 수 있었지만, 다수의 상인과 천인은 모든 노동을 전담하면서도 양반과 국가의 착취 대상이 될 뿐이었다.[93] 『영조실록(英祖實錄)』을 보면, "양반은 한번 공장이나 상인이 되면 당장에 상놈이 되니 공장이나 상인이 될 수 없고, 몸소 농사를 짓고 아내가 들에 밥 나르기를 하는 것은 죽어도 할 수 없는 일"이라고 하면서, 양반이 아무런 생산활동을 할 수 없기 때문에 가난하고, 따라서 양반에게 새로이 군포를 징수할 수 없다고 상소하는 내용이 소개되어 있다.[94] 생산활동은 모두 일반 백성들에게 떠넘기면서, 조선의 양반과 사대부는 과거를 통해 권력을 독점한 것이다. 인도의 카스트제도가 엄격하게 신분에 따라 직업을 정했던 것처럼, 조선의 신분제도는 양반과 상인의 직업을 엄격히 구별하고 특히 장인이나 지방 향리는 중앙 관직에 들어오지 못하게 했다. 인도는 본래 세계 최고의 품질과 저렴한 가격의 면직물을 영국 등에 수출하고 있었지만, 카스트제도로 인해 기술혁신의 인센티브를 찾지 못한 채 별다른 발전을 보지 못한 반면에, 영국은 방직 기술의 발전과 증기기관의 활용으로 그 면직물을 인도에 역수출했다. 조선도 19세기 말까지 신분제도를 극복하지 못함으로써

93 1910년의 전국 호구조사 결과에 의하면, 총가구 수 289만 4,777호 가운데 양반이 5만 4,217호로 전체 인구의 겨우 1.9%에 불과했다. 이에 반해 조선시대에는 공노비가 10%에 달하고 사노비까지 포함하면 노비가 전체 인구의 3분의 1을 넘는 것으로 알려져 있다.

94 『영조실록』 71권, 영조 26년(1750) 6월 22일, "지돈녕 이종성이 상서하여 호전·결포의 폐단을 아뢰다."

상인과 장인, 노비 등 대다수 백성의 의욕을 저하시키고 기술혁신의 인센티브를 고갈시켜 패망의 길을 걷게 된 것이다.

15세기 이후에는 노비가 전체 인구의 30%에 이를 정도로 많았다.[95] 임진왜란과 병자호란 때는 수많은 백성이 일본의 노예상들에게 붙잡혀 가 일본의 도공이나 사무라이가 된 경우도 있지만,[96] 상당수가 포르투갈 등 서양 상인에게 노예로 팔려 갔다.[97] 조선의 양반과 사대부는 노비와 같은 값싼 노동력을 쓸 수 있었기 때문에 굳이 증기기관과 같은 새로운 기술을 개발할 필요성을 느끼지 않았다.[98] 고구려의 고분벽화를 보면 고구려 시절부터 이미 바퀴가 사용되었음을 알 수 있지만, 조선의 양반과 사대부는 많은 노비를 보유하고 있어 바퀴 없는 가마를 활용하고, 백성들이 널리 활용할 수 있는 교통수단이나 운송기술의 개발에 아무런 관심도 갖지 않았다.[99] 유럽에서는 중세까지 귀족, 성직자, 농노 등의 신분이 엄격했지만, 르네상스 이후 계몽사상으로 인해 신분이 계약으로서 커다란 변화를 거쳤다. 유럽에서는 신분에 관계없이 새로운 기술로 상공업에 종사해 부를 축적하고자 하는 노력과 경쟁이 치열해지고 있었지만, 같은 시대 조선의 양반 대부분은 유교 경전을 하늘처럼 받들면서 농공상 등의 생산활동을 천시하고

---

95 정병석, 앞의 책, 271쪽.

96 노성환, 「일본 규슈 동남부 지역의 임란포로에 관한 연구」, 『일본어문학』 제70집, 407쪽 이하.

97 피렌체 상인 프란체스코 카를레티(Francesco Carletti) 부자는 일본 나가사키에서 조선인 소년 다섯 명을 사서 고향 피렌체에 데려간 뒤 안토니오 코레아(Antonio Corea)라는 이름을 붙여 주고 자유인으로 만들어 준 것으로 알려져 있는데, 화가 루벤스(Rubens)가 그린 〈한복을 입은 남자〉라는 그림 속 주인공인 것으로 추정된다: 김학준, 앞의 책, 55쪽.

98 재레드 다이아몬드, 『총, 균, 쇠』, 363쪽은 고대의 노예제도가 기술혁신을 방해한 원인 중 하나라고 분석하고 있다.

99 김학준, 앞의 책, 220-221쪽.

있었다. 과학기술을 이해하거나 전담하는 행정 관료도 많지 않았고, 과학기술 전문가를 관료로 선발하는 경우도 드물었다.[100] 중국과 조선의 신분제는 19세기 말까지 대다수 백성의 활동과 기술혁신의 의욕을 제약하고, 다른 한편 양반 사대부가 노예 노동에 의존할 수 있게 함으로써 기술혁신의 필요성을 느낄 수 없게 만들었다.

허준의 『동의보감(東醫寶鑑)』처럼 중국에까지 알려질 정도로 훌륭한 의학서적이 나오기도 했지만,[101] 전반적으로 의관이 천시받고 의학 연구의 인센티브가 없는 상황이어서 조선시대에는 의학의 발전을 기대하기 어려웠다. 의관이나 도공은 중인에 불과하고 천시받았지만, 임진왜란으로 붙잡혀 간 도공들은 일본에서 상당한 대접을 받고 부를 축적할 수 있어, 고국에서 귀국하라고 종용하는데도 귀국을 거절한 채 일본에 남아 일본 에도시대 기술발전에 기여한 역설적인 사실도 있다.[102] 신분제의 수혜자 계급인 관료들은 기술발전의 필요성을 느끼지 못하고, 신분제의 질곡에 억눌린 일반 백성들은 기술개발에 노력을 기울일 아무런 인센티브를 찾지 못했던 것이다. 결과적으로 기술 수준은 일본에 비해 점점 뒤떨어지고, 도공 등 중인을 포함한 피지배계층에 대한 착취는 일상화되어 점점 부국강병과 멀어졌다.[103] 통역을 담당하는 역관도 상당한 지식을 갖추고 밀무역 등을 통해 경제

100 김영식, 앞의 책, 121쪽.

101 샤를르 달레, 정기수 역, 『조선교회사』(탐구당, 2015), 227쪽.

102 임진왜란 당시 전라도에서 납치해 간 조선 도공 가운데 심당길과 그의 후손은 도자기로 명성을 떨쳐 무사의 대접을 받고, 시카고·파리 만국박람회에 소위 심수관 도자기로 출품한 바 있다: 손민호, 「'집안의 뿌리' 대대로 전해 내려온 심수관 가문」, 『중앙일보』 2016. 3. 4. Week& 2면. http://news.joins.com/article/19670230, 2018. 1. 15. 방문.

103 정병석, 앞의 책, 32쪽.

력도 갖추었지만, 중인으로 정3품 이상 승진할 수 없었고 상당한 사회적 차별을 받았다. 구한말 조선을 방문한 외국인들의 기록에 의하면 조선 인구의 10분의 1은 양반으로 아무런 노동도 하지 않고 오직 나머지 1천만 명 정도의 백성을 착취하는 기생충과 같았으며, 지식을 갖추고 기술혁신의 의욕을 가진 중산층은 존재할 수 없었다.[104]

착취적 신분제는 일반 백성들의 착취로 인해 투자와 혁신을 불가능하게 만들 뿐만 아니라, 결국 지배층 내부의 갈등와 국론분열, 국가적 리더십 부재를 초래한 원인이 되기도 했다. 다시 말해, 착취적 신분에 해당하는 양반과 사대부는 계속 더 많은 토지와 더 많은 노비가 필요하고, 세습적 양반과 사대부의 수는 증가하는데 나눠 가질 토지와 경제적 부는 그에 비례해서 증가하지 않았기 때문이다. 훈구파와 사림파의 대립은 바로 기성 사대부와 신진 사대부의 경제적 이익 충돌에서 시작된 것이다. 붕당정치와 안동 김씨의 세도정치가 표면적으로는 성리학 교리를 내세웠지만, 그 이면에는 백성을 착취해서 나눠 가질 재산과 경제적 이익이 부족했기 때문에 필연적으로 발생한 내부적 모순과 갈등이 깔려 있었다.

서양에서도 권력을 향한 갈등과 투쟁이 있었다. 예컨대, 15세기 영국에서 랭커스터 가문과 요크 가문이 소위 장미전쟁(Wars of roses)을 치르면서 왕권을 차지하기 위한 살벌한 투쟁을 벌였지만, 일반 서민들의 삶은 전혀 나아지지 않은 자기들만의 권력 투쟁이었다. 그러나 17세기 영국의 명예혁명과 18세기 프랑스의 대혁명은 공업과 상업에 종사하는 신흥 세력의 이익을 반영하는 투쟁이었고, 결과적으로 보다

104 김학준, 앞의 책, 222, 487, 528, 549쪽.

많은 시민이 참여하는 포용적 정치와 보다 많은 발명가와 사업가가 시장에서 경제적 부를 쌓는 포용적 경제를 실현하는 데 기여했다. 영국의 명예혁명을 전후해 상공업활동이 얼마나 달라졌는지 잘 보여 준 유명한 에피소드가 있다. 17세기 중엽 볼드윈은 막대한 금액을 투자해 솔워프강에 배가 다닐 수 있도록 개발하고, 대신 그 강을 통행하는 배에 통행료를 징수할 권리를 취득했다. 이후 몇몇 귀족이 그러한 통행료 징수권을 빼앗으려고 했지만 실패했다. 명예혁명으로 재산권 보호를 명시한 권리장전을 공표한 영국 의회로서는 그러한 귀족들의 부당한 탈취에 굴복할 필요가 없었다.[105] 명예혁명을 계기로 영국에서는 투자와 혁신이 보호되고 장려되는 포용적 경제가 본격화된 것이다.

이와 대조적으로 임진왜란 직전부터 본격화된 조선의 붕당정치는 상공업의 투자와 혁신을 촉진하기 위한 아이디어를 가지고 투쟁한 것이 아니라, 성리학 논쟁으로 지배층 내부의 권력다툼을 정당화하는 데 그쳤다. 조선시대의 붕당정치가 학문적·정치적 입장을 공유하는 양반 사대부 집단 사이의 경쟁이라는 측면이 전혀 없지는 않지만, 조선시대 붕당정치에서 그 학문적·정치적 입장은 투자와 혁신을 통해 민생을 살리고 백성의 후생을 향상시키는 데 있는 것이 아니라 오직 이념적 논쟁에 머물며 자신들의 이익과 권력을 위한 투쟁에 그쳤던 것이다.

105 대런 애쓰모글루·제임스 로빈슨, 최완규 옮김, 『국가는 왜 실패하는가』(시공사, 2012), 288쪽.

3) 지식과 사상 통제

과학기술이 발전하려면 지식과 사상의 자유로운 교류가 중요하고, 그 교류에서 종이와 인쇄술을 비롯한 정보기술이 중요한 지위를 차지한다. 당송시대를 비롯해 동양에서 과학기술이 발전하고 경제적 풍요를 누린 것은 서양보다 훨씬 먼저 종이와 인쇄술을 개발해서 활용했기 때문이다. 종이는 105년경 후한(後漢)의 채륜이 최초로 그 제작법을 개발해 중국을 비롯한 동양에서 널리 활용되었고, 서양에는 이슬람 문화권을 거쳐 13세기경에야 전파되었다. 인쇄술도 9세기경 중국에서 목판 인쇄술이 개발되어 서적 인쇄에 널리 활용되기 시작했고, 14세기에 고려에서 세계 최초의 금속활자술이 개발되어 『직지심체요절』의 인쇄에 활용된 바 있다.

중국과 조선은 서양보다 먼저 종이와 인쇄술을 개발하고 활용했지만, 지식과 사상의 교류 및 확산에서는 서양에 훨씬 뒤떨어졌음을 부인할 수 없다. 첫째, 국가가 인쇄와 출판을 독점하고 민간인에 의한 활자 제작을 금지했기 때문에 지식과 사상의 교류 및 확산에 커다란 한계가 있었다. 예컨대 고려의 전교시(典校寺)[106]와 조선의 교서관(校書館)이 서적의 출판을 독점했으며, 통치에 필요한 유학, 법률 서적의 인쇄에 한정해서 보급하고 가격도 비싸게 책정했다. 둘째, 중국과 조선의 인쇄술은 한자로 된 문헌을 인쇄하는 데 활용되었지만 그 수요는 귀족과 극소수 지배 계층에 한정되어 있었다.[107] 구텐베르크 인쇄

---

106 고려 초기 내서성(內書省)은 성종 때 비서성(祕書省), 충렬왕 때 비서감(祕書監), 충선왕 때 전교서(典校署) 및 전교시로 그 명칭이 바뀌었다: 강명관, 앞의 책, 34쪽.

107 예컨대, 조선시대에 가장 광범위한 규모로 인쇄 유포된 『삼강행실도(三綱行實圖)』와 같은 유교윤리 서적을 통해 유교 질서에 따라 국가에 무조건적 복종이 심

술은 귀족과 기독교 신부들의 지식 독점을 깨뜨리고 르네상스를 가속화하는 데 기여했지만, 동양의 인쇄술은 국가의 지식 독점을 강화하고 유교 질서를 고착화하는 결과를 초래했다. 서양의 인쇄술은 상업적 인쇄소들이 수익을 올리는 데 널리 활용되어 지식의 확산에 크게 기여했지만, 동양에서는 사농공상의 유교 질서에 따라 책을 인쇄해서 판매하는 것을 죄악시했기 때문이다. 또한 책을 판매하는 민간 서점도 없어, 중국과 조선의 종이와 인쇄술은 지식과 사상이 일반 대중에게 확산, 교류되는 데 별다른 기여를 하지 못했다.

서양의 경우 15세기에 인쇄술이 개발되기 전까지 필사본으로 만들어진 서적이 모두 10만 권 정도에 불과했지만, 인쇄술이 활용된 이후 불과 50년 사이 유럽에서 출판된 서적이 2천만 권에 달하는 것으로 추산되고 있다.[108] 중국이나 조선에서처럼 국가가 인쇄를 독점하거나 인쇄허가제도를 통해 서적 인쇄를 통제하면 인쇄술이 지식과 사상의 교류에 기여하기 어려울 수밖에 없다. 예컨대, 1670년 유형원은 자영농 중심의 토지제도 개혁과 교육 중심의 과거제도 혁파, 전국적인 공교육 활성화 등 근대적인 경세론을 서술한 『반계수록(磻溪隨錄)』을 저술했지만, 100년이 지난 뒤 3부만 인쇄해서 사고에 보관하라는 영조의 간행 지시가 있었을 뿐이다.[109] 『반계수록』은 애덤 스미스의 『국부론』보다 100년 먼저 저술된 경세론이지만 널리 알려지지 않아 조선의 경제발전에 별다른 기여를 하지 못한 반면에, 『국부론』은 활자술로 다량 인쇄 배포되어 서양에서 산업혁명을 이끈 경제 이론이

화되었다: 강명관, 앞의 책, 123, 153쪽.

108 정병석, 앞의 책, 175쪽.

109 정병석, 앞의 책, 184쪽.

될 수 있었다.

기술의 발전에 따라 지식과 사상이 널리 확산되면 혁신과 변화가 일어날 수 있고 기존 질서와 지배 계층에 커다란 위협이 될 수 있다. 따라서 서양에서도 구텐베르크 금속활자 인쇄술이 개발된 이후 인쇄허가제도를 통해 왕실이 일정한 수익을 올리면서 동시에 지식과 사상을 통제하려고 했다. 1605년에 출판된 『돈키호테(Don Quixote)』의 서문에 잘 소개되어 있는 스페인 왕실 인쇄 허가장을 보면, 왕실이 서적 인쇄 허가 여부를 결정하고 더 나아가 서적의 가격까지 정했다. 왕실은 인쇄허가제도를 통해 왕권이나 지배층의 이익에 도전하거나 위협이 되는 사상이나 종교를 통제할 수 있었다. 스페인은 인쇄 허가를 통해 지식과 시장을 통제하고 가톨릭 이외의 신교도나 이교도를 잔인하게 처벌했기 때문에, 결과적으로 그 당시 진행되고 있던 과학혁명으로부터 소외되고 무적함대의 패망을 계기로 국력이 쇠퇴했다.[110] 스페인보다 더 극단적인 사상 통제는 오토만 제국에서 볼 수 있다. 1485년 오토만 제국의 술탄 바예지드 2세는 아랍어 인쇄 행위를 전면 금지했고, 18세기에 겨우 인쇄소의 설립을 허용했지만 인쇄상 오류 방지 명목으로 이슬람 율법에 정통한 종교학자의 확인을 거치도록 했다.[111]

영국 등에서는 18세기에 왕실의 인쇄허가제도가 폐지되고 근대적인 저작권제도가 도입되면서, 인쇄업자가 자유롭게 시장의 수요에 부응하는 서적을 인쇄해 판매할 수 있었고, 이를 통한 지식과 사상의 교류 확산은 산업혁명의 씨앗이 되었다. 이에 반해, 서적 인쇄를 유교

110 정병석, 앞의 책, 170쪽.

111 대런 애쓰모글루·제임스 로빈슨, 앞의 책, 312쪽.

이념의 보급 수단으로만 인식한 중국과 조선에서는 국가가 인쇄 기술을 독점하고 서적 판매를 규제해 지식과 사상의 자유로운 생산이나 유통이 원천적으로 불가능했다. 유럽 중세 성직자와 귀족들이 지식과 정보를 독점함으로써 권력을 유지했던 것처럼, 중국과 조선의 왕실과 사대부도 서적의 다량 인쇄에 의해 유교 이념 이외 지식과 정보가 일반 대중에게 전파되는 것을 원치 않았던 것으로 추측된다. 예컨대, 1577년 선조 때 발생한 '조보(朝報)' 인출 사건을 보면, 조정의 주요 결정과 인사 사항을 발간하는 관보에 대한 일반 수요가 커져 일부 상인들이 활자로 인쇄해서 사대부 등에게 판매하자, 그 사실을 알게 된 선조가 국가기밀이 유출되는 통로가 된다고 심각하게 우려해 조보 인출 관련자 30명을 처벌한 바 있다.[112] 국가기밀이라면 애초에 관보를 발간하지 말았어야 하지만, 공개적으로 발간된 관보의 상업적인 인쇄 및 판매를 금지하고 처벌한 것은 조선시대 왕실과 사대부의 기득권을 보호하기 위한 궤변으로, 지식과 사상이 일반 백성에게 널리 보급되지 못하도록 규제했던 것이다. 결과적으로, 종이와 인쇄술의 발전에도 불구하고 중국과 조선에서는 지식과 사상에 대한 독점과 통제가 기술혁신의 정체를 초래한 주된 원인이 되었던 것이다.

조선에서 지식과 사상의 통제는 일반 백성에 대해서뿐만 아니라 사대부 내부에서도 경쟁적으로 이루어졌다. 예컨대, 『숙종실록(肅宗實錄)』을 보면, 송시열은 윤휴라는 사람이 주자의 학문을 충실히 따르지 않고 그와 다른 소견을 주장하며 『중용(中庸)』에 각주를 붙여 주위에 퍼뜨려 주자의 학문을 어지럽힌다고 비판하면서 윤휴를 사문난적

---

112 김정석, 「'세계 최초 일간 신문' 조보 추정 문서 발견」, 『중앙일보』 2017. 4. 18. http://news.joins.com/article/21486760, 2018. 1. 5. 방문.

이라고 칭한 바 있다.[113] 사회와 시대가 바뀌면 주자학에 대한 새로운 해석이 필요할 수도 있을 텐데, 조선의 사대부들은 조금이라도 다른 해석론을 주장하면 모두 사문난적으로 매도하면서 지식과 사상의 자유로운 교류를 억압했다. 또한 『중종실록(中宗實錄)』에 의하면, 조광조는 유학자들이 도덕정치를 추구해야 하고 무력을 앞세운 부국강병의 패술을 논해서는 안 된다고 경고한다.[114] 조선 대부분의 유학자는 사서삼경의 암기를 중시하고 지식과 사상의 자유로운 교류를 금기시하면서, 중국에서보다 더 폐쇄적이고 교조적인 성리학 체계를 세웠던 것으로 보인다.

유교 중심의 지식과 사상 통제는 일반 백성의 문맹률을 높인 반면에, 양반 및 사대부의 기득권을 정당화하는 교육정책으로 강화되기도 했다. 조선 최고의 교육기관이라고 할 수 있는 성균관은 유교 경전 중심의 교육을 통해 왕권과 양반 및 사대부의 지위 강화를 도모하는 데 기여했다. 지식과 사상의 통제 및 엄격한 위계질서로 인해 일반 백성의 의사가 정치에 반영될 수 있는 통로는 전혀 없었다. 임진왜란 이후 명나라가 멸망하고 일본은 정권이 교체되었지만, 조선은 왕실과 양반 및 사대부들이 유교사상을 더욱 강화함으로써 자신들의 책임을 모면했다.

---

113 『숙종실록』 18권, 숙종 13년(1687) 2월 4일, "봉조하 송시열이 나라를 다스리는 올바른 도리와 경계를 상소하다."

114 『중종실록』 32권, 중종 13년(1518) 4월 28일, "석강에서 사습을 바로잡을 것을 아뢰다."

4) 해금정책: 외국과의 교류 억제

대운하 개발로 중국의 수나라가 멸망에 이르기도 했지만, 대운하 및 실크로드는 당나라와 송나라에서 해외교역, 과학기술의 교류와 부국강병의 바탕이 되었다. 명나라 초기까지만 해도 영락제가 환관 정화에게 7회에 걸쳐 동남아시아, 서남아시아, 아프리카까지 원정하도록 명할 정도로 국제교역이 왕성했다. 그러나 영락제가 사망한 뒤 관료들이 환관 세력을 몰아내고 해상 무역을 금지하는 해금정책으로 급선회했다.[115] 16세기에는 돛대가 두 개 이상 달린 선박을 건조하거나 일정한 규모 이상의 배를 타고 해상 무역을 하는 행위 모두 형사처벌을 받았다.[116] 정화의 원정 이후 중국은 해상 무역을 규제하면서 서서히 기술 정체 및 생산력 저하의 길을 걷게 되었다. 정화가 원정에 나선 지 60년 후 이탈리아의 콜럼버스는 미국에 도착하고, 포르투갈, 스페인, 네덜란드, 영국 등은 신대륙 탐험에 나서 거대한 식민 제국을 건설했다.

기본적으로 해상 무역의 금지는 무역상들의 세력 확대를 차단하기 위한 중국 황실의 권력 강화책으로 평가되지만, 그로 인해 서역 상인들과의 교류가 대폭 감소하고 기술혁신도 점차 정체되었다. 중화사상의 영향도 있겠지만, 객관적으로 보더라도 명나라 초기까지는 중국이 서양보다 기술적으로 우위에 있었고 경제적으로도 더 풍요로웠기 때문에 굳이 외국과 교류할 필요성을 느끼지 못한 측면도 있다. 그러나 중국의 자존감 내지 자만심은 기술혁신의 정체를 초래해, 서양의

---

115 재레드 다이아몬드, 앞의 책, 602쪽.
116 데이비드 S. 랜즈, 앞의 책, 164쪽.

기술혁신과 비교해 상대적으로 퇴보의 길을 걸을 수밖에 없었다.

이미 12세기에 대마를 잣는 수력 기계를 개발해 사용할 정도로 송나라의 기술 수준은 영국의 수력 방직기보다 500년이나 앞서 있었지만 더 이상 발달하지 못했다. 해외무역 금지와 상거래 위축으로 중국의 대마 방직 기계는 면직물 제조에 응용되지도 못하고, 영국에서처럼 증기기관의 에너지를 활용하지도 못한 채 정체되고 말았다.[117] 그와 대조적으로, 영국을 비롯한 서양은 중국을 비롯한 동양의 경제적 풍요를 알고 동양과 적극적으로 교류하기를 원했으며, 동양과의 교류가 서양의 대항해 및 식민지 개척의 원동력이 되었다.[118]

중국은 해금정책을 취하더라도 간헐적으로 오는 서역의 상인을 통해 해외 동향을 파악할 수 있었지만, 조선은 해금정책을 취할 뿐만 아니라 중국에 조공을 바치면서 육로를 통한 중국과의 조공무역(朝貢貿易)과 일본과의 왜관무역(倭館貿易)에만 의존하는 은둔의 왕국(Hermit Kingdom)으로 전락하고 있었다.[119] 1684년 청나라는 해금정책을 완화했지만, 조선은 상인들의 해상 무역을 금지하고 조공무역에만 의존했다. 조선은 심지어 임진왜란 이후 서양의 눈부신 발전은 물론 일본의 점진적인 발전도 애써 무시하거나 당파 싸움으로 정책 반영 기회를 상실하면서 침체의 길을 걷게 되었다. 당파 싸움은 권력을 위한 세습적 당파 간 싸움이었을 뿐, 해외 동향을 파악하거나 나라의 발전을 위한 정책 경쟁과는 거리가 멀었다.[120] 『북학의』를 저술한 박제가는 성

---

117 데이비드 S. 랜즈, 앞의 책, 106-108쪽.

118 Ian Morris, 앞의 책, p. 427.

119 제임스 B. 팔레, 앞의 책, 572쪽.

120 프랑스 신부 달레도 저서 『조선교회사』 서론에서 조선의 나라 발전을 위한 정책의 경쟁과 전혀 무관한 당파 싸움을 이해할 수 있는 현상으로 서술하고 있다: 샤를르 달레, 앞의 책, 53-57쪽.

리학에 매몰된 조선 사대부들이 공리공담(空理空談)만 일삼으면서, 우리보다 발전한 이웃 중국과 일본마저 되놈이니 왜놈이라고 비하하는 편협한 사고를 한다는 점을 날카롭게 지적한 바 있다.[121]

조선의 해금정책은 해외 교류로 인해 양반과 사대부의 기득권이 흔들리는 것을 차단하기 위한 수단일 뿐이었다. 해금정책을 펴는 가운데서도 조선의 양반과 사대부는 백성들을 착취해 충분한 이득을 취하고 있었기 때문이다. 구한말 조선을 방문한 외국인들이 양반과 사대부들을 '무가치한 인간 벌레들'이라고 평가한 것도 그러한 맥락에서 이해된다.[122] 특히 19세기 후반에는 세계 경제가 크게 발전하고 국제교역량이 급증하고 있었지만,[123] 조선은 해금정책으로 국제교역에도 참여하지 못하고 서양의 선진 기술을 배울 기회조차 갖지 못한 채 고사(枯死)하고 있었던 것이다.

예수회는 대항해 시대에 중국, 일본 등 미개척 지역으로 교회를 확장하는 운동에 적극적으로 참여했다. 예컨대, 포르투갈 예수회 선교사 마테오 리치(Mattero Ricci)는 1582년 마카오에 도착해 선교사업을 하고 명나라 만력제(萬曆帝)의 초청으로 자금성을 방문한 최초의 서양인으로, 천문학 및 서양 역법 등을 명나라에 전달하기도 했다. 학문 능력이 뛰어난 선교사들이 적응주의 선교 전략에 따라, 현지 언어와 문자를 학습해 그들의 사상과 문화를 익힌 다음 지배층이나 지식

---

121 박제가는 조선의 우물 안 개구리와 같은 선비들의 생각을 날카롭게 지적하기도 했다: "낮은 수준의 선비는 오곡을 보고서 중국에도 이런 것이 있더냐고 묻고, 중간 수준의 선비는 중국의 문장이 우리만 못하다고 생각하며, 높은 수준의 선비는 중국에는 성리학이 없다고 말한다."

122 김학준, 앞의 책, 528-529쪽.

123 Daron Acemoglu and James A. Robinson, *Why Nations Fail: The Origins of Power, Prosperity, and Poverty* (Crown Business, 2012), p. 36.

인들과 학술적 교류를 통해 교리를 전파했다. 당시 중국, 일본, 베트남의 군주들은 장기간 예수회 선교사를 고용했는데, 그들을 통해 서학에 접근할 뿐만 아니라 상거래와 무기 도입도 할 수 있었다.

중국은 서양과의 교류에 소극적이었지만, 일본은 서양의 과학기술을 수용하는 입장이었다. 예컨대, 임진왜란 직후 일본의 도쿠가와 이에야스(徳川家康)는 네덜란드의 상인과 기술자들에게 교역 특권을 부여한 바 있다. 도쿠가와에서 시작된 에도 막부(江戸幕府)는 200여 년간 기독교 등 서양의 영향에서 국내 질서를 보호하기 위해 외국인의 활동을 철저히 규제하는 해금정책을 취했으나, 한편으로는 나가사키에 인공섬 데지마(出島)를 만들어 네덜란드 상인과 기술자들이 교역할 수 있도록 허용하면서 서양 문물을 받아들이는 노력을 게을리하지 않았다. 에도 막부는 의학과 지리학, 군사 기술 등 서양 문물을 받아들이는 것이 중요하다고 판단해, 화란어(네덜란드어)에 능통한 통역관과 서양 학문을 공부하는 화란 학자들을 우대했다. 화란 학자들은 뉴턴의 물리학을 비롯해 서양의 해부학, 지리학, 천문학 등 선진 과학기술을 일본에 소개하는 데 큰 기여를 했다.[124] 19세기 중반에 미국과 영국 등 서구 열강이 강력한 군사력을 배경으로 일본에 교역을 요구해 오자, 네덜란드는 그 영향력의 열세를 만회하기 위해 일본에 군사 기술을 적극적으로 제공해 주었다.[125] 예컨대, 1855년 나가사키에 해군양성소(Naval Training Center)가 설립되자 네덜란드는 군사 기술뿐만 아니라 수학과 의학 등 과학기술에 관한 체계적인 교육을 제공하고 나

124 주경철, 앞의 책, 529-533쪽.

125 Marike Klos and Leon Derksen, *Shared cultural heritage of Japan and the Netherlands* (Cultural Heritage Agency of the Netherlands, 2016), p. 14.

가사키에 최초의 증기선 제조 공장을 설립해 조선공학 기술을 제공하기도 했다. 이러한 네덜란드의 증기선 제조 공장은 곧이어 미쯔비시 조선소로 발전하는 계기가 되었다.

한편 중국에서는 예수회 신부들을 통해 서양의 과학과 기술이 소개되었지만,[126] 널리 전파되지 못하고 기술혁신의 생태계가 형성되지도 못했다.[127] 당시 서양에서는 활자 인쇄술이 대중화되고 문맹률이 낮아져 다양한 기계 도면과 기술 서적이 많이 생산 유통되었고, 특허제도가 도입되어 특허 도면의 공개와 함께 새로운 기술이 효율적으로 전파될 수 있었지만, 청나라에는 그러한 기술 전파 및 혁신의 조건이 미처 마련되지 못했던 것으로 보인다.

지구상에서 가장 고립되어 있던 호주와 태즈메이니아[128]의 경우, 원주민들은 17세기 유럽 원정대를 만나기 전까지 1만 년간 외부와 접촉 없이 수렵채집인 생활을 해와 기술 수준이 석기시대에 정체되어 있고 다른 섬으로 이동하는 배도 만들지 못하는 실정이었다.[129] 호주와 태즈메이니아 원주민은 자연환경으로 고립된 예외적인 경우였다. 그러나 외국과의 교류를 억제하거나 금지함으로써 스스로 고립의 길을 선택한 해금정책은 기술적 정체 내지 퇴보를 초래했다. 조선의 백성들은 500년간 충효사상을 학습하면서 도덕적으로 이상적인 사회를

126 조지프 니덤, 앞의 책, 315쪽.

127 Peng Nansheng (彭南生) and Yan Peng (严鹏) "When and How the East-West Great Divergence Took Place: A Review from the Perspective of Technological Capability in Machine Tool Industry," *China Economist* Vol. 8, No. 1 (January-February 2013), p. 105.

128 호주에서 남쪽으로 240킬로미터 떨어진 섬인데, 1만 년 전 해수면의 높이가 올라가 호주에서 분리되어 지구상에서 가장 고립된 지역으로 알려져 있다.

129 재레드 다이아몬드, 앞의 책, 449쪽.

지향했지만, 같은 기간 서양에서 진행된 르네상스와 산업혁명에 눈감은 채 '은둔의 왕국(Hermit Kingdom)'으로 살아오면서 힘없이 무너지는 길을 자처했던 것이다.

5) 상공업 억제

상거래가 활성화되어야 시장의 수요에 부응하기 위한 공업과 기술이 발전할 수 있는데, 명나라와 조선은 건국 초기부터 농본주의에 입각해 상공업을 천시하고 억제하는 정책을 펴왔다. 명나라를 세운 홍무제(洪武帝)는 상업과 공업은 농업에 지장을 초래한다고 여겨 상공업을 억제했고, 조선의 지배층도 상공업보다 농업이 더 중요하다고 생각해 맹목적으로 농본주의정책을 고집했다.[130] 고려 말기 권세가의 농민 착취가 극심해지고 과다한 부역으로 인해 농민들이 농업을 포기하고 영세한 공업이나 상업에 종사하게 된 바 있어,[131] 조선은 상공업을 억제하는 정책을 채택한 것으로 이해된다. 또한 상거래에서 생기는 대부분의 이권을 왕실과 권세가가 빼앗아 갔기 때문에 시장과 상인층의 발달을 기대하기 어려웠다.[132]

『태종실록(太宗實錄)』을 보면, "장사하는 사람은 천한 물건으로 귀한 물건을 바꾸니, 그 이익이 배나 되고, 수고로운 일 대신에 편안한 일을 하니 (…) 농부는 날로 적어지고 장사치(商賈)는 날로 많아져, 한 사람이 경작하여 열 사람이 먹으니 나라의 창고가 어떻게 넉넉하며,

---

130 제임스 B. 팔레, 앞의 책, 215쪽.
131 한영우, 『왕조의 설계자 정도전』(지식산업사, 1999), 237쪽.
132 이헌창, 앞의 책, 223쪽.

백성의 식량이 어떻게 풍족하겠습니까?"라고 하면서 상인등록제, 상업세, 상업허가장 등을 통해 상업을 억제해야 한다고 주장하는 상소가 소개되어 있다.[133] 이 상소는 국왕에 대한 언론과 강의 등을 담당한 사간원(司諫院)의 고위 관료들이 태종께 올린 것으로, 철저히 관료들의 유교 이념에 따른 내용이었다. 객관적으로 보면, 백성의 식량이 부족한 것은 상인들이 이익을 빼앗아 갔기 때문이 아니라, 상공업이 활성화되지 못해 농업의 생산성이 낮았기 때문이다.

농촌의 식량 생산과 수공업자의 공구 생산, 상인의 유통이 국가적으로 효율적인 분업 체제를 이루어야만 비로소 모든 사람이 배불리 먹고 행복해질 수 있다. 로마 제국이 몰락한 이후 유럽의 농업 생산성이 낮아진 것은 농지 경작에 대한 지나친 사랑으로 상업을 천시하고, 장자상속제로 소수의 대지주가 농지를 계속 독점하면서 노예 지위에 있는 노동자의 생산성이 낮았기 때문이다. 봉건 시대 유럽 대륙과 달리 베네치아, 제노바, 피렌체 등 이탈리아 도시국가들은 상업을 중시하고 십자군 전쟁에서 병참 역할을 하면서 상업과 수공업 및 농업의 효율적 분업으로 시너지 효과를 얻어 유럽에서 가장 부유한 지역으로 성장했다. 르네상스와 함께 유럽에서 시작된 유럽 경제 근대화의 특징을 가장 정확하게 파악한 사람은 애덤 스미스다. 특히 애덤 스미스는 『국부론』에서 중세 말 이탈리아 도시국가의 발전을 예로 들면서 상업의 중요성과 농촌 도시의 분업을 강조한 바 있다.[134]

17세기에는 네덜란드와 영국의 동인도회사가 아프리카, 인도, 중

133 『태종실록』 20권, 태종 10년(1410) 10월 29일, "사간원에서 시무 7개 조목을 상소."

134 애덤 스미스, 최호진·정해동 옮김, 『국부론(상)』(범우사, 2003), 466-500쪽.

국, 일본까지 와서 무역을 했으나 조선은 현종 9년(1688)에 한양(서울)에서 정해진 시전(市廛) 상인 외에는 상업활동을 금지하는 법을 제정해 상거래 활동을 더욱 엄격하게 통제했다. 전안(廛案)이라는 상인등록부에 등록된 상점을 시전이라고 하는데, 이러한 시전은 시전 이외의 상점 즉 난전(亂廛)의 활동을 단속하고 심지어 난전 상인을 구금할 수 있는 금난전권(禁亂廛權)까지 쥐고 있었다. 이로써 상거래를 독점한 시전은 높은 가격을 요구해 소비를 위축시키고 원재료 공급도 독점해 수공업 생산과 기술혁신이 발달하기 어렵게 만들었다. 시전과 상인들은 수공업자에 비해 자본력과 원료 독점 및 판로 확보 면에서 우위에 있었기 때문에,[135] 장인들을 하청업자처럼 부리거나 장인들을 고용해 견직물과 종이 등을 직접 생산하기도 했다.[136]

조선시대 조세제도 가운데 각 지역의 특산물을 바치는 공납(貢納) 제도가 폐지되고, 중기 광해군 때부터 특산물 대신 토지 면적을 기준으로 일률적으로 쌀을 납부하는 대동법(大同法)이 점진적으로 확대 시행되었다. 그에 따라 공인(貢人)이 각종 특산물을 구입해 왕실과 각 공공기관에 공급하고 그 대가로 받은 쌀을 판매하는 상인층으로 등장했다. 본래 시전이든 공인이든 상거래가 활성화되면 전문가들의 생산과 분업 및 기술혁신이 촉진되어야 하지만, 조선시대의 시전과 공인은 정부로부터 특권을 부여받은 일종의 어용상인으로, 원재료를 독점하고 물가상승의 폐해를 초래한 측면이 더 많은 것으로 평가된다. 그 거래에 관여한 관료들의 중간 착취 등 여러 가지 요인으로 인해 시전과 공인에 의한 상품의 공급가격은 평균 시중가격보다 서너 배 높게 책

135 강만길, 『조선후기 상업자본의 발달』(고려대학교출판부, 1972), 139, 141, 144쪽.
136 위의 책, 151, 153, 154쪽.

정되었다.[137]

조선에도 상공업의 중요성을 강조하면서 제도 개선을 주장한 학자가 전혀 없었던 것은 아니다. 조선의 르네상스라고 할 수 있는 영정조 시대 실학자, 특히 북학파 유수원과 박제가는 상거래 활성화 및 분업과 전문화의 중요성을 강조한 바 있다. 북학파의 이용후생에 관한 아이디어들은 모두 같은 시기 유럽에서 애덤 스미스를 비롯한 계몽주의 사상과 일맥상통하는 바가 있지만, 조선에서는 빛을 보지 못했다. 상업의 활성화는 시전과 같은 어용상인의 폐해를 없앨 뿐만 아니라 백성들의 생계를 위해서도 긴요한 과제였다. 조선 후기에는 몰락한 양반과 가난에 허덕이는 농민들이 생계유지를 위해 장사에 나서는 일이 많아, 이러한 생계유지형 난전을 모두 금지하는 것은 백성들의 생계 자체를 위협하는 것이나 마찬가지였다. 또한 임진왜란 중에 설치해 조선 말까지 유지되어 온 군사조직 훈련도감(訓鍊都監)은 병사들에게 지급할 쌀과 급료가 부족하자 병사들의 상업활동을 공인해 주어 생계유지를 위한 상업 인구는 계속 증가할 수밖에 없었다.[138] 18세기 들어 금난전권이 폐지됨에 따라 개인적 차원의 상거래가 다소 활성화되고 수공업이 발전했지만, 그 후 세도정치와 삼정의 문란으로 시장 활성화 효과는 지속되지 못한 채 서구 열강을 맞이했다.

유럽에서, 농경사회를 기반으로 출발한 기독교 윤리도 중세 암흑기에는 이자를 받는 대금 행위를 죄악시하고 영리를 추구하는 상공업을 천시했다. 그러나 십자군 원정과 지리상 대발견으로, 유럽은 농업

137 오언 밀러, 「시전-국가 간 거래와 19세기 후반 조선의 경제위기」, 이헌창 엮음, 『조선후기 재정과 시장』(서울대학교출판문화원, 2010), 383쪽.

138 강만길, 앞의 책, 165-167쪽.

이상으로 상거래와 영리 추구의 중요성을 깨닫게 되었다. 상거래의 활성화는 생산활동 및 기술개발을 촉진하고 경제발전의 씨앗이 되었다. 이와 정반대로, 조선은 해금정책과 상공업의 억제로 생산활동과 기술혁신이 정체되거나 침체될 수밖에 없었다. 시장의 기반과 수요의 약화가 조선시대 직물 기술이 발전하지 못한 중요한 원인의 하나로 지적되고 있다.[139]

상거래가 활성화되지 않으면 분업과 전문화도 이루어지기 어렵다. 실학파 박제가는 수레와 배를 활용한 운송업을 활성화하면 수레와 선박 건조 기술이 발전할 수 있는데, 그렇지 못한 조선의 현실을 안타까워했다.[140] 애덤 스미스는 『국부론』에서 스코틀랜드 산악 지역의 경제는 모든 농부가 쇠고기 만드는 백정이고, 빵 굽는 제빵 장인이고, 동시에 커피 내리는 바리스타가 되어야 하는 자급자족 경제라서 노동의 분화도 기술의 혁신도 기대하기 어렵다고 지적했다.[141] 조선의 한양에서는 상공업이 천대받고 대부분의 지역이 스코틀랜드 산악 지역처럼 자급자족 경제였기 때문에 상공업의 발달도 기술의 혁신도 싹트기 어려웠다. 19세기 중반 조선을 찾은 프랑스의 달레 신부도 "조선의 포목이 변변치 않은 것은 여기에 이른바 공장(工匠)이 적어서라기보다, 오히려 모두가 수준 낮은 장인이기 때문입니다." "오늘날이라 할지라도 옛날보다 더 진보되어 있는 건 없고, 모든 기술과 수공업이 다시 시작된 노아의 홍수 이튿날에 비해 더 진보되어 있는 것도 없습니다."라고 조선의 문제점을 지적한 바 있다.[142] 모든 백성이 농

139 이헌창, 앞의 책, 219쪽.
140 박제가, 앞의 책, 145-164쪽.
141 Adam Smith, 앞의 책, p. 8.
142 샤를르 달레, 앞의 책, 267쪽.

사일로 바쁘고 농한기에만 베 짜고 옷 만드는 일을 하기 때문에 기술의 발전을 기대하기 어려웠던 현실을 정확히 파악한 것이다. 조선시대 여성이 자급자족 방식의 수공업에 의존한 것은 화폐제도가 미비하고 도로와 운송수단도 낙후되어 어쩔 수 없었기 때문일 것이다.[143]

농부의 여가활동으로 수공업이 이루어지는 상황에서는 기술발전을 기대하기 어려울 뿐만 아니라 장인들을 천시하고 그 대우가 형편없었기 때문에 기술발전을 위한 별다른 인센티브를 찾아보기도 어려웠다. 조선은 장인을 모두 관청에 등록시키고 돌아가면서 의무적으로 관청에서 관수품을 제작하도록 강요하는 노동력 착취에 의존하고 있었다. 예컨대, 어용 및 관용 음식과 도자기를 관리하는 사옹원(司饔院) 분원에서 자기를 생산하는 전업 장인은 연평균 쌀 4석 3두, 콩 4두 9되 정도를 받았고, 일반 노역자들까지 포함해서 계산하면 연평균 2석도 받지 못해 기본적인 생계유지조차 어려운 상황이었다.[144] 그렇다 보니 장인들의 사기도 낮을 뿐만 아니라, 장인으로서 노동을 회피하려는 경향이 나타나기도 했다. 또한 조세제도에서도 상공 억제책의 일환으로 상세(商稅), 공세(工稅) 등을 과다하게 부과했다.[145] 광업의 경우 주로 관영 광산이 생산을 담당했지만,[146] 민영 광산의 경우에도 광산 및 채굴권 등에 관한 재산권 보호가 명확하지 않았다. 지방 수령의 횡포가 극심해 언제 어떻게 재산과 이익을 박탈당할지 모른다는 불안감과 불확실성이 지배하는 상황에서는 광업에 대한 투자와 기술혁신

---

143 샤를르 달레, 앞의 책, 282, 284쪽.

144 박희진, 「19세기 司饔院 分院의 운영과 그 몰락」, 이헌창 엮음, 『조선후기 재정과 시장』(서울대학교출판문화원, 2010), 328쪽.

145 한영우, 앞의 책, 265쪽.

146 한영우, 앞의 책, 262쪽.

을 기대하기 어려웠을 것이다.

6) 인센티브 결여

조선시대의 착취적 신분제와 상공업 억제는 다수의 피지배층 백성에게 의욕적으로 일하고자 하는 인센티브를 줄 수 없기 때문에 기술혁신이 이뤄지기 어려웠다. 사회 구성원들이 열심히 일하려는 의욕이 있는 나라는 부국이 되지만, 기술혁신과 투자의 인센티브가 전혀 없는 나라는 패망하게 된다. 조선 건국 초기에는 민본주의에 입각해 백성들의 생계 향상을 위해 노력했으며, 세종대왕처럼 리더십을 가진 왕은 인재 기용과 효율적인 투자를 통해 기술발전 및 부국강병의 기초를 마련했다. 특히 세종대왕은 기술적 성과를 보여 준 장영실 등을 기용해 기술개발 인센티브를 제공하고 그를 명나라에 파견해 아랍 상인 등에게서 선진기술을 수용하도록 투자한 바 있다. 또한 18세기 말 정조는 농사 행정을 권하고 농사 관련 서적을 구하는 글을 전국에 선포해 백성을 감동시키고 농사 기술 발전의 인센티브를 제공하기도 했다.[147] 그러나 몇몇 왕들의 개별적인 노력에 의존한 기술발전은 지속 가능성을 기대하기 어렵다. 법제도에 의한 지속적인 인센티브가 없으면 왕이 바뀜에 따라 기술혁신이 지속되기 어렵기 때문이다.

조선 건국 초기 성리학자들이 많이 참고한 『주례(周禮)』는 다양한 인센티브를 제공해 생산성을 향상시키는 정부 운영 원리를 제시한다. 예컨대, 관리 가운데 질병 치료를 담당하는 의원의 치료 성공률이 높

147 정병석, 앞의 책, 112쪽.

으면 높은 녹봉을 지급하되 과오로 치료 성공률이 낮은 경우에는 낮은 녹봉을 지급할 것을 권한다. 조선은 건국 초기 『주례』의 이상에 따른 정부 운영을 시도했지만 충실히 실현하지 못했고, 후기에는 악화된 붕당정치의 부작용으로 각 정파의 이익과 정실에 얽매여 기술혁신이나 부국강병의 길과 점점 멀어졌다. 예컨대, 관리들에게 녹봉은 중요한 인센티브임에도 불구하고 선조 시대 관리의 녹봉은 생활하기에도 부족해, 대부분 지방관리와 친인척들로부터 받는 선물이나 뇌물이 더 커다란 인센티브가 될 정도였다. 따라서 『주례』의 이론과 달리 실제로 조선시대 관리들은 국가 즉 임금과 백성을 위해 열심히 일하지 않고, 오히려 자신의 이익을 위해 주인의 이익을 해할 수 있는 소위 본인-대리인 문제(Principal-agent problem)를 노정하고 있었던 것이다.

고려시대로 거슬러 올라가더라도, 우왕 3년에 세계 최초로 금속활자술을 활용해 『직지심체요절』이 출판되었음에도 불구하고, 누가 그 금속활자를 만들었는지조차 알지 못하는 실정이다. 이보다 70여 년 늦게 독일의 구텐베르크가 『직지심체요절』보다 70여 년 늦게 금속활자술로 성경을 출판해 상당한 상금과 엄청난 명성을 얻은 것과 크게 대비된다. 조선시대에 금속활자술이 사용되었지만, 활자술을 잘 알고 연구하는 전문가는 거의 없었고, 대부분 노비로 구성된 관공장(官工匠)이 인쇄 업무를 담당했다. 세종 대부터 금속활자 인쇄가 증가했고 관공장 등 인쇄 장인에 대한 처우가 나쁘지 않았으나, 중종 대 이후부터는 처우가 나빠지고 근무 조건이 열악해 견디지 못하고 달아나는 장인이 많았다.[148] 인쇄 장인이 전문가로서 활자술을 개발하려는 노력

148 강명관, 앞의 책, 288-290쪽.

을 기울일 아무런 인센티브도 없는 상황이었던 것이다.

조선은 사농공상의 유교사상을 바탕 삼아 상업활동을 천시했다. 상업활동으로 인한 부의 축적이 사회적 변화와 정치적 위협을 초래할 수 있어, 이를 천시하고 차단하는 것이 양반과 사대부의 기득권 보호에 유리했기 때문일 것이다. 17세기 후반 실학자들을 제외하고 성리학으로 무장한 대부분의 양반과 사대부는 물욕이나 이익 추구 자체를 천시했다.[149] 이와 같이 상업활동과 부의 축적을 천시하는 유교사상에 따라, 조선은 시장 개설을 금지하고 상인에게 통행증을 발행하는 등 상업억제책을 시행해 왔다. 상품의 유통이 활성화될 수 없었기 때문에, 보다 우수한 상품이나 새로운 상품을 만들기 위한 기술혁신 노력도 필요하지 않았다.[150] 노동의 열매를 즐길 수 없다면 상업활동이나 기술혁신을 기대하기 어렵다. 재산을 모으더라도 권력을 가진 자에게 빼앗길지 모른다는 불안감이 있는 한, 상업활동이나 기술혁신의 인센티브는 조금도 찾아볼 수 없다.[151] 다시 말해, 상업억제책은 암시장이나 뇌물 거래를 유발할 뿐이고, 재산권 보호가 보장되지 않거나 불확실하면 상공업활동의 의욕이 위축될 뿐이다.[152]

15세기 조선의 인구 가운데 30% 정도를 차지한 노비는 가장 많은 착취 대상이었기 때문에 별다른 의욕을 갖기 어려웠을 것이다. 노비는 아무런 대가 없이 마지못해 주인의 일을 하는 것이므로 생산성이 매우 낮고, 더 나아가 조세를 부담할 능력이 없어 부역 면제 대상

149 이헌창, 앞의 책, 228쪽.

150 정병석, 앞의 책, 40쪽.

151 조선 후기 조선을 방문한 서양인들은 공통적으로 조선 백성들의 가난과 게으름이 노동의 대가를 허용하지 않는 조선 조정의 잘못된 제도와 정책 때문이라고 되풀이해서 말하고 있다: 김학준, 앞의 책, 109, 154쪽.

152 데이비드 S. 랜즈, 앞의 책, 107-108쪽.

이었기 때문에 국가의 세수가 줄어들었다. 노비가 많을수록 양반의 재산은 늘어나는 셈이었지만, 국가로서는 생산력 감소와 국력 약화의 원인이 되었다. 이는 구한말 조선을 방문한 외국인들의 관찰 결과에서도 확인된다. 영국의 비숍 여사는 조선의 백성들이 게으르고 사대부에게 굴종적인 데 대해 솔직하게 실망을 표시했지만, 연해주에 가서 그곳에 정착한 조선 사람들이 부지런하고 자주적이며 부유하게 살아가는 모습을 보고 놀란다. 똑같은 조선 사람인데 한반도와 연해주의 사람들이 충격적일 정도로 차이가 나는 이유는 오직 조선 관리들의 부패와 가렴주구, 사대부의 착취 때문이라고 결론 내린 바 있다.[153] 이는 프랑스 달레 신부가 내린 평가와도 정확히 일치한다.[154] 구한말 조선을 방문한 프랑스 외교관 이폴리트 프랑댕(Hippolyte Frandin)은 조선의 칠기, 상감, 금세공품 등을 통해 조선인의 세공 기술을 격찬하면서 노예 상태의 굴레만 벗겨진다면 무역과 산업에 대한 능력의 싹이 발아할 것이라고 평가한 바 있다.[155] 19세기 및 20세기 미국의 경험을 보더라도, 노예 해방으로 흑인에게 일할 인센티브가 주어진 미국 북부 지역은 2차 산업혁명과 함께 눈부신 발전을 이룩한 데 반해, 앨라배마 흑인단속법과 문맹 시험을 고리 삼아 투표권 박탈 등 다양한 흑인차별정책을 지속해 온 미국 남부 지역은 경제적으로 낙후되었을 뿐만 아니라 20세기 초까지도 수작업과 노새가 끄는 마차 운송에 의존

153 이사벨라 버드 비숍(Isabella Bird Bishop)이 출판한 책 *Korea and Her Neighbors: A Narrative of Travel, with an Account of the Recent Vicissitudes and Present Position of the Country*는 뉴욕과 런던에서 수천 권이 판매되는 인기를 누렸다: 김학준, 앞의 책, 336-340쪽.

154 샤를르 달레, 앞의 책, 113, 115쪽.

155 김학준, 앞의 책, 349쪽.

하는 실정이었다.[156] 20세기 초반까지 미국 북부 지역과 달리 남부 지역 백인들은 풍부한 흑인들을 사실상 노예나 다름없이 착취할 수 있었기 때문에 노예 노동 이외 새로운 기술이나 에너지를 개발할 필요성을 느끼지 못했다. 흑인들은 현실적으로 노예나 다름없이 착취당하고 있어 기술혁신이나 노동의 인센티브를 갖지 못했던 것이다. 조선 후기 양반 사대부는 같은 시대 미국 남부의 백인들과 마찬가지로 백성들의 노동을 착취하다시피 값싸게 이용할 수 있어 기술혁신의 필요성을 느끼지 못했다. 백성 특히 중인들의 경제적 지위 향상을 원하지 않았던 양반 사대부는 백성들에게 기술혁신에 대한 인센티브를 제공하는 법제도 개선에 전혀 관심이 없었다.

7) 유교적 법치주의

정부운영 및 민간경제 등에 관한 합리적인 법제도가 없으면 왕의 능력에 따라 흥망성쇠가 좌우된다. 중국과 조선의 법제도는 서양보다 훨씬 일찍 발달해 『경국대전(經國大典)』 등 통일 법전을 갖추고 있었지만, 가부장적 국가 질서에 입각한 행정과 형벌 위주의 유교적 법치주의에는 커다란 한계가 있었다. 법치주의의 핵심은 절대적 권력을 통제하는 것인데, 중국과 조선에서 사대부 관료 특히 재상의 권한이 왕의 독주를 견제하는 기능을 수행한다는 점에서는 법치주의 정신에 입각한다고 할 수도 있다.[157] 그러나 재상들이 양반과 사대부의 이익을

---

156 흑인단속법(Black codes)은 미국 남북전쟁 후 남부 지역에서 노예 해방에도 불구하고 교육과 노동, 정치 면에서 실질적으로 흑인을 차별하기 위해 제정한 일련의 법률을 뜻한다: 대런 애쓰모글루·제임스 로빈슨, 앞의 책, 504-507쪽.

157 정긍식, 「조선시대의 권력분립과 법치주의」, 『서울대학교 법학』 제42권 제4호

위해 왕권을 약화시키고 백성의 삶과 전혀 무관한 유교 예법의 미명하에 권력쟁탈전에만 매몰된다면, 법치주의의 이상과 달리 백성들의 이익과 권리가 짓밟히고 삶의 의욕이 꺾이지 않을 수 없다.

『경국대전』 등의 성문법이 상대적으로 일찍 정비되었지만, 기본 원칙과 추상적인 수준에 머물러, 구체적인 집행 단계에서 그 취지가 제대로 실현되지 못했다. 예컨대, 신분제가 기본 질서로서 필요했다면 구체적인 신분의 종류와 신분별 권리 및 의무 등에 관한 세부 내용이 『경국대전』 등에 의해 명확히 규정되어야 하지만, 조선의 신분제는 그렇지 못했다. 양반은 과거에 응시해 관료가 될 수 있고 군역 등 각종 부역에서 면제되는 특권을 누렸는데, 그 양반의 개념과 범위가 불명확하고 변질되었다. 양반은 본래 현직 관료인 동반과 서반을 의미하는 것이었지만, 그 개념이 철저히 유지되지 못하고 현실적으로는 관료 본인뿐만 아니라 그 친족과 후손까지 포함해 세습되는 신분제로 변질되었다. 또한 법제도가 미비하고 관료의 재량권이 너무 넓어, 지방 수령들이 양반이 부담해야 할 것을 모두 힘 없는 농민들에게 떠넘기는 착취적 행정을 펴곤 했다.[158]

법제도 내용이 불명확했을 뿐만 아니라, 철저하게 집행되지도 못했다. '예(禮)'는 지배계층 사이에서 명예로운 법전이고, '법(法)'은 서민이 복종해야 하는 명령이라고 할 수 있는데, 예는 백성들에게까지 내려가지 않고, 법과 형벌은 사대부들에게까지 올라가지 않는 것이 현실이었다.[159] 사대부들이 법 집행에서 예외를 주장한 것은 사실 그

(2001), 52쪽.

158 정병석, 앞의 책, 296쪽.

159 禮不下庶人, 刑不上大夫: 조지프 니덤, 앞의 책, 363쪽.

들의 주군인 임금부터 필요에 따라 법 집행을 무시했기 때문으로 추측된다. 예컨대, 임금과 관료 모두 국고 부족을 이유로 관료들에게 녹봉을 제대로 지급하지 못하는 것을 큰 문제로 인식하지 않고, 당시 관행처럼 주고받은 선물이나 뇌물을 주된 수입원으로 생각한 것이다.

조선은 건국 초기부터 법제도의 철저한 집행보다 유교 이념이나 위계질서를 중시하는 풍조가 지배적이었다. 『태조실록(太祖實錄)』에, "무릇 사람의 죄의 출입(出入)과 고하(高下)를 한결같이 율학(律學)을 한 사람에게 맡기오니, 이것이 율을 적용할 때 경중(輕重)의 적당함을 참작하지 못해 마땅히 경하게 할 자는 도리어 중하게 되고, 마땅히 중하게 할 자는 가볍게 되는 까닭"이라는 형조의 건의가 있었다.[160] 지위의 고하를 중시하는 유교 이념이 법제도보다 더 중요하다는 건의가 공식적으로 채택된 것이다.

법과 형벌이 높은 직위 관료에게는 적용되지 않는 선례는 『성종실록(成宗實錄)』에도 잘 나타난다. 국가적 재난으로 금주령이 내려졌음에도 불구하고 어느 재상이 술을 마신 사실이 밝혀지자, 임사홍이라는 젊은 관료가 금주령을 위반한 재상에게 벌을 내려야 한다고 주장했다. 그러나 승정원의 승지들은 엄격한 법 집행에 반대하면서 오히려 유학자의 도리에 어긋난 주장을 한 임사홍을 벌하자고 주장한 바 있다.[161] 도덕정치를 지나치게 중시해 법제도 개선이나 철저한 법 집행을 무시한 조선시대 유교의 커다란 한계가 엿보인다.

조선시대 민사소송(民事訴訟)에서도 재산권 보호보다 유교 이념이 우선

160 『태조실록』 13권, 태조 7년(1398) 4월 21일 3번째 기사, "형률의 적용이 엄정하게 시행되도록 하는 방안을 형조에서 건의하다."

161 『성종실록』 17권, 성종 3년(1472) 4월 26일, "임사홍이 재상도 금령을 범하면 벌하도록 청한 것을 승지들이 논죄하려 하다."

이었고, 소송 당사자 및 증인을 구금하거나 고문할 수도 있었다.[162] 예컨대, 유산상속이 불공평하다고 주장하면서 소를 제기하더라도, 소송 사건을 처리하는 송관(訟官)은 균분 상속에 관한 법제도를 충실히 집행하려 하지 않고, 오히려 그러한 소송이 공동상속인 가족 간 화목이라는 유교 이념에 반한다고 보아 상속 재산을 몰수한 사례도 있었다.[163]

재산권에 관한 법제도는 개인의 경제활동을 크게 좌우하는데, 조선시대의 재산권은 법과 현실의 커다란 차이를 보여 준다. 『경국대전』은 토지와 가옥의 소유 및 매매에 관한 규정을 두었고, 특히 소유 및 매매 등에 관한 명확한 법률 관계를 위해 문권 등으로 불리는 서류를 작성하게 하고 국가의 공적인 보증으로 입안(立案)제도를 운영하기도 했다. 그러나 현실적으로 분쟁이 발생할 경우 양반의 주장은 관철되지만 상민이나 노비의 주장은 받아들여지지 않는 경우가 많았다. 지방의 수령이 분쟁 해결 및 법 집행을 담당하는데, 권세가의 압력이나 뇌물로 인해 재산권 보호 업무를 충실히 수행하지 못했던 것이다.

재산권 보호가 충실하지 못하면, 경제적·정치적 약자는 강자에게 재산을 빼앗기고 혁신 인센티브가 짓밟힌다. 예컨대, 양반은 농민에게 토지소유권을 담보로 돈과 곡식을 빌려주고, 농민이 높은 이율의 이자를 갚을 수 없게 되면, 그 토지소유권을 빼앗는 방식으로 토지를 넓혀 나갔다.[164] 임진왜란 이후 일본의 에도 막부가 법제도를 정비

162 문준영, 『법원과 검찰의 탄생』(역사비평사, 2010), 64쪽.

163 송관의 처분이 잘못된 것이라는 숙종의 수교(受教)가 있어 결과적으로 형제와 같은 공동상속인 간에 소송한다는 이유만으로 상속 재산이 몰수되는 불합리한 결과는 방지할 수 있었지만, 송관의 상속 재산 몰수 처분은 그 당시 유교 이념의 지배적인 지위를 상징적으로 잘 보여 준다: 「수교정례·율례요람」, 『법제자료』 제38집(법제처, 1970).

164 이세영, 『朝鮮後期 政治經濟史』(혜안, 2001), 175쪽.

하고 농민들의 소유권을 공고히 해주면서 농업 생산성 증가를 도모한 것[165]과 대조되는 환경이었다. 또한 『영조실록』을 보면, 지방의 한 상인이 물주(物主)가 되어 은 광산을 개발했는데, 그 지방의 군수가 반값에 팔아넘기라고 무리하게 요구하고, 그 요구를 받아들이지 않자 심한 고문을 시행하여 그 자리에서 죽게 했다는 보고가 있다.[166] 생산기반에 관한 재산권이 보장되지 않는 환경에서는 생산기술의 혁신을 기대하기 어려웠을 것이다.

조세제도에서도 일반 백성들은 법정 조세 외에 과다한 조세 납부를 강요당하는 일이 빈번했다. 특히 지방의 수령과 향리 등이 법에 근거도 없는 세금을 징수해 백성들의 생계를 위협하는 일이 벌어져 많은 원성을 샀다. 공물(貢物)은 국가 재정의 60%를 차지해 토지에서 징수하는 조세 이상으로 중요한 재원인데, 공물제도의 본래 취지와 달리 특정 지역의 특산물도 아니고 그 지역에서 생산되지도 않는 상품을 공물로 지정하는 경우가 빈번했다. 더욱이 지정된 공물의 납부가 어려운 경우가 많았는데, 대납/방납업자는 시장가격보다 몇 배에서 몇십 배 비싼 가격으로 대납해 주고 그 부담을 모두 일반 백성이 떠안게 했다. 또한 가뭄이나 홍수로 농토가 황폐화되고 유민이 생겨도 남아 있는 백성이 유민 몫까지 추가로 공물을 납부해야 하는 폐해까지 있었다.[167]

본래 공납제도는 근대 국가 성립 이전에 사용되던 후진적인 조세

165　존 P. 파월슨, 앞의 책, 69쪽.

166　『영조실록』 125권, 영조 51년(1775) 9월 28일, "정언 최몽암이 상소하여 심돈·이언배 등을 죄줄 것을 청하다."

167　제임스 B. 팔레, 앞의 책, 254쪽.

제도인데,[168] 조선 중반에 와서 그 심각한 폐해가 드러난다. 공납제도 자체가 불합리하고 불명확한 점도 있지만, 대납 금지 원칙에도 불구하고 대납업자와 지방 향리 및 권세가들이 서로 결탁해 철저한 법 집행을 막은 결과이기도 하다. 『효종실록(孝宗實錄)』을 보면, "각 고을에서 제사에 쓰이는 생 노루를 (…) 상처 없이 잡아서 먼 길에 실어다 바치는 것은 그 형세상 쉽지 않으며, 부득이 서울에서 사서 바치면 노루 한 마리 값이 무려 목면(木綿) 60단(端)에 이르니, 그 폐단이 큽니다."[169]라는 주장이 제기된 바 있다. 이런 방납의 폐해를 없애고, 특산물로 납부하던 공물 대신 쌀로 통일해서 납부하도록 개선하기 위해, 광해군 때 경기도에서부터 대동법을 시행한 이래 점차 그 적용 지역을 확대해 나갔다.

이와 같이 재산권 보호가 충실하게 이루어지지 못하고 불합리하게 과다한 납세 부담을 떠안게 되면, 그 누구도 생산활동이나 기술혁신에 대한 의욕을 갖기 어렵다. 양반 사대부가 농민의 재산을 빼앗고 지방 관리들이 농민들에게 과다한 세금을 강요할 수 있었던 것은 소수의 강자가 다수의 약자 위에 군림하는 것을 정당화해 준 유교적 위계질서 때문이었다. 유교적 법치주의가 이와 같이 불합리하고 착취적인 위계질서로 변질하면서, 농민과 노비 등 약자들은 양반 사대부 등 강자의 눈에 거슬리는 언행을 하면 안 되고 그들의 주의를 끌지 않도록 조심하면서 살아야만 했다. 약자가 강자를 똑바로 쳐다보기만 해도 소위 괘씸죄에 걸려 가혹한 보복을 당하는 불합리한 위계질서하에

---

168 재레드 다이아몬드, 『총, 균, 쇠』, 398쪽은 근대 국가 성립 이전 추장사회의 전근대적인 조세제도로 소개하고 있다.

169 『효종실록』 7권, 효종 2년(1651) 8월 24일 기사, "호서의 대동법을 정리하고, 제사에 쓰는 제물에 대해 논의하다."

서는 새로운 생각이나 새로운 시도를 기대하기 어려웠을 것이다.

물론 법제도가 완벽할 수 없고 영원불변할 수 없다는 점은 유럽도 마찬가지였다. 다만 유럽에서는 르네상스와 계몽주의의 영향으로 합리적인 법제도를 모색하기 위한 노력이 이루어졌다. 특히 명예혁명을 완성한 영국에서는 신흥 중산층이 자본의 자유와 혁신의 인센티브를 확보하기 위한 법제도를 주장하고 만들어 나갔다. 이에 반해, 조선의 양반들은 극소수 선비를 제외하고는 법제도 개선의 필요성을 절감하지 못했고, 백성들은 철저히 충효사상에 세뇌되고 억눌려 조직적으로 개혁 요구를 하지도 못했다. 왕실과 관료들이 인쇄를 독점하고 지식과 사상의 자유로운 교류 및 확산을 억제한 배경에는, 그들과 일반 백성 사이 정보 비대칭을 그대로 유지할 필요가 있었기 때문으로 추측된다.

8) 군사력 약화

기술혁신의 위축은 군사력의 약화를 초래하고 결국 국가의 멸망으로 이어진다. 중국은 세계 최초로 화약을 개발해 전 세계에 전파했지만, 청시대에 들어 정밀기계 제작에 관한 기술개발 및 무기개발에서 뒤처짐으로써 패망의 길을 걸었다. 예컨대, 강희제(康熙帝) 때 905문의 대포가 제작되었으나 그 가운데 절반 이상이 벨기에 신부 페르디난트 페르비스트(Ferdinand Verbiest)의 도움으로 제작된 것이고, 그 후에는 대포 제작 기술이 쇠퇴했다.[170] 반면에 영국을 비롯한 서양 국

---

170 Peng Nansheng (彭南生) and Yan Peng (严鹏), 앞의 글, p. 108.

가들은 산업혁명을 통한 기술혁신으로 대포와 총기 기술을 발전시켰다.[171]

조선에서도 태종과 세종은 기술혁신으로 농업의 발전에 기여하는 동시에, 화약과 총포를 개발해 군사력을 강화하는 데 힘썼다. 그러나 중반 이후 기술혁신이 정체되고 군사 기술도 낙후되어, 서구 열강과 비교하기 어려울 정도로 군사력에서 뒤처졌다. 조선의 관료와 사대부들은 유교적으로 이상적인 사회를 완성했을지는 모르지만, 폐쇄적이고 고립된 채 백성을 잘살게 하기 위한 기술혁신을 유도하는 노력을 게을리해, 서구 열강과 일본의 군사력에 힘없이 무너졌다. 과학기술이 뒷받침되지 않으면, 찬란한 유교 문명도 지키기 어려울 뿐만 아니라 식민지가 되거나 패전국이 되어 야만적인 문명이라는 조롱거리로 전락하고 만다.

우물 안 개구리처럼 기술혁신의 필요성을 깨닫지 못하던 잉카 문명이 몰락할 때, 스페인의 침략자들이 잉카 제국의 황제와 인디언들을 조롱하고 군사적 침략을 정당화한 것은 시사하는 바가 크다. 1532년 스페인이 잉카 제국을 공격했을 때, 168명의 스페인 병사가 잉카 제국 황제 아타우알파의 8만 대군과 마주쳤다. 그 당시 스페인 병사들은 갑옷을 입고 철제 총과 칼로 무장한 반면, 잉카 제국 병사들은 청동기 무기와 손도끼를 들고 있었다. 스페인 대장 프란시스코 피사로(Francisco Pizarro)는 아타우알파를 생포한 뒤 제국주의 침략을 정당화하는 선언을 했다. "그대가 패해 포로가 된 것을 모욕으로 생각

171 존 윌킨슨(John Wilkinson)이 1774년에 개발한 천공기(boring machine)는 대포 포신을 만드는 데 활용된다: Peng Nansheng (彭南生) and Yan Peng (严鹏), 앞의 글, p. 107.

하지 마시오. (…) 나는 그대의 왕국보다 큰 왕국들을 정복하고 (…) 우리의 황제 폐하께 복속시켰소. (…) 우리의 임무는 (…) 그대를 지금까지의 야만스럽고 사악한 삶에서 벗어나게 하려 함이오."[172] 아시아와 아메리카에서 역사적으로 똑같이 경험한 사실은, 기술혁신의 실패가 군사력 낙후뿐만 아니라 문화적 침략의 원인도 된다는 점이다.

172 재레드 다이아몬드, 앞의 책, 102쪽.

| 3장 |

서양 기술혁신의 역사

1. 기술혁신의 배경과 원동력

중세 봉건 시대까지 서양은 동양에 비해 기술적으로나 경제적으로 낙후되어 있었지만, 르네상스를 기점으로 과학기술의 발전을 이룩하고 산업혁명을 계기로 경제적으로나 군사적으로 동양보다 훨씬 앞서 나갔다. 서양과 동양의 생산력과 군사력이 산업혁명을 계기로 명확히 바뀌었지만, 사실 그러한 변화는 400여 년을 거슬러 올라가 르네상스 때 이미 시작되었다. 르네상스가 시작된 14세기경 중국과 조선에서는 유교적 사상과 신분 구조 및 쇄국주의가 강화되기 시작한 반면, 서양에서는 봉건적 신분 질서가 무너지고 기독교의 엄격한 구속에서 벗어나 인본주의 예술과 새로운 사상이 뭉게구름처럼 피어나기 시작했다. 이탈리아의 도시국가들에서 시작된 르네상스는 구텐베르크의 활자 인쇄술로 유럽 대륙 및 영국으로 확산되었고, 새로운 철학과 사상, 우주관, 세계관, 과학기술의 씨앗이 되었다. 특히 산업혁명의 상징이라고 할 수 있는 증기기관과 철제 기계류의 혁혁한 발전 덕분에, 유럽과 미국은 경제력과 군사력에서 절대적인 우위를 차지할 수 있었다.[1] 특히 제국주의 시대에는 서양이 군사력을 활용해 식민지의 산물을 착취함으로써 더욱 빠른 속도로 투자와 혁신을 촉진하고 경제력을 강화할 수 있었다.

르네상스에서부터 과학혁명과 산업혁명이 성공을 거두어 오늘날 유럽이 경제적 풍요와 군사적 우위를 누리는 배경과 그 원동력은 무엇인가? 이에 관한 많은 연구와 다양한 견해가 있다. 현재 기술적으

1 Paul Kennedy, *The Rise and Fall of the Great Powers* (Random House, 1987), p. 151.

로 발전하고 경제적으로 부유한 소위 선진국의 인종, 종교, 환경, 문화, 제도 등이 종합적으로 작용해 오늘날 선진국으로 만드는 데 기여했다고 할 수도 있다. 그러나 유럽에서도 지역별, 국가별로 부국강병 정도와 국가적 흥망성쇠가 상당한 차이를 보인다. 유럽 대륙에서도 나라별로 다른 배경과 원인을 찾을 수 있다면, 동양과 서양의 기술혁신과 흥망성쇠의 역사가 바뀐 보다 설득력 있는 원인과 배경도 찾을 수 있을 것이다.

역사적인 변화에서 원인과 결과로 이어지는 인과관계를 명확히 단정하기는 어렵지만, 14세기 중반의 흑사병(黑死病, Black Death)이라는 대재앙이 동서양의 흥망성쇠를 역전시킨 계기가 되었다. 14세기 비단길을 통해 쥐벼룩이 유럽에 페스트균을 퍼뜨렸고, 페스트균이 일으킨 흑사병으로 인해 유럽 인구의 3분의 1 이상이 사망한 대재앙을 계기로 동서양의 사회, 정치, 문화, 경제가 전혀 다른 방향으로 발전하거나 정체되기 시작했다. 서유럽에서 인구의 감소, 특히 노동 인력의 감소는 임금 인상을 초래하고 주인을 잃은 토지가 많아지면서 농노제가 붕괴하고 노동력이 자유롭게 이동할 수 있게 만들었다. 이에 반해 동유럽은 서유럽에 비해 인구밀도가 낮아 흑사병의 피해가 상대적으로 크지 않았지만, 동유럽의 전제 군주들은 농노제를 더욱 엄격하게 시행했다. 중국에서는 상당 기간 되풀이된 전염병으로 인해 인구의 절반가량이 감소한 것으로 추정되는데,[2] 1367년 주원장(홍무제)

2 호북(湖北) 지역은 흑사병으로 인해 1334년 인구의 80%가 사망한 것으로 추정되고, 중국 전체 인구도 13세기 초 1억 2,500만 명에서 14세기 말 6,500만 명으로 대폭 감소했다: Review by Joseph J. Spengler on "Studies on the Population of China, 1368-1953, by Ping-ti Ho, Harvard University Press, 1959," 5 *Comparative Studies in Society and History* 112 (October 1962).

은 명나라를 건국하고 유교 이념을 바탕으로 강력한 전제정치를 펼쳤다. 흑사병이라는 동일한 대재앙을 겪은 이후, 서유럽에서는 농노제의 붕괴와 새로운 질서, 철학, 기술이 탄생한 반면, 동유럽과 중국에서는 농노제와 유교적 질서로 보다 안정적이지만 권위주의적이고 착취적인 질서로 되돌아갔다.

서유럽에서는 흑사병으로 노동자의 지위만 올라간 것이 아니라 여성의 지위도 향상되었다. 과거에는 남성에게만 상속권이 인정되었지만, 흑사병 이후에는 여성도 재산을 상속할 수 있게 되었다. 영국에서는 흑사병 이후 임금 규제 등의 시도가 있었지만 반란을 초래할 뿐이었고, 결과적으로 임금이 두 배로 올랐다. 서유럽에서는 임금 인상 요구로 인해 조금씩 노동절약형 기술혁신이 시작되었고, 노동집약적 농업은 감소하는 대신 유휴 토지와 소수의 목동으로 고수익을 올릴 수 있는 목축업과 낙농업이 발전하기 시작했다. 과거에는 시간마저 무의미한 교회 중심의 세계에 조용한 일상생활이 반복되었지만, 흑사병으로 노동과 시간이 중요해진 이후에는 기계식 시계가 개발되고 경제적 이익을 좇아 보다 역동적으로 세상이 움직이기 시작했다. 요컨대, 서유럽에서는 농노제를 비롯한 기존 봉건 질서가 붕괴되고 자유를 향한 인구 이동과 새로운 질서의 탄생이 시작되었다.[3]

농노제도의 붕괴로 생긴 자유가 투자와 혁신의 결과를 보호해 주는 재산권제도와 만나면서, 르네상스와 대항해 시대가 시작되었고, 이후 종교 개혁과 과학혁명, 산업혁명으로 이어졌다. 다시 말해, 봉건 질서의 붕괴로 농노의 신분 구속에서 점차 자유로워지고 보다 많은

3 대런 애쓰모글루·제임스 로빈슨, 최완규 옮김, 『국가는 왜 실패하는가』(시공사, 2012), 153쪽.

자유를 확보한 사람들은 엄격한 기독교 세계관에서 조금씩 벗어나, 인간 중심의 세계관으로 르네상스와 계몽사상 그리고 과학혁명과 산업혁명을 시작할 준비를 하게 되었다. 14세기 이탈리아에서 시작된 문예부흥운동, '르네상스'는 서유럽에 찬란한 예술의 발전을 가져왔을 뿐만 아니라 근대적 자연관을 확립하도록 했고, 나아가 고대 그리스 문화의 부활과 과학기술의 발전이 가능하게 했다.

1) 환경론

기술혁신의 배경을 특정 지역이나 국가의 환경에서 찾는 견해가 있다. 흑사병 이후 서구권에서 르네상스, 과학혁명, 산업혁명이 일어났으니 흑사병이 서구권 근대 기술혁신의 배경과 원동력이 되었다고 보는 견해가 여기에 해당한다. 그러나 그러한 환경론이 설득력이 있는지는 의문이다. 흑사병은 서구권 전체에 걸쳐 절반가량의 인구를 사망에 이르게 했는데, 왜 이탈리아 북부 도시에서 르네상스가 시작되었고, 어떻게 상공업이 번창하게 되었을까? 흑사병이라고 하는 우연한 재난이 서구 문명이 발전하는 계기가 되었다고 지적하는 사람도 있지만, 서구권의 지리적 환경이 중요한 영향을 미쳤다는 견해가 차라리 조금 더 설득력 있게 들린다. 다시 말해, 베네치아와 피렌체 같은 이탈리아 북부 도시들은 알프스산맥 덕분에 신성 로마 제국의 간섭이나 침략으로부터 안전하게 자유로운 상공업을 발전시킬 수 있었다. 알프스 이북의 유럽 대륙에서는 군주들의 절대권력과 봉건적 신분 질서로 상거래가 위축되었지만, 이탈리아 북부 도시들은 12세기 말부터 자치권을 확보한 도시공화국으로 자리 잡고 자본주의 원칙에 입각한 상공업활동으로 번영을 누리기 시작했다. 특히 베네치아는 상인의, 상인에 의한, 상인을 위한 도시국가로 상당한 경제력과 군사력을 갖추게 되었다. 도시의 공기가 사람을 자유롭게 한다는 격언처럼, 이탈리아 도시들은 유럽 대륙 어느 지역보다 더 많은 자유를 허용했고, 상인과 기업가들의 자유는 기술혁신과 경제적 풍요를 이끌었다.

이탈리아 북부의 지리적 환경으로 인해 도시국가의 발전과 르네상스가 시작되었다고 보는 환경론은 인류 문명의 발전이 모두 환경에 의해 좌우되었다고 설명한다. 인류가 이룩한 기술혁신과 경제발전이 주로 자연환경 또는 인구학적, 지리학적 요인 때문이라고 보는 견해가 바로 그것이다. 지금으로부터 6천 년 이상 거슬러 올라가면 기후가 제일 좋고 토양이 기름진 땅이 페르시아부터 중동 및 이집트에 이르는 지역이었기 때문에 고대 문명이 그 지역에서 먼저 발전했다는 것을 하나의 예로 든다. 기술혁신과 상거래의 중심이 그리스, 로마, 서유럽, 북유럽 순서로 점차 바뀐 것도 2천 년 동안 기후와 토양이 바뀌면서 나타난 결과라고 보는 것이 환경론의 핵심이다.[4]

유럽 내에서도 롬바르디(이탈리아 북부) 사람들은 부지런하지만 나폴리(이탈리아 남부) 사람들은 인생을 즐기는 데 많은 시간을 할애하고, 네덜란드와 벨기에 북부 사람들은 진보적이고 열심히 일하지만 벨기에 남부 및 프랑스 사람들은 낙천적이고 여가를 즐기는 데 더 관심이 많다고 지적하기도 한다.[5] 오늘날 열대 지역에 후진국이 많고 비교적 기후가 좋은 지역에 선진국이 많다는 점은 부인할 수 없다. 그러나 기

4 재레드 다이아몬드, 김진준 옮김, 『총, 균, 쇠』(문학사상사, 1998), 598-600쪽.
5 데이비드 S. 랜즈, 안진환·최소영 옮김, 『국가의 부와 빈곤』(한국경제신문사, 2009), 288쪽.

후 등 자연환경과 기술혁신 및 경제발전이 항상 일치하는 것은 아니고, 그 인과관계는 더욱 불명확하다. 또한 스페인의 기후는 크게 바뀌지 않았지만 15세기 이슬람 왕조를 몰아내고 대항해 시대를 열면서 황금기를 맞이했다가 17세기부터 다시 쇠퇴했는데, 이러한 변화를 환경론만으로 명쾌하게 설명하기는 어렵다.

17세기 네덜란드에는 주변 가톨릭 국가에서 종교 박해를 피해 많은 사람이 유입되었고, 이런 인구 증가는 수요 증가를 초래하고 수요 증가는 해외 진출과 기술혁신을 조장했다. 환경의 중요성을 강조하는 환경론자에 의하면, 네덜란드에는 풍력이 풍부해 많은 제재소(製材所)가 목재를 가공하고 뛰어난 선박을 건조할 수 있었다. 그러나 인구가 많은 중국에서는 수요가 많지만 그 당시 해금정책으로 기술혁신이 정체된 반면, 유럽에서 풍력이 좋은 지역 가운데 네덜란드만 독보적으로 17세기에 황금기를 맞은 이유를 환경론만으로 설명하기는 어렵다. 수요 증가와 좋은 환경에서 기술혁신과 경제활동의 증가를 이룩한 보다 근본적인 원인을 찾아볼 필요가 있다.

18세기 산업혁명에서도 영국에 석탄이 풍부하고 석탄광산이 증기기관을 사용하는 공장 가까운 거리에 있었다는 지리학적 설명이 있다. 중국에서는 석탄과 철광이 부족해서 명나라 및 청나라 때 유사한 산업의 발전을 이루지 못했다고 주장하기도 한다.[6] 그러나 천연자원이 많지만 기술혁신이나 경제발전을 이루지 못한 나라도 많다. 베네수엘라는 전 세계에서 석유 매장량이 가장 많고 남아메리카에서 가장

---

6 Peng Nansheng (彭南生) and Yan Peng (严鹏), "When and How the East-West Great Divergence Took Place: A Review from the Perspective of Technological Capability in Machine Tool Industry," *China Economist* Vol. 8, No. 1 (January-February 2013), p. 103.

부유한 나라였지만 지난 20여 년간 지나친 복지와 포퓰리즘, 부정부패로 인해 국민 상당수가 난민 신세가 되고 국가는 채무불이행 상태에 빠졌다.

인구학적 환경론자들은 영국에서 인구 증가로 수요가 많아져 기술혁신과 산업혁명이 일어났다고 설명하기도 한다. 그러나 인구가 더 많은 중국과 인도에서는 18세기에 산업혁명과 정반대 현상이 나타났다. 영국에서 산업혁명이 성공하고 중국에서 기술이 정체된 원인은 인구학적 수요와 지리적 환경 외 다른 데서 찾을 필요가 있다.

서양이 발전한 원인을 자연환경에서 찾는 가장 대표적인 학자로 캘리포니아 대학의 재러드 다이아몬드(Jared Diamond) 교수를 들 수 있다. 다이아몬드 교수는 폴리네시아의 많은 섬에 다양한 경제와 사회 제도가 존재하는 원인으로 그 섬들의 기후, 지질 유형, 해양 자원, 고립성 등의 자연적 환경 차이를 든다.[7] 마찬가지로, 유럽은 식물 경작과 동물 사육에 가장 적합한 환경을 갖추고 있었고, 유럽 사람들이 질병에 견딜 수 있는 면역력에서 동양보다 더 우월했다는 것이 그 주장의 핵심이다. 예컨대, 아스테카 왕국과 잉카 제국이 스페인에 힘없이 정복당한 이유를 그곳 원주민 절반 이상이 스페인에서 옮겨 온 천연두로 몰살되었기 때문이라고 설명하기도 한다. 서양인들과 달리 인디언들은 천연두를 일으키는 병원균에 노출된 적이 없어 저항력이 전혀 없었다는 것이다.[8] 유럽의 자연환경과 유럽 사람들의 육체적 조건이 높은 생산성으로 연결되고, 더 많은 노동력 재생산이 가능한 조건이 되었다는 주장이다. 경제학자 그레고리 클라크(Gregory Clark)는 영

---

7 재레드 다이아몬드, 앞의 책, 78-90쪽.

8 재레드 다이아몬드, 앞의 책, 307쪽.

국 사람 가운데 가난한 사람이 질병으로 많이 사망했기 때문에 더욱 빠른 경제발전을 이룩할 수 있었다는 섬뜩한 해석론을 제기하기도 한다. 그러나 멕시코 남부와 같이 유럽에 비해 기후조건이 좋지 않은 지역에서도 유럽의 근대 문명보다 훨씬 앞서 16세기까지 뛰어난 고대 문명을 이룩한 역사적 사실을 설명하기는 어렵다. 또한 기후조건은 열악하지만 기술혁신과 경제발전을 이룩한 싱가포르와 말레이시아도 환경론으로 설명하기 어렵다. 자연환경이 비슷한 남북한 및 동서독의 차이에 대해서도 환경론으로는 설명할 수 없다.[9] 요컨대, 기술혁신과 부국강병이 자연환경에 의해서만 결정된다는 주장은 성립하기 어렵고, 그 외 사회적 환경이나 제도적 요인을 찾아볼 필요가 있다.

2) 식민론

스페인과 영국을 비롯한 유럽 국가들이 경제적 발전을 이룬 것은 식민지 착취 결과라는 솔직하고 비판적인 견해도 있다. 미국의 역사학자 제임스 블라우트(James Blaut)는 1492년 콜럼버스가 아메리카 대륙에 도착하면서 유럽의 식민주의가 본격적으로 시작되었고, 바로 그때가 유럽이 동양을 뛰어넘는 비약적 발전을 이룬 분기점이 되었다고 주장한다. 콜럼버스는 유럽 발전의 영웅이기도 하지만, 동시에 식민 착취의 원흉이기도 하다. 상당수 서양 학자에 의하면, 유럽은 15세기부터 식민지에서 원료와 귀금속을 갈취하고 노동력을 착취해 많은 이익을 올리면서, 식민지 자체의 발전은 의도적으로 방해했다.[10]

---

9 Daron Acemoglu and James A. Robinson, 앞의 책, p. 49.

10 주경철, 『대항해 시대: 해상 팽창과 근대 세계의 형성』(서울대학교출판부, 2008),

1532년 스페인의 정복자 프란시스코 피사로는 잉카 제국의 황제 아타우알파를 생포해서 인질로 삼고 인류 역사상 가장 많은 몸값을 받아냈다. 피사로는 가로 6.7m, 세로 5.2m, 높이 2.4m가 넘는 방을 황금으로 가득 채우면 풀어주겠다고 했지만, 결국 아타우알파를 처형하고 잉카 제국을 정복했다. 스페인의 정복자들은 황금을 약탈하고 원주민들의 노동력 착취를 당연시하면서 말했다. "스페인 사람들의 근면성과 군기(軍紀) 그리고 위험을 무릅쓰는 항해와 뛰어난 전투력은 기독교도에게 기쁨이요 이교도에게는 공포가 될 것이다. (…) 또한 이는 황제 폐하의 영예이기도 한바, 폐하의 지대하신 능력과 행운으로 말미암아 이러한 일들이 당대에 이루어진 까닭이다."[11]

영국은 막강한 해군을 동원해 인도를 식민지로 만들었다. 그리고 아편 전쟁을 통해 중국에 강제로 아편을 판매했을 뿐만 아니라 홍콩을 할양받고 상하이와 광저우 등 항구를 강제로 개항시켰다. 영국은 산업혁명으로 기술혁신을 이루고 직물 생산이 증가했지만, 아편 전쟁 이전까지 중국에서 도자기와 차를 수입해 엄청난 무역적자를 보았고, 이로써 엄청난 양의 은이 중국으로 유출되었다.[12] 결국 아편의 강제 판매는 영국이 군사력으로 중국의 은을 약탈해 간 것과 마찬가지라고 볼 수 있다.

유럽의 식민지 개척에 따른 노동력 착취는 두 가지 방식으로 이루어졌다. 하나는 남미와 아시아 등 식민지에서 원주민의 노동력을 착취하는 것이고, 또 하나는 아프리카에서 흑인을 포획하거나 매입해

43쪽.

11 재레드 다이아몬드, 앞의 책, 95쪽.

12 주경철, 앞의 책, 284쪽.

유럽과 북미 지역에서 노예로 학대하고 착취하는 것이었다. 원주민의 노동력 착취는 군사력과 경제력을 활용해 원주민을 단순노동에 종사하게 하고, 그 결과 생산된 농산물이나 가공품을 본국으로 저렴하게 공급하는 방식으로 이루어졌다. 노동력 착취를 통해 식민지에서 식민 제국으로 부의 착취 및 이동이 실현되었던 것이다.

포르투갈, 스페인, 네덜란드, 영국 등은 흑인 노예무역 자체로도 상당한 수익을 올렸을 뿐만 아니라, 아메리카 등에서 사탕수수와 면화 등을 재배하는 데 저렴한 노동력으로 중요하게 활용했다. 노예무역을 바라보는 시각에 따라 그 규모에 관해서도 견해가 다양하지만, 16세기부터 19세기까지 아프리카를 떠나 해상에서 많이 사망하고 약 950만 명의 흑인이 북미 지역에서 노예로 일한 것으로 보인다.[13] 19세기 초까지 북남미 지역으로 이주해 온 유럽인이 40만 명에 불과한 것을 고려하면, 아프리카에서 20배가 넘는 흑인을 데려와 식민지 개척에 활용한 것을 알 수 있다. 예컨대, 영국은 18세기 후반에 영국령 서인도 제도에서 흑인 노예를 활용해 대규모 사탕수수 플랜테이션을 운영했고, 설탕 수출로 많은 수익을 올리면서 더 많은 노예를 수입해 활용했다. 사탕수수 플랜테이션으로 얻은 수익은 그 당시 영국에서 진행된 직물공업을 중심으로 한 산업혁명에 투자되어 면직물 등 공산품 생산의 폭발적인 증가를 가능하게 했다. 영국에서 면직물 등 공산품과 식민지에서 설탕 생산으로 얻은 수익은 다시 흑인의 수입과 기술혁신에 재투자됨으로써, 영국-식민지-아프리카의 식민지 착취 구조가 식민 제국의 효율적인 경제 기반이 되었다.

13 주경철, 앞의 책, 311쪽.

식민지 개척이 산업혁명에 기여한 바는 분명 있겠지만 주요한 성공 요인이라고 볼 것인지는 의문이다. 포르투갈과 스페인은 영국보다 먼저 식민지 개척을 시작했지만 산업혁명에서는 영국에 뒤처졌다. 두 나라는 식민지 개척으로 금은 등 귀금속을 약탈하고 노동력 착취로 농산물을 생산한 반면, 영국은 식민지 개척으로 거둔 수익을 기술혁신에 재투자하고 이로써 생산된 공산품을 식민지 등 해외 시장에 판매했다는 커다란 차이가 있다. 뿐만 아니라 원주민과 흑인 노예의 노동력 착취 방식은 낮은 생산성과 노동력 착취의 비윤리성으로 인해 지속가능성이 없었다.[14] 따라서 식민지 개척이 영국 산업혁명의 자본 조달 및 시장 개척에 기여한 측면을 부인할 수는 없지만, 식민지 개척으로 인해 영국이 산업혁명에 성공했다고 단정할 수는 없다.[15] 식민지 개척으로 얻은 수익이 어떠한 배경에서 기술혁신에 재투자되었는지 살펴봐야 정확하게 파악할 수 있다. 영국이 산업혁명에 성공하는 데 근본적인 배경이 된 증기기관 등 기술의 혁신이 가능한 제도적 배경을 살펴봐야 할 이유가 바로 여기에 있다.

3) 제도론

환경과 같은 우연한 요소 또는 식민지 개척과 같이 되풀이되어서

14 포르투갈은 19세기 중반까지 노예 시장에서 가장 높은 점유율을 유지하면서 가장 많은 노예를 거래했지만, 미국과 영국은 1807년 노예무역을 불법화하는 법령〔미국의 노예수입금지법(The Act Prohibiting Importation of Slaves of 1807)과 영국의 노예무역금지법(Abolition of the Slave Trade Ac of 1807)〕을 제정하고, 미국은 1865년 모든 노예를 해방하는 헌법 개정(Thirteenth Amendment to the United States Constitution)을 하게 된다.

15 데이비드 S. 랜즈, 앞의 책, 205쪽.

는 안 되는 사건은 세계 각국의 발전과 퇴보를 합리적으로 설명하기 어렵다. 자연환경이나 지리적 조건의 차이는 운명론처럼 각국의 노력을 무의미하게 만든다. 식민지 개척으로 인한 부의 증가도 기술혁신과 경제발전의 원인이라기보다 오히려 그 결과, 특히 불행한 결과일 뿐이다. 20세기 초반까지 유럽은 전 세계의 84%를 지배하고 있었지만, 20세기 후반부터는 무력에 의한 식민지 착취와 노골적인 자원 수탈이 어려워졌다. 물론 동서고금을 막론하고 국제질서가 군사력과 경제력이 강한 나라에 의해 지배되어 왔다는 점은 부인할 수 없지만, 특정 국가의 흥망성쇠 또는 기술혁신과 경제발전의 보다 근본적인 배경과 원동력이 무엇인지 새로운 시각에서 살펴볼 필요가 있다. 강대국이든 약소국이든 그 나라의 정치, 경제, 사회, 문화적 제도에 따라 기술혁신과 경제발전이 크게 달라진다는 시각이 바로 그것이다. 각 국가가 어떤 제도를 선택하느냐에 따라 기술혁신과 경제발전 여부가 크게 달라진다는 것이다.

독일의 사회학자 막스 베버(Max Weber)는 『프로테스탄트 윤리와 자본주의 정신(*The Protestant Ethic and the Spirit of Capitalism*)』이라는 저서에서 프로테스탄트, 즉 개신교의 윤리가 유럽 자본주의 및 경제발전의 핵심을 이룬다고 설파한 바 있다. 그의 견해에 의하면, 개신교 특히 칼뱅주의가 절약정신과 합리주의 그리고 기업가정신과 물질적 풍요를 중시했기 때문에 자본주의가 성공할 수 있었다. 빈곤을 오히려 미화하는 가톨릭은 자본주의의 발전에 커다란 걸림돌이 되었다면서, 압도적 다수의 기업가, 자본가, 과학자, 기술자 들이 대부분 개신교도라는 사실도 지적한다. 흥미롭게도 소유욕을 천시하는 유교와 비교하면서, 막스 베버는 기업가는 생산성을 높이고 근로자는 보다 높은 임금을 받는 것이 소명이라고 보는 개신교 정신을 자본주의의 핵심으로

강조한다.[16]

개신교 윤리와 경제발전 및 기술혁신이 논리적으로 인과관계가 있다고 단언하기는 어렵지만, 개신교를 허용하거나 채택한 지역이 상대적으로 기술혁신과 경제발전에서 앞선 것은 사실이다. 유럽 각국의 흥망성쇠가 크게 변화하는 17세기에, 가톨릭은 위계질서와 교리의 엄격성으로 인해 보수적인 성향이 있었지만, 개신교는 보다 개방적인 사고와 민주적인 질서에 호의적인 성향을 보였다.[17] 특히 종교 개혁론자를 모두 포용하는 개신교의 관용정신이 과학적 탐구를 중시하는 계몽사상과 기술혁신 및 모험적인 사업 투자를 가능하게 만든 좋은 문화적 배경이 되었다는 점을 부인할 수 없다.[18]

유럽에서도 조그만 나라 네덜란드가 17세기 유럽에서 가장 부강한 나라로 발전해 황금기를 맞이한 것은 개신교도들이 모여서 만든 성공의 한 가지 예라고 할 수 있다. 17세기 프랑스의 과학아카데미(Academie des Sciences) 구성원들을 보더라도, 92명의 외국인 회원 가운데 개신교도는 71명인 데 반해 가톨릭교도는 16명에 불과했다. 또한 19세기 영국학술원의 경우에도 개신교도 회원이 훨씬 많았다.[19] 또한 위그노로서 박해의 위협을 느낀 드니 파팽(Denis Papin)은 프랑스를 떠나 영국과 독일에서 증기기관 등의 중요한 발명을 했고,[20] 제임스 와

16 Max Weber, *The Protestant Ethic and the Spirit of Capitalism*, Translated by Talcott Parsons with an introduction by Anthony Giddens (Routledge, 2005), pp. 3, 23, 87.

17 Terry Lynn Karl, "Dilemmas of Democratization in Latin America," *Comparative Politics*, Vol. 23, No. 1 (Oct., 1990), pp. 1-21.

18 재레드 다이아몬드, 앞의 책, 364쪽.

19 데이비드 S. 랜즈, 앞의 책, 292쪽.

20 https://en.wikipedia.org/wiki/Denis_Papin.

트(James Watt)가 그의 증기기관을 개량해 영국 산업혁명의 원동력을 제공했다.

개신교라는 종교나 윤리가 네덜란드와 영국 등에서 기술혁신과 경제발전에 기여한 측면을 부인할 수는 없지만, 종교나 윤리만으로 설명할 수 없는 경우도 많다. 예컨대, 가톨릭 신도가 압도적으로 많은 프랑스와 이탈리아도 19세기에는 빠른 경제성장을 이룩했고, 일본과 한국을 비롯한 아시아 국가들은 개신교가 지배적인 종교라고 말할 수는 없지만 상당한 기술혁신과 경제성장을 이룩한 바 있다. 네덜란드의 황금기와 영국의 산업혁명은 개신교의 영향 외에 종교의 자유와 기업활동의 자유, 그리고 특허를 비롯한 재산의 보호가 기술혁신을 촉진하고 시장을 발전시켰기 때문에 가능했던 것이다.

자유와 재산을 보호하는 제도가 기술혁신과 경제발전의 중요한 배경이 된다는 사실은 애덤 스미스부터 노벨상을 수상한 로버트 솔로(Robert Solow)와 폴 로머(Paul Romer)에 이르기까지 많은 경제학자의 이론으로 뒷받침되고 있다. 애덤 스미스는 『국부론』에서 자유로운 경쟁이 보장된다면 시장의 '보이지 않는 손(invisible hand)'[21]이 국부를 증가시킨다고 주장하는데, 영국의 자유와 재산을 보호하는 법제도와 시장 질서가 국부론에서 말하는 '보이지 않는 손'에 해당한다. 18세기 유럽 대륙의 어느 국가보다 영국에서 기업활동의 자유와 특허 등 재산의 보호가 가장 철저히 이루어지고 있었던 것으로 평가되며, 애덤 스미스는 그러한 법제도와 시장 질서가 국부의 근본적인 원인이고 기

21 '보이지 않는 손'은 로마 신화에 나오는 주피터의 보이지 않는 손을 의미하는데, 신화 속 주피터는 '하늘의 신'이고 '신들의 왕'으로서, 기독교가 로마의 국교로 자리 잡기 전까지 로마 종교 및 신화의 최고 정점에 있는 최고의 신 지위를 갖고 있었다.

원이 된다는 점을 간파했던 것이다.

근대 사회 들어 이루어진 경제발전과 각국의 흥망성쇠를 살펴보면, 자유와 재산을 보호하는 제도가 사람들의 경제활동을 좌우하고 기술혁신에 가장 커다란 영향을 미쳤다고 할 수 있다. 르네상스 이후 서양은 동양에 비해 자유로운 시장 질서를 확보하고 특허 및 재산을 보호하는 법제도를 정비해 기술혁신과 투자를 촉진하고 빠른 속도로 국부와 군사력을 늘릴 수 있었다. 자유로운 시장 질서와 재산권에 관한 법제도는 국부의 총량에 절대적인 영향을 미칠 뿐만 아니라 구성원들 간의 분배에도 영향을 미친다.

시장 질서와 법제도는 특정 국가 또는 사회의 구성원들이 선택하는 것이지만, 구성원들의 이해관계가 서로 달라 항상 효율적이고 바람직한 질서와 제도를 선택할 수 있는 것은 아니다. 구성원 가운데 토지를 많이 가진 사람, 자본을 활용해서 소득을 얻는 사람, 단순히 자신의 노동력에 의존해서 생계를 유지하는 사람, 기술이나 지식을 확보하고 있는 사람 들은 서로 이해관계가 다르고, 시장 질서와 법제도가 각 유형의 구성원들에게 미치는 영향도 다르다. 자유로운 시장 질서와 특허 등 재산을 보호하는 법제도가 사회 전체의 경제적 부의 총량을 증가시켜 주긴 하겠지만, 그 사회 구성원 각자가 자신의 이해관계에 따라 서로 다른 판단을 하고, 정치권력을 가진 집단이 자신에게 유리한 질서와 제도를 선택한다. 정치권력을 가진 집단이 항상 가장 효율적이고 바람직한 질서와 제도를 선택하는 것은 아니다. 중세 유럽의 왕족과 귀족들은 국부 증진에 방해가 되더라도 자신의 이익을 위해 언제든지 구성원들의 재산을 빼앗기도 하고, 권력 유지에 도움이 되는 사람들에게 특혜나 재산을 부여하기도 했다.

왕족과 귀족이 자신의 권력을 스스로 제한하면서 구성원들에게 자유를 허용하고, 자신의 이익을 억제하면서 구성원들의 재산을 보호해 줄 것으로 기대하기는 어렵다. 자유로운 시장 질서와 재산권 보호가 보장되면 구성원들에게 더 많은 경제적 부를 가져다주고, 정치권력에 도전할 위험이 늘어나며, 구성원들의 이익과 왕족 및 귀족의 이익이 충돌하기 때문이다. 어떠한 이유로든 사회 구성원 가운데 특정 부류가 경제력이나 무력을 갖게 되면, 왕족과 귀족의 권력을 억제하고 경제활동의 자유와 재산 보호를 위한 법제도를 쟁취할 수 있다. 무력으로 왕권에 도전하더라도 1381년에 발생한 영국의 '농민 반란'처럼 실패해 농노 해방 및 자유 쟁취라는 목표를 이루지 못한 경우가 많다. 그러나 경제력과 무력을 동시에 갖춘 집단은 권력 질서 또는 정치적 제도를 바꾸고 보다 효율적인 시장 질서와 법제도를 만들어 낼 수도 있다. 예컨대, 17세기 초 대서양 교역을 통해 상당한 부를 축적한 영국의 상인들과 지주들은 자신들의 경제력을 바탕으로 1642년부터 시작된 '영국 내전'에서 민병대를 모집해 의회파의 승리를 주도했으며,[22] 1688년 '명예혁명'을 통해 윌리엄 및 메리 부부를 새로운 왕으로 즉위시키고 '권리장전(Bill of Rights)'을 성취했다. 상인들은 자유로운 시장 질서와 재산권 보호를 통해 더 많은 경제적 부를 생산하고 축적할 수 있다는 것을 잘 알고 있었다. 따라서 경제적 부를 축적한 상인들은 권리장전을 통해 왕의 권력을 억제하고 자유와 재산권을 보호하는 법제도를 확립한 것이다. 바로 이러한 자유와 재산의 보호가 특허제도와 함께 기술혁신과 투자를 촉진해 영국이 산업혁명에

22 Charles Angelucci, Simone Meraglia, and Nico Voigtländer, "How Merchant Towns Shaped Parliaments: From the Norman Conquest of England to the Great Reform Act" (Working Paper 23606, 2020). http://www.nber.org/papers/w23606.

성공한 중요한 배경과 원인이 되었다. 자유와 재산에 관한 제도가 기술혁신과 투자에 가장 커다란 영향을 미쳤다는 사실은 이탈리아의 르네상스에서부터 시작된 서양의 눈부신 발전 단계마다 그대로 확인되어 왔다.

2. 르네상스와 기술혁신

1) 개관

1천 년의 암흑기였던 중세봉건 시대는 르네상스와 함께 마감하고, 유럽은 새로운 예술과 사상, 기술로 눈부신 발전을 이루어 세계를 지배하게 된다. 르네상스는 그리스·로마 문학과 예술의 부활(renaissance)이라는 의미에서 출발했지만, 역사 속의 르네상스는 단순히 근대적인 문학과 예술의 재탄생에 그치지 않았다. 르네상스는 인간과 자연, 사회에 대해 근본적으로 새로운 시각과 접근, 그리고 과학기술과 시장, 경제의 발전을 동반했다. 르네상스는 기독교의 엄격한 교리에 의해 속박당하던 사상의 자유가 회복되고, 교회와 봉건제도에 의해 강요되던 신분 질서가 새롭게 재편성되며, 과학기술의 발전으로 새로운 시장이 형성되고 상공인의 경제력이 커진 것을 의미한다.

유럽의 르네상스가 이탈리아에서 시작된 것은 우연이 아니다. 유럽 대륙에서도 상대적으로 일찍부터 자유로운 활동이 가능했던 이탈리아 북부 도시국가에서 르네상스는 잉태되고 꽃을 피웠다. 도시국가의 자유가 상공인의 투자와 혁신을 촉진해서 경제적인 부를 이루게 해주었고, 상공인의 경제력이 예술과 과학의 발전을 후원하고 촉진했기 때문이다. 이탈리아에서 시작된 르네상스는 인쇄술의 발전과 함께 유럽 전체로 빠르게 확산되었다. 과학기술의 발전을 동반하긴 했지만, 르네상스와 더불어 유럽 대륙의 과학기술이 발전한 구체적인 배경과 원동력은 지역마다 조금씩 달랐다.

이탈리아 상공인들의 경제활동과 영향력이 유럽 전체에 미쳤고, 이슬람과의 종교전쟁 내지 영토 회복을 완성한 포르투갈과 스페인의 왕들이 주도적으로 르네상스와 선진기술을 받아들여 대서양 항로를 개척했다. 포르투갈과 스페인은 대서양으로 진출할 항구를 갖추고 있어 탐험과 무역에서 앞설 수 있었다. 그와 유사한 지리적 장점을 가진 네덜란드도 대서양 및 유럽 대륙과 발트해를 연결해 주는 중요한 통상의 거점이 될 수 있었다. 특히 네덜란드는 16세기 유럽 대륙에서 종교적 관용과 사상의 자유가 가장 많이 허용되어, 많은 과학자와 예술가가 자유를 찾아 모여들었다. 뿐만 아니라 네덜란드는 인류 최초로 주식회사제도와 증권거래제도를 발명해 계급이나 신분에 관계없이 기술혁신과 투자에 참여할 수 있는 제도적 기반을 만들었다. 네덜란드 동인도회사가 무역의 패권을 장악하고 황금기를 가져다준 것은 우연이 아니라, 자유와 재산을 보호하는 문화와 제도 덕분이었다.

2) 이탈리아 르네상스

경제발전과 도시화는 비례하는 경향을 보인다.[23] 중세 시대를 보면, 이탈리아 도시국가들에서 르네상스가 꽃피고 다른 지역보다 먼

23 오늘날 선진국의 도시에 사는 인구 비율은 후진국보다 압도적으로 높다: UN World Urbanization Prospects 2018. https://population.un.org/wup/Download.

저 기술혁신과 상거래가 활성화되었다. 그러나 도시화가 경제발전이나 기술혁신의 원인이라고 말하기는 어렵다. 도시화 현상은 결과일 뿐이고, 그러한 현상에서 보다 근본적인 원인과 배경을 찾아볼 필요가 있다.

도시국가의 자유

르네상스는 고전적인 그리스 철학과 로마 문명의 부활을 뜻하지만, 기본적으로 인본주의(humanism)를 핵심으로 한다. 르네상스의 배경을 보면, 1347년부터 유럽에 흑사병이 확산되어 그 당시 전체 인구의 3분의 1에서 2분의 1 정도가 사망한 대재앙이 주목된다. 흑사병은 유럽 사람들에게 심각한 충격을 주어 세계관의 변화를 초래했다. 기존의 기독교적 세계관은 영혼과 사후 세계를 중시했지만, 흑사병으로 주위의 수많은 사람이 사망하는 현실을 직접 목격하면서 사람들의 세계관이 보다 현실과 인간의 삶을 중시하는 인본주의로 바뀐 것이다.

흑사병이 르네상스의 출발점이 될 수는 있겠지만, 왜 이탈리아에서 시작됐는지는 설명해 주지 못한다. 피렌체와 베네치아를 비롯한 이탈리아 도시국가들은 유럽 대륙의 다른 지역보다 국제교역이 훨씬 활발해 흑사병에 더 취약했고, 유럽에서 가장 풍요로워 르네상스를 경제적으로 뒷받침할 수 있었다. 흑사병이 발생하기 전부터 이탈리아가 상공업활동이 활발해 경제적으로 풍요로웠던 데는 도시국가들이 누리던 자유와 로마 법제도의 전통이 큰 몫을 했다.

중세에도 일부 지역에서 자치권을 가진 코뮌(commune)이 형성되었지만 훗날 군주국가에 흡수되고 만다. 그러나 이탈리아의 북부 및 중부 지역의 코뮌은 부강하고 독립적인 도시국가로 발전했다. 중세의 유럽 대륙은 봉건적인 신분 질서로 시장이 위축되고 기독교적 세계관으로 경직되어 있었지만, 이탈리아 도시국가들은 중세 암흑기에서 비교적 빨리 벗어나 상공인의 투자와 장인의 기술혁신을 널리 허용했다.

이탈리아 북부 도시들은 신성 로마 제국과 교황의 정치적 갈등 속에서 비교적 일찍 상당한 자치권을 추구하기 시작했다. 신성 로마 제국의 프리드리히 1세가 직접적인 지배권을 강화하려고 하자, 밀라노를 비롯한 북부 도시들은 로마 교황의 지원을 받아 롬바르디아 동맹(Lombardia League)을 결성해서 저항했다. 밀라노 등 북부 도시들은 1176년 로마 제국을 물리침으로써, 행정관을 스스로 선출하고 봉건적 지배에서 벗어날 수 있었다.

이탈리아 도시국가의 귀족과 상공인, 장인 모두 유럽 대륙에서보다 많은 자유를 누리면서 왕성한 상공업과 금융으로 유럽에서 가장 부강한 도시국가를 만들었다. 각 도시국가의 행정관 내지 대표 선출에 모든 시민이 참여하는 것은 아니므로, 오늘날 민주주의와는 상당한 차이가 있다. 그러나 기득권을 가진 귀족뿐만 아니라 상공업으로 부를 축적한 길드 회원들로 대표되는 대중이 참여함으로써,[24] 이탈리아 도시국가들은 유럽 대륙에 비해 비교적 일찍부터 투자와 혁신을 방해하지 않는 정치경제적 질서를 추구하기 시작한 것이다.

시민들로 구성된 민회는 지도자를 선출하고, 시민들의 주된 생업인 무역을 보호하기 위해 강력한 군사력으로 지중해의 해적들을 소탕

---

24 William Gilbert, *Renaissance and Reformation* (저자 사후 1998년 e-book으로 공표됨. http://vlib.iue.it/carrie/texts/carrie_books/gilbert/03.html), Chapter 3 on the Italian City-States of the Renaissance.

해 주었다. 특히 도시국가들은 조선 기술의 발전을 추구하고, 로마법의 전통에 따라 상인들의 재산과 계약을 보호해 주었기 때문에 국제무역을 위한 왕성한 투자와 혁신을 이끌어 낼 수 있었다.[25]

이탈리아 도시국가 가운데서도 상대적으로 일찍 자치권을 확보한 베네치아는 게르만족과 훈족의 침략에서 빠져나온 일종의 난민이 100여 개의 섬으로 구성된 이곳에 모여 무역으로 상당한 경제력과 군사력을 키워 독립한 도시국가라고 할 수 있다. 베네치아는 상인의, 상인에 의한, 상인을 위한 자치도시로 출발해 도시국가로 발전했다. 도시의 공기가 사람을 자유롭게 한다는 격언처럼, 이탈리아 도시들은 알프스 이북 유럽 대륙보다 더 많은 자유를 허용했고, 상인과 기업가들의 자유는 기술혁신과 경제적 풍요를 창출했다.

중세 말 베네치아의 선단/해군은 그 당시 도시국가의 규모에 비해 지중해의 통상을 완전히 장악할 정도의 규모와 기술로 무장되어 있었다. 베네치아는 인류 역사상 처음으로 선박 위에 총포류를 설치하고, 미리 준비해 놓은 부품들을 조립해 이틀 만에 한 척의 배를 건조할 정도로 뛰어난 선박 기술을 갖추고 있었다.[26] 선박 건조를 위한 조선소 시설은 영국의 산업혁명 이전에 존재했던 가장 합리적이고 가장 집약적인 산업시설로 평가되고 있다. 이러한 건조 기술과 시설에 힘입어 베네치아는 해상 전쟁과 교역에서 우위를 차지할 수 있었다. 그러나 베네치아의 선박들은 선원들이 노를 저어서 움직이는 원시적인 형태였고, 도시국가 주도의 선박 건조 방식이라는 커다란 한계를 안고

---

25 Horatio Forbes Brown, *Venice: An Historical Sketch of the Republic* (Percival Rivington, 1895), p. 81. https://archive.org/details/veniceanhistori01browgoog/page/n8.

26 주경철, 앞의 책, 129쪽.

있었다. 따라서 지중해를 넘어 대서양을 횡단하고 해외 시장을 개척하는 데는 스페인과 영국의 범선에 자리를 내주어야 했다.

베네치아는 선박 건조 기술뿐만 아니라 안경, 시계 등을 제조하는 기술에서도 우위를 차지하고 있었다.[27] 이러한 기술혁신은 상인들의 투자와 기술자들의 혁신을 촉진하는 합리적인 제도가 뒷받침되었기 때문에 가능했다. 특히 코멘다(commenda)라는 계약은 두 명의 파트너 가운데 한 쪽은 자본을 제공하고 다른 한 쪽은 위험을 부담하면서 항해를 떠나 무역 업무를 담당해, 수익을 3대 1로 나눠 갖기로 합의한 것이다.[28] 유럽 대륙의 봉건 질서에서 귀족이나 농노와 달리, 이탈리아 상공인들은 코멘다를 통해 경제적 부를 축적하고, 기술과 예술을 발전시켜 르네상스를 일으킬 수 있었다.

메디치 가문의 후원

르네상스는 이탈리아 도시국가들의 경제적 풍요를 배경으로 시작되었지만, 특히 거부 메디치(Medici) 가문의 예술가, 건축가, 과학자 들에 대한 재정적 후원에 힘입어 더욱 꽃을 피우고 확산될 수 있었다. 13세기 이탈리아 도시들에서는 유럽의 다른 지역과 달리 상공인의 자유가 상당히 허용되어 양모 방직, 유리 제조, 선박 건조 등 다양한 기술의 혁신이 이루어졌는데, 메디치 가문은 피렌체 지역에서 양모 방직으로 상당한 부를 축적한 뒤 금융업으로 유럽 최대 거부가 되었다. 14세기 말 조반니 메디치(Giovanni Medici)가 설립한 메디치 은행

---

27 데이비드 S. 랜즈, 앞의 책, 93, 96쪽.

28 파트너 쌍방이 모두 자본을 댄 경우에는 그에 따라 수익분배율이 달라진다: 대런 애쓰모글루· 제임스 로빈슨, 앞의 책, 226쪽.

은 15세기 유럽에서 가장 큰 규모의 은행으로 성공해 경제적으로뿐만 아니라 정치적으로도 엄청난 영향력을 갖게 되었다. 메디치 가문은 금융 분야에서 복식부기 방식을 개발해 회계장부를 작성하고 활용하기 시작했으며, 오늘날의 피아노와 오페라를 개발하는 데 막대한 부를 쏟아부었다. 또한 재정적 후원으로 갈릴레오 갈릴레이(Galileo Galilei), 부오나로티 미켈란젤로(Buonarroti Michelangelo), 레오나르도 다빈치 등 위대한 과학자, 예술가, 건축가를 탄생시켰다.

현대 물리학의 아버지, 과학 방법론의 아버지로 불리는 갈릴레이는 메디치 가문의 재정적 후원을 받고 여러 세대의 메디치 가문 자녀를 교육한 바 있다. 갈릴레이는 스스로 개량해서 제작한 망원경으로 목성과 금성, 태양의 흑점을 발견하고 자세히 관측했으며, 목성 주위를 도는 네 개의 위성에 메디치 가문 자녀들의 이름을 따서 명명하기도 했다.

메디치 가문의 후원을 받은 다빈치는 미술뿐만 아니라 건축학, 천문학, 해부학 등 과학과 기술의 발전에도 커다란 기여를 했다. 그의 예술작품은 해부학 지식과 원근법 기술 등을 반영하고 있다.[29] 그의 연구 노트에 나타난 아이디어와 그림들은 훗날 낙하산, 헬리콥터, 탱크의 발명에 기여한 것으로 평가되고 있다. 베네치아의 발명가 파우스토 베란치오(Fausto Veranzio)는 다빈치의 낙하산 디자인을 '날아가는

29 레오나르도 다빈치의 〈모나리자〉와 〈최후의 만찬〉도 유명하지만, 세상을 구원하는 모습의 자세로 천국 또는 우주를 상징하는 크리스털 구를 들고 있는 예수 그리스도를 그린, 〈구세주(Salvator Mundi)〉는 2017년 11월 15일 뉴욕 크리스티 경매(Christie's)에서 아랍에미리트 연합국의 아부다비 문화체육부가 4억 5,031만 2,500달러에 구입했다.
https://www.christies.com/features/Leonardo-and-Post-War-results-New-York-8729-3.aspx.

사람(flying man)'이라고 하는 낙하산 디자인으로 개량하기도 했다.

기술혁신의 촉진

이탈리아 도시국가에서 시장이 발달하고 재산 보호가 이뤄졌기 때문에 기술혁신과 르네상스의 경제적 후원이 가능했다. 시장이 발달하면 인간의 이기심과 잉여 상품의 유통으로 인해 노동분화 및 기술혁신이 이루어진다. 시장의 규모와 발달 정도에 따라 노동분화 및 전문화 정도가 좌우되기 때문이다.[30] 중세 유럽의 어느 지역보다 훨씬 더 빨리 그리고 훨씬 더 큰 규모로 시장이 발달한 이탈리아 북부 도시들에서 상공인 직업의 전문화와 기술혁신이 이루어지기 시작한 것은 어찌 보면 당연한 결과라고 할 수 있다.

여기에서 주목되는 것은 이탈리아 북부 상공인들이 자신의 이익을 보호하기 위한 조직으로 길드를 형성하고 생산과 유통의 독점 및 품질관리를 했다는 점이다. 길드는 회원들만 기술을 공유하면서 수련공/도제(apprentice)가 기술을 학습하고 훈련받아 기능공(journeyman)이 되고, 우수한 기술로 좋은 제품을 만든다고 평가받음으로써 장인(master)이 되게 함으로써, 품질 향상 및 독점적 이익을 추구하는 조합계약이라고 할 수 있다. 길드는 상공인들의 기술과 아이디어를 보호하는 배타적 권리 내지 '공동체 재산권(communal property)'을 보유하는 조합으로서의 특징을 지니고 있었다. 길드라는 공동체가 공유하는 재산권은 중세 말기 자유로운 상거래와 함께 그 보호 대상인 기술과 아이디어의 발전을 촉진하는 기능을 수행했다.

---

30 Adam Smith, *An Inquiry into the Nature and Causes of the Wealth of Nations* (T. Nelson and Sons, Paternoster Row, and Edinburgh, 1852), p. 8.

길드제도는 기술과 지식에 관한 독점을 통해 이익의 극대화를 도모하면서 동시에 길드 내 도제(apprenticeship)제도를 통해 길드 구성원 간 기술 및 지식의 학습과 확산을 체계화했다. 예컨대, 르네상스 시대 유리 제품 제조로 유명한 베네치아 유리 제조업 길드는 영업 시간, 도제제도, 기술 명세, 유리 제품의 품질, 원재료 등에 이르기까지 상세한 규칙을 정해 운영했다. 특히 베네치아 유리 제품의 명성과 함께 그 시장가격이 높아지면서 구성원 간에 공유하는 기술과 지식이 유럽 다른 지역으로 유출되지 않도록 철저히 통제했다. 유리 제조 기술을 유출하거나 베네치아 지역 밖으로 나가서 제조하는 경우 금전적 혹은 육체적 제재를 가하고, 길드 조직에서 축출하기도 했다.[31] 따라서 베네치아 유리 제조업 길드는 기술과 지식을 독점하고 유리 제품을 독점적으로 생산해서 판매할 수 있는 재산권 또는 공동체 차원의 특허권으로서의 특징을 지닌다고 할 수 있다.

도시국가 또는 왕이 공식적으로 일정한 상공인 길드의 독점적 생산 및 판매 권한을 부여하면 길드에 의한 기술 독점은 근대적인 특허제도와 비슷해지고, 실제로 근대적인 특허제도 탄생의 배경이 되었다. 예컨대, 베네치아는 유리 제조업 길드를 보호하기 위해 유리 제품의 수입을 금지하고 길드의 독점적인 생산과 판매를 권력으로 뒷받침했다. 길드제도로 인해 길드 구성원들의 수익과 도시국가의 세입이 증가한 것처럼, 새로운 기술에 대한 특허를 부여하면 그 장인의 개인적인 수익은 물론 도시국가의 세입도 증가할 수 있다는 아이디어가

---

31 Joanna Kostylo, "From Gunpowder to Print: The Common Origins of Copyright and Patent," *The History of Intellectual Property Law*, edited by Oren Bracha (Edward Elgar Publishing Ltd., 2018), pp. 54-55.

등장하게 되었다.

1421년 이탈리아 건축 및 디자인의 시조라고 일컬어지는 필리포 브루넬레스코(Filippo Brunellesco)가 피사에서 피렌체까지 아르노강을 통해 대리석을 운송하는 선박을 개발하자, 피렌체 공화국은 브루넬레스코에게 3년간 그 선박을 생산하고 이용할 수 있는 특허(letters patent)를 부여한 바 있다.[32] 대리석 운반은 중요한 과제라서 많은 관심과 기대를 모았지만, 브루넬레스코가 그 특허를 가지고 실제로 건조한 선박은 불행히도 아르노강에서 침몰하고 말았다. 이로 인해 브루넬레스코는 재산의 3분의 1을 상실했지만, 독점적 권리를 부여해 새로운 발명과 기술의 개발을 촉진한다는 '특허' 개념은 살아남아 계속 활용되었다. 그 후에도 유사한 특허가 기술자나 장인 개인에게 부여된 바 있고, 이러한 특허의 개념은 인류 최초의 근대적 특허법 형태로 진화해 1474년 베네치아 특허법으로 탄생했다. 발명가나 혁신적인 기업에 판매 등의 특권을 주는 특허제도는 베네치아에서 시작된 이후,[33] 16세기와 17세기에 이르러 유럽 전체로 확산되었다.

베네치아 특허법은 베네치아에서 이제까지 존재하지 않았던 장치를 발명해서 완성한 발명가가 그 장치를 신고하면 허락 없이는 타인이 동일한 장치를 만들지 못하게 하고, 만약 만들 경우 그 장치를 파괴하고 100듀캇의 손해배상을 청구할 수 있다고 규정하고 있다.[34] 베

32 Ikechi Mgbeoji, "The Juridical Origins of the International Patent System: Towards a Historiography of the Role of Patents in Industrialization," 5 *Journal of the History of International Law* 403 (2003), p. 412.

33 John F. Duffy, "Harmony and Diversity in Global Patent Law," 17 *Berkeley Technology Law Journal* 685 (2002), p. 711.

34 노동자들의 평균 연봉이 450듀캇(ducat)이었음을 고려하면 손해배상금 자체는 많지 않은 것으로 보인다. Ikechi Mgbeoji, 앞의 글, pp. 413-414.

네치아 특허법 제정 배경에서 흥미로운 점은, 유럽 어느 지역에서 왔건 영리한 두뇌로 뛰어난 장치를 발명하는 사람이 있는 반면에, 그런 발명을 모방해서 동일한 장치를 만든 사람은 사회에 아무런 도움도 주지 못한다는 점을 강조하고 있다는 점이다.

1474년에 제정된 베네치아 특허법은 발명의 신규성, 발명의 신고, 권리 존속기간, 침해에 대한 구제수단 등을 규정하고 있어 인류 최초의 근대적인 특허법으로 평가된다. 실제로 법 제정 이후 1500년까지 28건, 1600년까지 593건, 1700년까지 605건, 베네치아 공화국이 사실상 멸망하는 1788년까지 670건의 특허권이 부여된 바 있다. 특허권 등록에 수수료가 필요하지 않았기 때문에 그 법의 취지에 따라 발명이 촉진되는 데 상당히 기여했다. 베네치아 특허법은 영국의 근대적인 특허법보다 150년 앞선 것이었다. 피렌체에서 특허 개념의 발달, 그리고 근대적 특허법의 제정과 운용은 이탈리아 상공업의 발전과 르네상스에 커다란 기여를 했다고 할 수 있다.

과학기술의 정체

밀라노, 피렌체, 베네치아 등 부강한 도시국가들은 상대적으로 강한 군사력으로 주위 도시들을 흡수하면서 커다란 규모의 도시국가로 발전했다. 이탈리아 도시국가들은 신성 로마 제국에서 자유를 얻어 활발한 상거래와 기술혁신으로 부강해질 수 있었지만, 동시에 종교적 경직성으로 내부적 한계를 안고 있었다. 특히 메디치 가문은 예술 후원을 통해 정치적 영향력을 행사했고, 추기경들의 비밀회의에도 영향력을 행사해 1513년 교황 레오 10세를 비롯한 네 명의 교황을 배출했다. 이로써 가톨릭을 지지하고 종교 개혁을 반대하면서, 갈릴레이를 비롯해 교리에 반하는 과학자에 대한 지원을 중단했다.

도시국가가 확대되고 안정되면서 신분 질서가 고착화되고 자유는 서서히 위축되기 시작했다. 우선, 도시국가의 평의회 의원이 세습되는 귀족으로 변하고, 정부가 무역을 장악하면서 시민들의 경제적 지위 상승 도구라고 할 수 있는 코멘다 계약 사용을 금지하기에 이르렀다.

이탈리아 도시국가에서 장인들의 기술혁신은 길드 조직의 독점적인 이익 추구에 의해 촉진되었지만, 동시에 길드의 독점으로 인해 경쟁 제한이라는 폐해가 커지고 새로운 기술을 개발한 외부인의 시장 진입까지 차단하는 부작용이 나타나기 시작했다.[35] 특히 도시국가의 길드는 도제 기간을 마친 성인 남자 장인들만 고용함으로써 인건비가 상당히 비쌌고, 뛰어난 기술혁신이 없는 한 생산성의 한계를 맞이할 수밖에 없었다.

베네치아를 비롯한 도시국가들이 폐쇄적이고 착취적인 정치 질서로 바뀌면서 투자와 혁신은 점차 위축되었다. 다른 한편, 13세기부터 세력이 점점 커진 오토만 제국이 1453년에 신성 로마 제국의 콘스탄티노플까지 점령함에 따라, 베네치아 등 도시국가들의 동방무역은 더욱 위축되었다. 또한 서역에서는 포르투갈과 스페인이 지중해를 거치지 않고 대서양을 통한 동방무역의 새로운 항로를 개척하면서, 이탈리아 도시국가들의 경쟁력은 점차 사라지고 오늘날 관광업으로 생계를 유지하는 초라한 신세로 전락하게 되었다.[36]

---

35 데이비드 S. 랜즈, 앞의 책, 287쪽.

36 대런 애쓰모글루·제임스 로빈슨, 앞의 책, 231쪽.

3) 탐험의 시대

무역과 종교를 위한 탐험

이탈리아의 르네상스와 기술혁신의 배경에 도시의 자유와 시장의 발달이 있었다면, 포르투갈과 스페인의 부국강병은 대서양에 가장 가까운 항구를 갖고 있다는 지리적 특징과 때마침 이슬람을 물리친 전제군주의 팽창 의욕이 결합한 결과였다. 기본적으로 포르투갈과 스페인은 육로가 아니라 대서양의 항로를 통해 무역을 하는 것이 더 유리한 지리적 특징을 지니고 있었다. 지중해는 베네치아와 같은 이탈리아 도시국가들이 장악하고, 중동의 홍해 지역은 오토만 제국이 장악하고 있었기 때문에, 포르투갈과 스페인은 동방의 향료와 비단 등을 구하기 위해 대서양의 항로를 개척하지 않을 수 없었다. 특히 1453년 오토만 제국이 콘스탄티노플을 점령하면서 이탈리아가 중심이 되어 향료와 비단을 수입하던 동방무역은 급격히 위축되었다. 바로 이것이 15세기 포르투갈과 스페인이 탐험의 시대를 선도하게 된 지리적, 역사적 배경이다.

포르투갈과 스페인은 기독교의 이름으로 해외 진출과 신대륙 정복을 선도했다. 거슬러 올라가면, 711년 이베리아반도가 북아프리카의 베르베르인 및 아랍의 회교도들에 의해 점령당한 뒤, 약 780년에 걸친 일련의 레콩키스타(Reconquista)는 국토 회복 내지 독립전쟁이면서, 동시에 회교도 침략 세력을 물리치고 기독교 왕국을 회복하는 종교전쟁의 성격도 함께 지니고 있었다. 특히 11세기부터 교황 알렉산더 2세(Pope Alexander II) 등 역대 교황들은 이베리아반도에서의 전쟁이 '기독교를 위한 전쟁'이라 선언하고, 지중해 동쪽 지역에서 진행된 십자군 전쟁에서와 마찬가지로 참전자들에게 면죄부를 부여했다. 이베리아반도에서 회교도를 살상하고 포획해서 개종시키거나 노예로 삼는 것이 종교적으로나 정치적으로 정당화되었던 것이다. 포르투갈과 스페인의 전제군주들은 국토 회복이나 독립을 쟁취한 뒤, 이베리아반도에서 대서양으로 진출해 이교도 지역을 정복하고 노예무역을 그들의 당연한 운명이며 기독교적 소명으로 여겼다. 특히 회교도는 단순한 이교도가 아니라 '신앙의 적'이었기 때문에, 아프리카와 아시아에서 회교도에 대한 공격은 상상을 초월할 정도로 잔인했다.[37]

포르투갈의 경우를 보면, 레콩키스타 과정에서 12세기에 포르투갈 왕국이 세워지고, 1249년에 아폰수 1세(Afonso I)가 알가르브를 점령하면서 포르투갈의 국토 회복 내지 독립이 완성되었다. 포르투갈의 역대 왕들은 대서양 항로를 개척하기 위한 탐험을 지속적으로 추진했고, 주앙 1세와 그의 아들 엔히크는 전설적인 업적을 세운 바 있다. 특히 엔히크 왕자는 해양연구소를 세우고 항해술에 관한 과학적 탐구를 지휘하면서 1415년 아프리카 북단 사하라 통상의 요지 세우타 정복을 시작으로 대서양의 마데이라와 아조레스 제도와 서부 아프리카 해안 지역까지 정복했다. 바스쿠 다가마(Vasco da Gama)는 1498년 이탈리아 도시국가들이 장악하고 있던 지중해 및 위험한 이슬람 지배하의 아랍 해역을 거치지 않고 유럽에서 아프리카를 돌아 인도까지 갈 수 있는 새로운 항로를 개척했다.

포르투갈 왕실은 대서양의 섬과 아프리카 해안 지역을 정복하면서 새로운 교역 상품뿐만 아니라 원주민들을 잡아서 노예로 파는 새

37 예컨대, 회교도 소함대를 무찌르고 800명에 달하는 무어인의 귀, 코, 손 등을 절단하고 불구가 된 무어인들을 그 지역 통치자에게 돌려보내기도 했다: 데이비드 S. 랜즈, 앞의 책, 212쪽.

로운 수익원을 발견했다.[38] 포르투갈은 천주교 교리상 노예제도를 인정하기 어려웠지만, 회교도나 흑인은 기독교인이 아니라는 이유로, 또한 구원받을 영혼마저 없을 것이라 단정하고 흑인을 노예로 수입하고 교역 상품으로 널리 이용했다. 16세기 중엽 리스본 인구의 10%를 차지할 정도로 흑인 노예는 포르투갈 경제의 중요한 부분을 차지했다.[39]

포르투갈에 이어 스페인도 비교적 일찍부터 대서양 탐험을 시작했다. 스페인의 레콩키스타는 1491년 그라나다 정복을 끝으로 회교도 세력을 완전히 물리치고 종교적인 '무사 수행'을 완성했다. 기독교를 위한 국토 회복을 완성한 바로 다음 해인 1492년, 콜럼버스는 아라곤의 페르난도왕과 스페인의 이사벨 여왕의 허락과 지원을 받아 동방 항로를 개척하기 위한 대서양 탐험을 떠났다. 포르투갈과 스페인은 역사적인 신대륙 발견을 시작으로, 남미와 아시아 지역을 대상으로 훨씬 더 잔인하고 폭력적인 선교 사업을 펼쳤다.[40] 다시 말해, 포르투갈과 스페인에서 '기독교의 이름으로' 수행한 독립전쟁이 정의로운 전쟁이었던 것처럼, '기독교의 이름으로' 남미와 아시아 지역의 이단 내지 '신앙심 없는 야만인'들을 개화시키는 식민지 정복도 그들에게는 똑같이 정의로운 전쟁이고 아름다운 개척이었던 것이다.

탐험의 과학기술

포르투갈과 스페인이 780년간 회교도 세력과의 교류 및 전쟁을

38 데이비드 S. 랜즈, 앞의 책, 142, 152쪽.
39 데이비드 S. 랜즈, 앞의 책, 127쪽.
40 주경철, 앞의 책, 425쪽.

통해 상당한 과학기술을 배우고 발전시킨 점은 부인할 수 없다. 우마이야 왕조가 711년에 이베리아반도를 점령할 때부터, 회교도 칼리파 왕조는 600여 년간 과학기술의 발전과 더불어 황금기를 누렸다. 특히 마호메트와 코란의 교리는 한결같이 "학자의 잉크가 순교자의 피보다 더 성스러운 것"이라고 하면서 지식의 중요성을 강조했다. 우마이야 왕조는 8세기경 중국에서 종이 제조 기술을 학습해 파피루스나 양피지보다 더 효율적으로 회교 교리와 천문학, 기하학, 화학 등 과학기술 지식을 널리 전파하고 교육시킬 수 있었다. 중국식 종이 제조 기술은 회교도를 통해 10세기경 이베리아반도에 전파되어 포르투갈과 스페인에서도 지도 제작 등에 활용되기 시작했다.

포르투갈과 스페인이 대서양으로 진출하는 데 필수적인 범선을 제작하고 나침반을 활용하는 기술도 회교도를 통해 배운 뒤 더욱 발전시켰던 것이다. 포르투갈의 항해 왕자로 알려진 엔히크는 해양연구소를 세워 선박 제조 및 항해 기술을 연구해 크게 발전시켰다. 포르투갈은 선박 건조를 촉진하기 위해 왕실 소유 산림의 목재를 무상으로 사용하도록 하고, 선박의 건조 및 항해를 위한 수출과 수입에 부과하는 세금을 줄여 주거나 면제해 주었다.[41]

오늘날 개발도상국이 선진국의 기술을 배우고 응용하고 개량해서 기술발전을 이룩하는 것처럼, 포르투갈과 스페인도 그 당시 알려진 범선 제조 기술에 삼각범(三角帆)과 사각범(四角帆)을 혼합해 방향 및 속도를 효율적으로 조절할 수 있는 선박을 개발했다. 나침반도 중국에서 먼저 개발된 것으로 알려져 있지만, 포르투갈과 스페인의 선원

41 문점식, 『역사 속 세금 이야기』(세경사, 2018), 143쪽.

들은 자석 밑에 정확한 방위도를 붙여 보다 정교한 나침반을 사용했다.[42]

포르투갈과 스페인은 무기 개발에서도 비교적 앞서 있었다. 15세기 후반에 화승총(火繩銃)을 개발해 사용하기 시작했는데, 화승총은 불이 붙은 노끈이나 심지를 점화구에 갖다 대어 총알을 발사하는 방식으로, 장전하고 격발하는 데 시간이 걸리고 까다로운 원시적 형태였다. 신대륙에 도착한 포르투갈과 스페인 사람들은 원시적인 형태이긴 하나 날카로운 철기 창과 칼로 무장하고 있었지만, 그 당시 아프리카 및 아메리카 원주민들은 갑옷도 제대로 입지 않고 별로 날카롭지 않은 곤봉을 들고 있었을 뿐이다.[43]

과학기술의 정체

포르투갈과 스페인은 다른 서양 국가보다 먼저 식민지 개척에 나섰고 해외 교역으로 귀금속과 경제적 부를 얻었지만, 왕실과 일부 귀족이 대부분의 경제적 부를 차지했다. 왕실 소유의 선박으로 교역을 하고 그 이익도 모두 왕실로 돌아가는 소위 군주 자본주의[44]는 대서양 항로를 통한 해외 교역에 소요되는 막대한 자본과 생명의 위협을 고려한다면 당연한 것일 수도 있다. 예컨대, 포르투갈 선장으로 스페인 왕 카를로스 1세의 후원을 받아 인류 역사상 최초로 세계일주 대항해를 완성한 페르디난드 마젤란(Ferdinand Magellan)은, 1519년 다섯 척의 선박을 가지고 대서양을 건너 그 당시 향신료 군도(Spice Islands)

---

42 주경철, 앞의 책, 135쪽.
43 재레드 다이아몬드, 앞의 책, 106쪽.
44 주경철, 앞의 책, 56쪽.

로 알려진 인도네시아 동쪽 말루쿠 제도로 항해하는 과정에서 폭풍을 만나 난파당하기도 했으며, 식량이 부족해 쥐를 잡아먹거나 가죽 제품을 식량으로 대용하고 선원들의 반란까지 겪는 고생 끝에 겨우 도착했으나, 결국 필리핀에서 무력충돌 과정에서 사망했다. 그 당시 포르투갈과 스페인에서 막대한 자본과 생명을 투입해서 모험적인 사업을 추진할 수 있는 주체는 왕실밖에 없었을 것이다. 네덜란드와 영국의 동인도회사와 같은 주식회사제도가 탄생하기 전에는 군주가 투자하거나 후원하고 특권을 부여해 모험적인 사업을 추진하는 것이 유일하고 효율적인 방안이었던 것이다.

포르투갈과 스페인의 군주 자본주의하에서는 왕실이 모든 투자와 혁신의 위험을 부담하고 이익 대부분을 차지했기 때문에, 일반 선원들과 상인들은 충분한 투자와 혁신의 인센티브를 갖기 어려웠다. 또한 스페인의 과도한 조세는 왕실의 식민지 개척과 전쟁 수행에 필요한 재원을 조달하기 위한 것이어서 일반 농민과 상공인들에게는 과다한 부담이 되었고, 스페인의 상공업활동을 위축시키는 결과를 초래했다. 특히 스페인의 알카발라(alcavala)라고 하는 판매세는 부동산을 포함한 모든 물건의 판매에 6%씩 부과되었는데, 원재료 구입부터 최종 상품의 생산에 이르기까지 여러 단계의 가공과 판매를 거쳐야 하는 경우, 판매 단계마다 부과되어 전체적으로 부담이 과다했다. 영국의 애덤 스미스도 『국부론』 제5권 재정수입 즉 조세에 관한 설명에서, 스페인의 판매세가 상공업을 위축시킨 원인이 되고 있다고 지적한 바 있다.[45] 1628년 권리청원(Petition of Right)과 1689년 권리장전을

45 스페인의 알카발라는 10%에서 시작해 14%로 인상되었다가 다시 6%로 인하되었다: Adam Smith, *An Inquiry into the Nature and Causes of the Wealth of Nations*,

통해 왕이 의회의 승인 없이 과세할 수 없도록 함으로써 상공인의 혁신과 투자를 보호한 영국과 대조를 이룬다.

스페인은 식민지에서 약탈한 금은보화를 기술혁신에 재투자하지 않고 엄격한 가톨릭 세계관을 강요하면서 수공예 종사자들을 천시했다. 스페인은 멕시코와 페루 지역의 금과 은(포르투갈은 브라질 지역의 원목과 다이아몬드)를 약탈해서 유럽 최고의 풍요로운 국가가 되었지만, 금은보화는 소모성 자산에 불과했고 추가적인 생산으로 연결되지 못했다. 왕실과 귀족들은 스스로 기술혁신을 할 필요가 없었고, 자신의 금은보화로 이웃 나라에서 기술과 상품을 사오면 충분했기 때문이다. 17세기 중엽 식민지의 금은보화가 점차 고갈됨에 따라 스페인의 경제는 침체의 길을 걷게 되었다. 기술혁신을 통해 자국 내 제조업이 상품을 생산하고 식민지 등에 판매하려는 노력은 등한시하고 오직 식민지의 금은보화를 약탈하는 것만으로는 경제성장을 지속할 수 없었던 것이다.

포르투갈과 스페인의 식민지 개척은 지속적인 투자와 혁신으로 연결되지 못하고, 네덜란드나 영국과 같이 보다 다양한 계층이 주도적으로 참여하는 포용적 방식의 식민지 개척에 뒤처지게 되었다. 승자의 시각일 수도 있겠지만, 18세기 애덤 스미스가 살펴본 스페인은 귀족과 부자들만 보호해 주는 사법 행정의 불공정성으로 인해 근면한 일반인들의 생산 의욕이 움츠러들었다.[46] 지나치게 엄격한 기독교 사상도 지속적인 기술혁신을 가로막았다. 이사벨 여왕은 콜럼버스의 대서양 항해를 후원했지만, 종교재판을 통해 유대인을 비롯한 이교도를 탄압했

---

the Glasgow Edition of the Works and Correspondence of Adam Smith edited by R. H. Campbell and A. S. Skinner (Oxford University Press, 1976), pp. 899-900.

46 애덤 스미스, 최호진·정해동 옮김, 『국부론(상)』(범우사, 2003), 159쪽.

다. 포르투갈과 스페인의 대서양 탐험과 그에 필요한 과학기술의 발전은 기독교의 이름으로 추진되었지만, 수십만 명의 이교도가 종교재판을 받고 수천 명의 이교도가 처형되었으며, 이런 광신적 기독교는 천문학과 조선술 등 과학기술 전문가들이 다른 나라로 떠나게 만들었다.[47]

포르투갈에서는 성직자들이 인쇄기를 독점해 출판되는 서적에 대한 사전검열을 실시했고, 금서 일람표에 따라 금서의 유통을 통제했다. 유럽 대륙에서는 구텐베르크의 활자술에 힘입어 새로운 사상과 새로운 과학기술이 널리 전파되고 있었지만, 포르투갈에서는 정반대로 사상과 과학이 검열되고 위축되어 갔다. 스페인에서는 16세기 중반에 종교적인 이단이나 개혁적인 종교에 접하기 쉬운 외국에서의 유학도 금지함으로써, 의학 공부를 위해 외국으로 갔던 200여 명의 학생이 학업을 중단하기도 했다.[48] 17세기에는 수천 건의 마녀사냥으로, 가톨릭 교리에 조금이라도 어긋나는 사상이나 과학적 주장은 포기할 수밖에 없었다. 포르투갈과 스페인은 가톨릭의 불관용과 경직성으로 인해 과학혁명의 기차를 놓쳐 기술혁신이 정체되고 경제력 및 군사력이 쇠퇴하고 말았다. 16세기 말 포르투갈과 스페인의 시대는 저물고, 상공인의 투자와 기술혁신을 촉진하는 근대적 제도를 갖춘 네덜란드와 영국이 부강한 나라로 등장하게 되었다.

---

47 데이비드 S. 랜즈, 앞의 책, 222쪽.
48 데이비드 S. 랜즈, 앞의 책, 297쪽.

4) 네덜란드의 발명

자유의 땅 네덜란드

스페인은 종교의 이름으로 식민지를 정복하고 금은보화를 약탈해 16세기 초 유럽에서 가장 부강한 나라가 되었다. 바로 그때 마르틴 루터는 로마 가톨릭교회의 면죄부 판매를 비판하면서 95개 논제를 발표해 종교 개혁이 시작되었다. 유대인과 개신교도 등 소위 이교도들은 스페인을 떠나, 비교적 자유롭고 개방적인 네덜란드 저지대(Low Lands)[49]로 이주한 뒤 방직 기술 등을 활용해 상공업활동을 하게 되었다. 기술을 보유한 개신교도들이 종교적 관용과 기업의 자유가 허용되는 네덜란드 지역에 모여들어 활발한 상공업에 종사하게 된 것이다. 16세기 초에는 경제적으로나 군사적으로 막강한 지배력을 가진 스페인이 현재의 네덜란드 저지대를 지배하고 있었지만, 스페인의 개신교 탄압에 반발한 저지대 북쪽 지역의 네덜란드 사람들이 1566년에 반란을 일으키면서 저지대 남쪽 지역의 현재 벨기에 및 룩셈부르크와 이별하고, 1581년에 독립선언을 했다.

그 독립운동의 중심지 안트베르펜에서 개신교도들은 스페인에 패배한 뒤 그 지역을 떠나 현재 네덜란드의 수도에 해당하는 암스테르담으로 가서 정착했다. 현재 벨기에 지역에 해당하는 브루게, 겐트 지역 개신교도들도 자신의 기술과 재산을 가지고 암스테르담에 와서 정착해 왕성한 투자와 혁신을 이끌어 갔다. 네덜란드 반란(Dutch Revolt) 이후 스페인의 공격을 잘 물리친 것을 자축하기 위해, 오라녜 공(Prins

49 라인강을 비롯한 유럽의 3대 강이 바다와 만나는 삼각주 지역의 저지대.

van Oranje)은 1575년에 라이덴(Leiden) 대학을 설립하고, 유럽의 많은 지식인이 라이덴 대학으로 모여들어 네덜란드 황금기에 기여했다.

영국의 개신교도들도 네덜란드에 모여들었다. 영국 교회가 개신교를 채택했음에도 불구하고, 영국 교회의 권위주의에 반대하는 분리주의 청교도인들이 소위 '순례의 조상들(Pilgrim fathers)'로서 1620년 메이플라워호를 타고 미국 동부 지역에 정착해 오늘의 미국을 건설했다고 알려져 있다. 그러나 일단 네덜란드에 와서 정착하려고 노력하다가 미국으로 건너간 청교도인도 많았다.

프랑스의 개신교도들도 네덜란드로 와서 정착했다. 네덜란드에서는 자유로운 사고와 토론을 할 수 있었기 때문에, 프랑스의 철학자 겸 과학자 르네 데카르트(René Descartes)는 네덜란드에 와서 대부분의 위대한 저술을 완성해 네덜란드 황금기에 커다란 기여를 했다. 본래 프랑스에는 종교에 따른 차별을 금지하는 낭트 칙령이 있었지만, 1685년 루이 14세가 낭트 칙령을 폐기하고 위그노(Huguenot)[50] 개신교도들을 탄압하자, 상공업 기술에 능통한 20만 명 정도의 위그노가 외국으로 망명했다.[51] 이로 인해 프랑스의 수공업은 정체되고 경제 사정이 악화되었다. 따라서 프랑스의 신교도들은 새로운 사상과 모험적인 투자가 허용되는 네덜란드와 영국으로 건너가 기술혁신과 경제발전에 커다란 기여를 했다. 17세기에는 이탈리아도 신교도들을 탄압하고 종교 재판으로 처벌하는 상황이어서, 태양중심설과 지동설을 주장한 이탈리아 과학자 갈릴레이는 결국 네덜란드로 옮겨 가 마지막 저

50 위그노 가운데에는 가톨릭에 비해 기업가, 기술자가 압도적으로 많았다: Max Weber, 앞의 책, p. 10.

51 재레드 다이아몬드, 앞의 책, 372쪽.

술 작업과 출판을 할 수밖에 없었다.[52]

자본주의제도의 발명

네덜란드는 개방성과 종교적 포용성으로 과학적 지식과 전문적 기술을 보유한 개신교도들이 모여들게 했고, 투자와 혁신을 촉진할 수 있는 새로운 법제도로 주식회사 및 증권거래제도를 발명했다. 스페인이 기독교의 이름으로 식민지를 개척해 금은보화를 약탈했다면, 네덜란드는 투자와 혁신을 촉진하는 근대적인 제도를 활용해 17세기에 황금기를 창출했다. 그 당시 스페인의 인구가 824만 명, 영국의 인구가 617만 명인 데 반해, 네덜란드는 150만 명 정도의 인구와 조그만 영토를 가지고 인류 최초의 근대적인 제도를 만들고 그 당시 해양대국 스페인에서 독립하고 해외 시장 개척을 통해 황금기를 맞았다는 점에서 놀랍다. 소강국의 탄생은 자유롭고 교육 수준이 높은 신교도들의 기술혁신으로 이룩되었지만, 그 기술혁신은 인류 최초의 자본주의제도를 통해야만 가능했다. 스페인의 해외 시장 개척은 왕실과 소수 권력자의 자본에 의해 이뤄졌지만, 네덜란드에서는 신분에 관계없이 다수의 투자로 자본을 조달하고 회사를 설립해 조직적이고 효율적인 기술혁신과 투자가 가능했던 것이다. 항해할 때마다 좋은 선박과 뛰어난 선장 및 선원, 그리고 상당한 자본가 등을 찾고 그들이 모두 만족하는 조건의 계약을 체결해야 한다면 많은 시간과 비용이 소요되지만, 네덜란드에서는 회사 설립과 주식 발행에 의해 해외 시장 개척이 훨씬 효율적이고 안정적으로 이루어졌다. 노벨 경제학상 수상자

52 이진숙, 「대항해 시대 네덜란드」, 『매경이코노미』 제1702호(2013. 4. 10-4. 16). http://news.mk.co.kr/newsRead.php?year=2013&no=286565.

로널드 코스(Ronald Coase) 교수가 밝힌 바와 같이, 회사 설립이 계약 체결보다 거래비용(transaction costs)은 낮고 효율성은 높다.[53] 네덜란드는 이미 300여 년 전에 코스 이론을 깨닫고 인류 최초의 주식회사 및 주식거래제도를 발명하고 활용했던 것이다.

대서양 항해와 해외 시장 개척을 위해 다양한 계약과 제도가 시도되기도 했지만, 1602년 보다 효율적이고 혁신적이고 근대적인 도구로 네덜란드 동인도회사(東印度會社, Vereenigde Oostindische Compagnie: VOC)가 설립되었다. 식민지 개척에서는 스페인이나 포르투갈과 크게 다를 바 없지만, 네덜란드 동인도회사는 왕실의 권력과 민간의 자본이 함께 해외 시장을 개척한다는 특징을 가지고 있다.[54] 네덜란드 동인도회사는 민간의 자본이 투자와 혁신에 참여해 그 수익을 나눠 가질 수 있는 근대적 회사제도의 원형을 제공했다는 점에서, 스페인이나 포르투갈의 왕실이 주도적인 역할을 하고 그 수익도 왕실에 귀속된 것과 크게 다르다. 동인도회사는 민간의 자본에 의한 상공업활동을 촉진하는 제도라는 점에서, 네덜란드가 비교적 포용적인 경제 질서를 채택했다고 볼 수 있다.

스페인이나 포르투갈의 왕실 중심 식민지 개척과 비교하면, 네덜란드의 동인도회사 등 혁신적인 제도는 신흥 상인층에게 경제활동의 자유를 보다 널리 인정한 포용적 경제 또는 시장경제의 특징을 잘 보여 준다. 네덜란드 동인도회사가 인류 역사상 처음으로 주식을 증권거래소에 상장해 일반인의 투자를 받을 수 있는 최초의 근대적 회사 형태라는 점에서, 네덜란드는 스페인이나 포르투갈에 비해 식민지 개

53 Ronald Coase, "The Nature of the Firm," 4 *Economica* 386 (1937).

54 주경철, 앞의 책, 86쪽.

척은 늦었지만, 시장경제나 자본주의제도 도입에서는 훨씬 앞섰던 것이다. 네덜란드는 동인도회사의 주식회사라고 하는 새로운 제도와 기술혁신을 통해 17세기 전 세계에서 가장 높은 1인당 소득을 자랑하는 황금기를 맞았다.

네덜란드 동인도회사는 네덜란드 정부로부터 인도와 동남아시아 지역에서 향신료 무역에 관한 독점권을 부여받아 1602년 3월 20일에 설립되었다. 동인도회사는 향신료와 사탕수수 등의 상품을 사고파는 무역회사로 출발했지만, 외국과 전쟁을 수행하고 조약을 체결할 수 있는 권리까지 부여받았다는 점에서 오늘날의 회사와 다르다. 예컨대, 17세기 초 스페인과의 전쟁을 수행하는 첨병 역할을 효율적으로 수행했고, 인도네시아 등 여러 지역에 식민지를 개척한 뒤 범죄인을 처벌하고 화폐를 발행하는 등 국가와 유사한 권한을 행사했다.

세계 최초로 주식과 채권을 발행한 근대적 모습의 주식회사인 네덜란드의 동인도회사는 그 주식과 채권을 일반인도 사고팔 수 있도록 세계 최초의 증권거래소(Amsterdam Stock Exchange)를 암스테르담에 설립했다. 이로써 증권거래소를 통해 주식을 공개함으로써 순식간에 650만 길더의 자본을 조달할 수 있었다. 이는 영국 동인도회사(East India Company: EIC) 자본의 10배에 달하는 막대한 규모였다. 이러한 자본 조달은 영국 동인도회사의 모델이 되었다. 1600년 엘리자베스 1세 여왕으로부터 설립 허가를 받을 당시 영국 동인도회사는 극소수 귀족과 부유한 상인들이 소유한 기업이었다. 영국 동인도회사는 비교적 일찍 설립되었지만, 1657년이 되어서야 비로소 네덜란드 동인도회사와 마찬가지로 일반인도 주식을 사고팔 수 있는 근대적 모습의 주식회사로 발전했다. 이와 같이 주식을 상장해서 조달한 자본으로 다수의 외국에 진출해 사업을 하는 국제적 규모의 동인도회사는,

선악과 호불호의 가치 평가를 떠나, 오늘날 주식회사제도 및 자본시장의 기초를 마련한 것으로 평가된다.

동인도회사라는 주식회사와 일반 대중으로부터 자본 조달을 받게 하는 증권거래소는 네덜란드가 만든 제도적 혁신이다. 동인도회사에서 시작된 주식회사 및 증권거래제도는 영국이 도입한 특허제도와 마찬가지로 투자와 혁신을 촉진하는 데 효율적인 제도였다. 주식회사 및 증권거래소가 만들어지기 전에는 선박별로, 항해별로 해외 교역에 나설 때마다 매번 필요한 자금을 모집하고 수익을 분배하는 벤처 사업 방식에 의존해 왔다.[55] 그러나 이런 방법은 번거로울 뿐만 아니라 장기적인 해외 시장 개척을 설계하기에 부적합한 임시방편이라는 한계를 지니고 있었다. 따라서 투자금을 돌려주지 않고 수익금만 이익 배당 형식으로 분배하는 주식회사제도가 더 안정적이고 장기적으로 해외 시장을 개척하는 데 보다 합리적인 제도로 고안된 것이다.

동인도회사는 그 자체가 제도적 혁신이다. 민간 자본의 투자와 기술의 혁신을 촉진하는 데 효율적인 제도라는 점에서 가치가 있다. 다시 말해, 동인도회사는 제도적 혁신일 뿐만 아니라 네덜란드의 기술혁신을 선도했다. 동인도회사의 조선소는 암스테르담 근처 잔 지역에 있었는데, 그 지역은 900여 개의 제재소를 갖춘 인류 최초의 산업공단을 형성한 것으로 평가된다. 동인도회사의 조선소를 포함한 그 지역의 조선소는 그 당시 유럽에서 가장 많은 선박을 건조했는데, 17세기에 벌써 표준적인 설계도에 따라 체계적인 분업으로 아주 많은 선박을 대량생산했다. 조선 기술의 혁신으로 1670년 당시 네덜란드의

55 주경철, 앞의 책, 96쪽

선박 보유 규모는 영국과 프랑스, 스페인, 포르투갈, 독일의 선박을 모두 합친 것보다도 많았다.

네덜란드는 그 당시 조선 기술뿐만 아니라 지도 제작, 항해 기술, 총포 기술에서도 상당한 혁신을 이루었다. 특히 그 당시까지 서양 사람들이 가보지 못한 많은 지역에 관한 세계 최초의 지도를 제작해 17세기 서양의 대항해 시대를 선도해 나갔다. 동인도회사와 같은 글로벌 기업의 해외 교역을 통해 서양과 동양의 지식과 기술의 교류가 촉진되었다. 동인도회사의 회계 장부 기록을 담당했던 헨드릭 하멜(Hendrick Hamel)은 일본으로 가다가 선박이 난파되어 제주도에 도착한 후 13년간 조선에 억류되어 보고 듣고 경험한 사실을 책으로 출판했다. 『하멜표류기』는 그 당시 유럽 사람들의 지적 호기심을 충족시켜 줬을 뿐만 아니라, 영어로 번역되어 미국에도 소개되었다.[56]

네덜란드 동인도회사는 일본 등 아시아 지역에서 상품 교역과 기술 교류를 했다. 특히 네덜란드 동인도회사는 17세기 초부터 일본 나가사키 근처 인공섬 데지마에 교역 거점을 두고 200여 년간 일본과의 교역을 독점했다. 뿐만 아니라 네덜란드 학문이라는 뜻의 화란학(和蘭學) 내지 란학(란카쿠) 열풍을 만들면서 총포, 의약 등 서양 기술을 일본에 전파했다. 그 당시 일본의 도쿠가와 막부(德川幕府)는 중국이나 조선처럼 정치적 질서 유지를 위해 기독교를 차단하는 등 필요한 한도에서 해금정책을 제한적으로 실시했지만, 서양과의 교류를 지속적으로 유지했다. 따라서 네덜란드 동인도회사로 하여금 데지마에

---

56 1870년 미국에 초청되고 화학과 물리학 강의도 하면서 일본의 근대화에 커다란 기여를 한 윌리엄 엘리엇 그리피스(William Elliot Griffis)는 『하멜표류기』를 *Corea, the Hermit Nation* (1882)과 *Corea, Without and Within* (1885) 두 권의 책으로 출판했다.

서 교역할 수 있게 허락함으로써 서양의 지식과 기술을 배울 수 있었고, 19세기 나가사키 제철소 등이 일본 근대 과학기술의 원천을 확보하는 기회를 갖게 되었다. 해외무역으로 부를 축적한 유력 상인 25명의 자본으로 개발된 데지마는 포르투갈 및 네덜란드 상관(商館)으로부터 임대료를 받아 투자금을 회수하는 방식으로 운영되었지만, 도쿠가와 막부는 일본인 통역을 통해 체계적으로 교역 현황을 감시하고 기독교의 전파를 철저히 통제했다.[57] 데지마를 통한 지식과 기술의 교류가 없었다면, 일본은 메이지유신(明治維新)에 성공하기 어려웠을 것이다. 물론 평화적인 교류는 쌍방향으로 이루어진다. 네덜란드 동인도회사는 일본의 금은, 도자기, 종이 등을 수입했고, 독일 의사 엥겔베르트 캠퍼(Engelbert Kaempfer) 등은 일본에 관한 단행본을 저술해 유럽에 소개했다.[58]

통상과 혁신의 정체

네덜란드 동인도회사는 후추 등 향신료 무역의 독점권을 가진 회사로 출발해 100년 이상 네덜란드 황금기를 주도했다. 동인도회사는 단순한 무역회사에서 군사력 행사와 조약 체결 등 국가 내지 식민 제국의 지위로 변모해 갔다. 처음에는 가난한 사람을 포함한 일반 대중이 널리 주식을 보유한 주식회사였지만, 점차 일부 대주주가 주식을 더욱더 매입함에 따라, 소수의 자본가가 지배하는 체제로 변모했다. 특히 18세기에 들어와서는 후추 등 향신료 가격이 폭락해 수익이 줄

57 Noboru Yamashita (山下龍), *A Short Introduction to the History of Dutch Studies in Japan* (『蘭学の歴史と発展の概要』), 長崎大学言語教育研究センター紀要 第3号 (2015年 3月), p. 61.

58 위의 책, p. 65.

어들고, 일부 대주주들이 내부 정보를 이용해 상품 경매 과정에서 부당한 이익을 취하는 부패 문제 등으로 쇠락의 길을 걷게 되었다.[59]

네덜란드 동인도회사는 향신료 수입에 안주해, 설탕이나 직물, 차와 같은 품목의 수입에서는 영국에 뒤처졌다. 또한 영국의 항해조례와 보호무역주의 등으로[60] 네덜란드와 같이 상대적으로 소규모 국가는 통상에 상당한 불이익을 받지 않을 수 없었다. 통상뿐만 아니라 제조업 분야에서도, 네덜란드는 기존의 목재 및 선박 제조를 계속하고 있었지만, 18세기 들어 직물 생산에서 증기기관을 도입하는 등 기술혁신에 나선 영국에 훨씬 뒤처졌다. 동인도회사 내부의 부패와 시장의 변화 등이 영국의 산업혁명과 함께 네덜란드 황금기의 종말을 재촉했다. 1688년 네덜란드의 사실상 대표였던 윌리엄 3세와 부인 메리 2세는 스페인의 무적함대보다 4배 정도 거대한 함대를 만들어 영국을 침공하면서 명예혁명을 주도해, 제임스 2세를 몰아내고 영국 왕위에 올랐다. 그러나 1세기도 지나지 않아 네덜란드의 통상과 제조업 활동은 정체되고, 부유한 네덜란드인들은 투자 대상을 찾기 위해 영국 등 해외로 나서게 되었다.[61]

---

59 주경철, 앞의 책, 89-93쪽.

60 해운 증대 및 항행 장려법(An Act for increase of Shipping, and Encouragement of the Navigation of this Nation)은 1651년 제정된 이후 몇 차례 개정되면서 미국 등의 반발이 거세 1849년에 비로소 폐지된다.

61 데이비드 S. 랜즈, 앞의 책, 668, 670쪽.

3. 산업혁명과 기술혁신

1) 영국의 산업혁명

18세기 후반에 본격적으로 진행된 산업혁명은 영국을 세계 최강의 경제적·군사적 대국으로 만들었다. 증기기관의 발명으로 상징되는 산업혁명으로 영국의 산업생산량과 소비량은 눈부시게 증가했다. 기존의 수공업은 인간의 육체적 노동력에 의존했지만, 영국의 산업혁명은 증기기관의 기계적인 동력을 활용했다. 증기기관은 인간의 노동이라는 민감한 에너지 대신 석탄과 같은 단순하고 거의 무제한적인 에너지를 활용함으로써 생산성을 폭발적으로 증가시켰다.[62]

1760년 당시 영국의 산업생산량은 세계 전체 생산량의 1.9%에 불과했지만, 1880년에는 22.9%로 대폭 증가하고 전 세계 교역량의 23.2%를 차지했다. 영국은 산업혁명이라고 불릴 만한 새로운 차원의 기술혁신으로 세계 전체 철 생산량의 53%와 석탄 생산량의 50% 이상을 생산하게 되었고, 세계 전체 상선 가운데 3분의 1 이상의 국제 해상 운송을 담당했다. 영국의 인구는 유럽 전체 인구의 10%에 불과했지만 그 생산력은 유럽 전체 생산력의 60%에 달할 정도로 서양에서도 압도적인 우위를 차지했다. 19세기 중반 영국은 세계 전체 면화 소비량의 절반가량을 원료로 사용하고, 석탄과 석유 소비에서도 미국 에너지 소비량의 5배, 프랑스 에너지 소비량의 6배를 소비했다.[63] 산업혁명으로 영국은 경제뿐 아니라 군사적으로도 절대적 우위를 차지

62 데이비드 S. 랜즈, 앞의 책, 306쪽.

63 Paul Kennedy, 앞의 책, p. 151.

했기 때문에, 19세기 말 식민지를 포함한 대영 제국의 인구는 전 세계 인구의 4분의 1에 달했다.

자유와 재산의 보호

일반적으로 경제성장은 시장경제의 원활한 작동에 의해 가능하고, 시장경제는 경제활동의 자유와 재산권 보호를 전제로 한다.[64] 영국의 산업혁명도 그 당시 유럽 대륙에 비해 비교적 일찍 왕권을 억제하고 자유와 재산을 보호했기 때문에 가능했다.[65] 물론 산업혁명의 원동력이 된 자유와 재산의 보호는 왕의 절대권력과 상충되는 개념이기 때문에, 현명한 전제군주가 스스로 자신의 권력을 양보하지 않는다면 자유와 재산을 보호하기 위한 투쟁이나 혁명이 필요할 것이다.

무력에 의한 왕권 도전은 1381년에 발생한 '농민 반란'처럼 실패하기 쉽다. 그러나 17세기 초 대서양 교역을 통해 상당한 부를 축적한 영국의 상공인들은 자신의 경제력을 바탕으로 스스로 의회에 들어가거나 의회파를 적극 후원해 점진적으로 왕권을 통제하는 데 성공했다.[66] 우선, 1642년부터 시작된 '영국 내전'에서 의회파가 승리해 국왕 찰스 1세를 처형하면서 근대적인 의회 민주주의가 시작되었다. 1688년에는 제임스 2세의 가톨릭 부활과 군주 전제주의(專制主義)로의 회귀에 대항해, 영국 의회의 토리당과 휘그당 지도자들이 명예혁명을

---

64 그레고리 맨큐, 김경환·김종석 옮김, 『맨큐의 경제학』(센게이지러닝, 2015), 635쪽.

65 Ralf Meisenzahl and Joel Mokyr, "The Rate and Direction of Invention in the British Industrial Revolution: Incentives and Institutions," *NBER Working Paper* 16993 (April 2011).

66 Charles Angelucci, Simone Meraglia, and Nico Voigtländer, 앞의 글, http://www.nber.org/papers/w23606.

일으켰다.

명예혁명으로 왕위에 오른 윌리엄 3세와 메리 2세 부부는 1689년 의회파의 요구에 따라 의회 민주주의와 재산권 및 자유를 보장하기 위한 공식 법령으로 권리장전을 채택했다. 권리장전은 자유로운 선거에 의해 의원을 선출하고 의회의 동의 없이는 조세나 형벌을 부과할 수 없으며 재산을 몰수할 수 없다는 법치주의를 명확히 한 세계 최초의 법령이었다. 과거에는 전제주의 군주들의 폭정과 재산 몰수가 영국 내전의 배경이 되었을 뿐만 아니라 성장하는 영국 기업가들의 의욕과 활동에 커다란 장애요인이 되었다.[67] 그러나 명예혁명과 권리장전으로 인해, 상공인들은 자신의 재산을 왕실에 빼앗길지도 모른다는 불안감에서 해방되어 보다 적극적으로 기술혁신과 경제활동을 할 수 있는 제도적 환경을 갖게 되었다.[68] 바로 이런 자유 보장과 재산 보호가 특허제도와 함께 기술혁신과 투자를 촉진해 영국이 산업혁명에 성공하는 데 중요한 배경과 원인이 된 것이다.

명예혁명은 군주의 자의적인 규제와 재산권 침해를 차단하고 의회의 권한을 강화한 의회 민주주의와 법치주의를 통해 포용적 경제(inclusive economy)를 실현하는 계기가 되었다. 예컨대, 명예혁명 이전까지는 왕립아프리카회사(Royal African Company)가 찰스 2세로부터 특권을 부여받아 노예무역을 독점해 왔는데, 왕립아프리카회사의 대표

---

67 영국 내전 결과 처형되는 비운의 군주 찰스 1세는 기업가들이 모아서 보관해 놓은 그 당시 13만 파운드(현재 미화 기준 3천만 달러) 이상의 금괴를 몰수해 수많은 기업가의 파산을 초래한 사건이 대표적인 예라고 할 수 있다: Douglass C. North and Barry R. Weingast, "Constitutions and Commitment: The Evolution of Institutions Governing Public Choice in Seventeenth-Century England," 49 *Journal of Economic History* 803 (1989), p. 812.

68 위의 글, pp. 803-832.

겸 최대 주주는 불운의 제임스 2세였다. 그러나 명예혁명 이후 권리장전에 따라 왕실의 특혜로 만들어진 특권 행사는 불법이라는 판결이 내려져 상공인들은 자유롭게 경쟁할 수 있게 되었다.[69] 의회는 투자와 혁신 및 경쟁을 촉진하는 정책과 법령을 통해 다수의 의욕적인 발명가와 사업가가 참여하는 포용적 경제의 길을 열었다. 명예혁명 당시 의회의 귀족 상당수는 상공업으로 많은 부를 축적한 사람들이었기 때문에, 의회가 특허권을 비롯한 재산권 보호에 적극적인 역할을 했다. 또한 의회가 국가 예산을 통제함에 따라, 해외무역에 관여하는 상당수 의원의 의견을 반영해 의회가 해군력 강화에 보다 적극적인 투자를 했다. 물론 그 당시 의원을 선출하는 투표권은 상당한 부를 축적한 남자들에 한정되었기 때문에 전체 인구의 2%에 불과하다는 점에서 오늘날 의회 민주주의와는 상당한 차이가 있다.[70] 그러나 국왕에게만 권력이 독점되었던 명예혁명 이전과 비교하면, 의회 민주주의는 다양한 의원들에게 권력을 분산시키고 다양한 경제적 이해관계를 반영한 제도를 만들어 냈다는 점에서 산업혁명의 중요한 제도적 배경이 되었음을 부인할 수 없다.

영국은 1688년 명예혁명을 계기로 상공업에 필요한 자유를 보장하고 재산권을 보호하기 시작했지만, 유럽 대륙의 절대왕정에 의한 착취적 경제 질서는 상당히 오래 지속되었다. 예컨대, 프랑스에서도 1789년 대혁명으로 절대왕정이 무너질 때까지 사제와 귀족은 세금도 내지 않고 온갖 특권을 누렸지만, 제3신분에 해당하는 대부분의

69 대런 애쓰모글루·제임스 로빈슨, 앞의 책, 283쪽.
70 대런 애쓰모글루·제임스 로빈슨, 앞의 책, 280쪽.

평민은 과다한 세금 부담으로 가난과 굶주림에 시달렸다.[71] 프랑스는 18세기 말까지 투자와 혁신에 필요한 인센티브를 제공하지 못하는 착취적 경제 질서를 유지했지만, 영국은 자유 보장과 재산 보호를 강화하고 투자와 혁신을 촉진해 유럽 대륙보다 먼저 산업혁명에 성공할 수 있었다.

자유 보장과 재산 보호는 왕에 의한 자의적 침해를 차단하는 데 주목적이 있었지만, 이로 인해 모든 평민의 삶이 갑자기 향상된 것은 아니다. 특히 16세기부터 경제적 여유가 있는 농부들이 일정 범위의 농지에 울타리를 치고 새로운 농법과 투자로 기업형 농업을 하면서 상당수 농민은 임금 노동자로 전락했다. 다시 말해 17세기에 다수의 사유화법(Inclosure Act)이 통과되어 농부들이 공유지를 사유화함으로써 혁신과 투자가 가능해져 농업생산량이 크게 증가했다. 다른 한편 공유지에서 생계형 농업에 종사해 오던 많은 농부는 사유화법으로 인해 사유지에서 임금 노동자로 일하거나 도시로 이주해 공장의 임금 노동자로 일하는 신세가 되었다. 공유지의 사유화로 인해 농촌의 평화가 깨지고 많은 농부의 심각한 반발을 불러일으켰지만, 농촌에서는 농업생산성이 크게 향상되고 공장에서는 필요한 노동력이 제공되어 산업혁명이 성공하는 데 간접적인 배경이 되기도 했다.[72] 사유화법이 농업 분야의 투자와 혁신을 촉진했다면, 공업 분야에서는 1624년에 독점법과 특허법이, 과학 분야에서는 1710년에 저작권법이 탄생해 투자와 혁신 및 과학적 연구 결과 발표와 확산을 촉진했다.

---

71 대런 애쓰모글루·제임스 로빈슨, 앞의 책, 409쪽.
72 데이비드 S. 랜즈, 앞의 책, 344쪽.

기술혁신의 촉진: 특허제도

1624년에 제정된 독점법(Statute of Monopolies)은 영국 산업혁명에서 기술혁신을 장려하고 촉진시킨 근대적 특허법이었다. 그러나 기술혁신을 촉진하기 위한 영국의 노력은 300년 이상 더 거슬러 올라간다. 르네상스가 시작된 14세기 유럽 대륙의 활발한 상거래 및 기술 수준과 비교하면 영국은 상당히 뒤떨어져 있었다. 영국 왕실은 유럽 대륙의 뛰어난 기술자를 유치하기 위해 특권을 부여하기 시작했는데, 1331년 에드워드 3세는 양털로 직물을 만드는 양모 방직공 존 캠페(John Kempe)에게 도제들과 종업원들을 데리고 입국해 영국에서 양모 직물을 만들어 판매할 수 있는 특권을 부여한 바 있다.[73] 이와 같이 왕이 부여한 특권(letters patent)은 반드시 새로운 발명에 대한 인센티브라고 할 수는 없고, 오직 장인과 도제 중심의 기술과 사업을 장려하기 위한 것이었다.

왕실이 상당한 대가를 받고 특정인에게 특권을 부여함으로써 기술혁신과 상업 활성화에 기여한 것은 사실이지만, 동시에 그 특권 부여가 객관적인 기준이나 심사 과정 없이 자의적으로 이루어짐으로써 많은 폐해를 낳았다.[74] 왕이 자신에게 충성을 다하는 귀족에게 자의적으로 특권을 부여하면 왕권은 강화될 수 있지만, 일반 시민에 의한 기술혁신은 오히려 위축될 수 있기 때문이다. 예컨대, 16세기 말 영국의 윌리엄 리(William Lee)는 오랜 고생과 연구 끝에 '양말 짜는 틀'인 편물기계의 특권을 신청했지만 엘리자베스 여왕은 거절했고, 그 뒤를 이은 제임스 1세도 편물기계의 놀라운 생산성을 보고 오히려 창조적

73 Ikechi Mgbeoji, 앞의 글, p. 409.
74 William R. Cornish, *Intellectual Property* (Sweet & Maxwell, 1989), p. 79.

파괴로 인한 위협을 느껴 특권 부여를 거절했다.[75]

영국 엘리자베스 여왕과 제임스 1세는 정치적 후원의 대가로 후원자들에게 특권을 남발했다. 왕에 의한 자의적인 특권 부여가 자유로운 경쟁 질서를 해치는 중대한 요인으로 지적된 것은 당연한 귀결이었다. 이러한 일반적인 인식에 따라 보통법 법원들은 특권 남용을 규제하기 위한 판례를 만드는 데 주저하지 않았다. 그러나 법원에 의한 남용 규제는 제한적일 수밖에 없었고, 왕이 부여한 특권으로 초래되는 독점과 그 폐해가 완전히 제거되기를 기대하기는 어려웠다. 특권 부여에 따른 폐해를 없애고 '최초의 발명가'에 한해 판매 등에 관한 독점적 권리를 부여하는 근대적인 특허제도가 탄생한 것은 1624년 독점법[76]에 이르러서였다. 독점법은 왕에 의한 특권 부여를 규제하는 동시에 새로운 기술로 사회가 얻은 이익만큼 발명가에게 권리를 부여한다는 일종의 사회계약(social contract)을 도입했다는 의미를 갖는다.[77]

1624년에 제정된 독점법은 최초의 근대적 특허제도라는 의미뿐만 아니라 영국의 정치경제에 커다란 전환점이 되었다는 점에서도 중요한 의미를 가진다. 해당 법의 제정 및 시행은 영국이 봉건 경제에서 자본주의 경제로 이전하는 획기적인 사건이었다.[78] 독점법 제정은 왕의 특권을 엄격히 제한하고 하원 의회가 신흥 중산층에게 상공업활동의 자유를 부여한 역사적인 사건이기 때문이다. 의회파가 왕당파를

---

75 대런 애쓰모글루·제임스 로빈슨, 앞의 책, 268쪽.

76 The Statute of Monopolies of 1623.

77 Adam Mossoff, "Rethinking the Development of Patents: An Intellectual History, 1550-1800," 52 *Hastings L. J.* 1255 (2001).

78 G. A. Bloxam, "Letters Patent for Inventions: Their Use and Misuse," *The Journal of Industrial Economics*, Vol. 5, No. 3 (Jul., 1957), pp. 157-179.

누르고 승리한 이 사건은 영국 내전의 씨앗이 되었다. 또한 신흥 중산층의 자유와 재산을 실질적으로 보호하는 계기를 만들어 산업혁명이 성공할 수 있는 제도적 배경을 조정했다.

특허제도가 산업혁명에 미친 영향에 관한 논의를 보면, 특허제도와 기술혁신의 상호 관계에 관한 보다 실증적인 검토가 가능하다. 18세기 중반부터 시작된 영국의 산업혁명은 시장 중심의 경제 질서, 인구 증가, 계몽주의 사상과 과학의 발전 등 여러 가지 요소가 복합적으로 작용해서 이루어진 기술혁신 과정이고 커다란 사회 변화 과정이었다. 왕의 자의적인 개입에서 사유재산을 보호해 주는 재산권제도가 효율적인 시장의 발전에 기여했다면, 특허제도는 산업혁명의 눈부신 기술혁신에 커다란 기여를 했다고 평가되고 있다.[79] 1624년에 독점법이 제정된 직후에는 특허권 취득이 미미했으나 18세기 중반에 이르러 특허출원, 등록, 소송과 같은 특허활동이 급증했다.[80] 이는 영국의 산업혁명에서 증기기관[81] 등 기술혁신이 이루어진 시기와 일치하고, 기술혁신 주체들이 특허법을 적극적으로 활용했다는 사실을 말해 준다. 증기기관의 원형 아이디어는 프랑스인 드니 파팽이 발명했다. 하지만 그 당시 프랑스에는 발명을 촉진하고 보호하기 위한 특허법이 존재하지 않았고,[82] 파팽은 증기기관을 사용해 세계 최초로 만든 증기

79 Joel Mokyr, "Intellectual Property Rights, the Industrial Revolution, and the Beginnings of Modern Economic Growth," 99 *American Economic Review* 349 (2009).

80 Richard Sullivan 1989, *North* (1981), pp. 164-166.

81 근대적인 방식의 증기기관은 18세기 초에 개발되었지만, 그 성능을 대폭 향상시킨 증기기관은 제임스 와트가 개발해, 1769년 처음으로 특허를 받고 영국 전역에 보급되기 시작했다.

82 프랑스의 근대적인 특허법은 프랑스 혁명 이후 1791년이 되어서야 제정된다: Gabriel Galvez-Behar, *Was the French Patent System democratic?*, 2008.

선으로 독일 풀다강과 베저강에서 운항 서비스를 제공하려고 했지만 독일에서 독점적 지위를 가진 뱃사공 길드의 폭력적인 저항에 부딪혀 실패했다.[83] 파팽의 실패는 영국 제임스 와트의 성공과 크게 대조된다.[84] 제임스 와트는 파팽의 증기기관을 개량한 후 특허제도 덕분에 자신의 증기기관을 판매하거나 로열티를 받고 사업에 성공할 수 있었다. 특허제도를 가진 영국이 프랑스나 독일보다 기술혁신과 산업혁명에 앞서게 된 제도적 배경을 이해할 수 있다.

산업혁명 당시 영국에서 출원등록된 특허 건수의 15%가 직물산업 분야였다. 이는 산업혁명에서 기술혁신을 선도하고 가장 많은 생산성 증가를 가져온 산업이 직물산업이라는 사실과 정확히 일치한다.[85] 발명가들이 발명에 대한 경제적 이익을 확보할 수 있는 인센티브가 많을수록, 사회 전체의 기술혁신 속도가 더 빨라지기 때문이다. 그러나 특허활동 증가와 기술혁신이 동일한 기간에 일어났다고 해서 서로 직접적인 인과관계가 있다고 항상 단언할 수 있는 것은 아니다. 산업혁명 당시 기술혁신이 다른 제도나 정책 등에 의해 촉진되었을 수도 있기 때문이다. 더 나아가 특허제도가 자유경쟁과 자유무역을 위축시키고 오히려 기술혁신에 장애물이 되고 있다는 반론이 강하게 제기되기도 했다.[86]

〈halshs-00544730〉, https://halshs.archives-ouvertes.fr/halshs-00544730.

83 대런 애쓰모글루·제임스 로빈슨, 앞의 책, 295쪽.

84 대런 애쓰모글루·제임스 로빈슨, 앞의 책, 295쪽.

85 그다음으로 많이 특허출원 등록된 기술은 해상 및 육상 운송, 금속, 화학 분야인데, 이들 기술도 산업혁명을 이끌어 온 주요 산업에 해당한다는 점에서 특허제도와 기술혁신의 밀접한 관계를 확인할 수 있다: Richard J. Sullivan, "The Revolution of Ideas: Widespread Patenting and Invention During the English Industrial Revolution," 50 *Journal of Economic History* 349 (Jun., 1990), p. 351.

86 Mark D. Janis, "Patent Abolitionism," 17 *Berkeley Technology Law Journal* 899

산업혁명의 원동력이라고 할 수 있는 증기기관에 관한 기술혁신의 경우, 제임스 와트가 기존의 증기기관을 대폭 개량해서 특허권을 취득한 뒤[87] 그 특허권을 최대한 강력하게 행사했고, 이러한 특허권 행사로 증기기관의 성능이나 에너지 효율성 개선이 대폭 지연되었다는 사실이 지적되고 있다.[88] 또한 산업혁명 당시 특허제도에 반대하거나 무시하는 발명가와 기업가도 많았다. 그럼에도 불구하고 특허제도가 기술혁신을 촉진하기 위한 여러 가지 제도와 규범 내지 문화를 만들어 나가는 데 선도적 역할을 한 점은 부인할 수 없다. 예컨대, 제임스 와트가 많은 반대에도 불구하고 특허권 존속 기간 연장을 청원한 결과, 영국 의회가 25년 연장해 주는 예외적 조치를 취한 바 있다.[89] 특허로 인한 독점의 폐해가 지적되고 있었지만, 영국 의회는 기술혁신을 위한 인센티브로서 독점적 이익이 필요하다는 입장을 명확히 한 것이다. 200여 년 전 윌리엄 리가 편물기계를 발명해 특권 부여를 신청했던 당시 왕들과는 정반대로, 18세기 영국 의회는 특허권 연장이

(2002).

87 제임스 와트는 뉴커먼 증기기관을 개량한 발명에 대해 1769년부터 1785년에 걸쳐 6건의 특허권을 취득했다: https://en.wikipedia.org/wiki/James_Watt (2015. 7. 8. 방문).

88 제임스 와트가 특허권을 취득한 후 약 30년간 증기기관의 성능은 매년 750마력 정도씩 향상되었지만, 그 특허권들이 만료된 후 19세기 초에는 매년 4천 마력 정도씩 향상되었다. 또한 증기기관의 에너지 효율성도 크게 개선되지 못하다가 제임스 와트 특허권이 만료된 후 1810년부터 1835년 사이 5배가량 향상되었다. 제임스 와트의 특허권 행사로 인해 심각하게 지연된 기술혁신의 구체적인 사례로 고압(high pressure) 증기기관 기술이 있다. 제임스 와트도 그 당시 그랭크(crank)와 플라이휠(flywheel)을 구성요소로 한 효율적인 동력전달장치에 관해 제임스 피커드(James Pickard)가 보유한 특허권으로 인해, 보다 좋은 성능의 증기기관을 생산할 수 없었다: M. Boldrin and D. K. Levine, *Against Intellectual Monopoly* (Cambridge University Press, 2008).

89 대런 애쓰모글루·제임스 로빈슨, 앞의 책, 158쪽.

라는 예외적인 조치를 통해 기술혁신을 위한 경제적 인센티브 제공이 필요하다고 여겼던 것이다. 그러한 특허제도와 문화가 영국의 산업혁명을 가능하게 한 것으로 평가된다.

그러나 영국을 비롯한 유럽 전체에 걸쳐 특허무용론 내지 특허폐지론이 제기된 것도 역사적 사실이다. 애덤 스미스와 데이비드 리카도(David Ricardo)의 영향으로 유럽 전체에서 자유무역주의가 보다 중시되고[90] 특허제도의 폐해가 강조되고 있었다. 예컨대, 특허제도가 기술혁신을 촉진하는 데 아무런 효용이 없다는 특허무용론에서 특허권자의 독점적 지위로 인해 오히려 기술혁신에 장애물이 되기 때문에 특허제도를 폐지해야 한다는 특허폐지론까지 다양한 반론이 제기되었다.

네덜란드에서는 특허법 폐해에 대한 논란 끝에 1869년에 특허제도가 폐지된 바 있다.[91] 이런 사실과 그 당시 스위스에서는 특허제도가 도입되지도 않았지만 상당한 기술혁신이 이루어지고 있었다는 사실에서 특허무용론이나 특허폐지론이 보다 설득력을 얻었다고 볼 수도 있다. 그러나 다른 한편 19세기 중반의 네덜란드는 영국 등의 선진기술을 모방해 자국의 산업혁명을 시작하는 단계였기 때문에 특허제도가 절실하게 필요하지 않은 사정도 있었다. 또한 1912년에 네덜란

90 1860년 1월 23일 영국과 프랑스 사이에 소위 코브던-슈발리에 조약(Cobden－Chevalier Treaty)이라는 자유무역협정이 체결되었고, 그 후 유럽에서 유사한 자유무역협정이 다수 체결되었다.

91 *Recent Discussions on the Abolition of Patents in the UK, France, Germany and the Netherlands* (London, 1869)를 보면 맥파이(Mr. MacFie) 의원의 특허폐지론에 관한 상세한 의견이 소개되어 있고(pp. 9-92), 유럽 각국의 특허옹호론과 폐지론, 특히 네덜란드 의회에 제출된 특허폐지법 제안의견서에서 각 의원과 상공회의소나 공업협회 등의 입장이 자세히 소개되어 있다(pp. 197-226).

드는 국내외 요구를 반영해 다시 특허법을 재도입했다. 그러므로 네덜란드에서 19세기 말 20세기 초 40여 년간 특허제도를 폐지했다는 사실에서 특허제도에 대한 무용론이나 폐지론의 타당성이 입증되었다고 단언하기는 어렵다.

영국에서는 1874년에 상원에서 특허법 폐지 법안을 채택했지만 하원에서 폐기처분되었다. 특허제도의 폐해가 많이 지적되었지만, 산업혁명 당시 특허권이라는 인센티브가 발명가들에게 희망으로 인식되었다는 점을 부인할 수는 없었다.[92] 성공해서 화려하게 생활하는 운동선수나 연예인이 젊은 청소년들에게 희망을 주고 운동선수나 연예인이 되려고 피나는 노력을 하도록 자극하는 것처럼, 특허 발명으로 부자가 된 특허 성공 사례들이 잠재적 발명가들에게 기술혁신의 노력과 투자를 유인했다고 할 수 있다. 또한 발명가들의 발명이 제조업자를 만나 제품화되는 과정에서 특허가 중요한 역할을 했다는 점도 부인할 수 없다.[93]

영국의 산업혁명이 외국으로 확산되면서 근대적인 특허법제도도 유럽과 아메리카로 전파되었다. 예컨대, 프랑스는 프랑스 대혁명을 거친 1791년에, 미국은 독립전쟁을 마치고 난 1793년에 특허법을 제정했다. 19세기 초반에는 스위스를 제외한 유럽 대부분 국가가 특허법을 채택했다.[94]

---

92 애덤 스미스는 인간의 행운을 기대하는 불합리한 측면을 지적한 바 있는데, 이득을 볼 가능성은 과대평가하면서 손해를 볼 가능성은 과소평가하는 불합리한 성향을 보인다는 것이다: Joel Mokyr, 앞의 글, p. 353.

93 Tom Nicholas, *Are Patents Creative or Destructive?* (Harvard Business School Working Paper 14-036, 2013), pp. 11-12.

94 Fritz Machlup and Edith Penrose, "The patent controversy in the nineteenth century," 10 *The Journal of Economic History* (1950), pp. 1-29.

창작의 촉진: 저작권제도

금속활자 인쇄술은 이탈리아에서 시작된 르네상스의 확산을 가속화하고 과학기술의 대중화와 기술혁신에 크게 기여했다. 1439년에 인쇄술이 개발된 이후 불과 50년 사이 출판된 서적이 10만 권에서 2천만 권으로 급증했다.[95] 인쇄술은 독일에서 구텐베르크가 발명한 뒤 영국에서는 30여 년이 지난 1476년에 캑스턴(William Caxton)이 인쇄기를 도입해 비로소 활자 인쇄가 시작되었다. 영국은 유럽 대륙에 비해 늦게 인쇄술을 도입했지만 인쇄 즉 복제에 관한 권리를 보호하는 데는 선도적 역할을 했다. 영국의 앤 여왕은 1710년에 창작을 통한 학문을 장려하기 위해 인류 최초의 근대적인 저작권법을 제정했다. 구텐베르크의 금속활자술은 계몽주의 사상과 근대적인 저작권제도를 만나 과학기술과 새로운 사상의 교류 활성화에 크게 기여했다. 영국은 1710년에 바로 그러한 저작권제도의 취지를 파악하고 최초의 근대적인 저작권법을 제정했다.

1517년 마르틴 루터는 가톨릭교회를 비판하는 95개 항의 질문과 요구 조건을 담은 대자보를 작성했는데, 금속활자술 덕분에 불과 두 달 만에 유럽 전역에 전달되었고 그 결과 종교 개혁이 성공할 수 있었다. 애덤 스미스의 『국부론』은 1776년에 저술되었는데, 10여 년 만에 5판이 발간되면서 영국 사회 전체에 보급되었고, 유럽에서도 프랑스어와 독일어로 번역 출판되었다. 『국부론』은 활자술 덕분에 다량 인쇄, 배포되어 서양에서 산업혁명을 이끈 경제이론이 된 것이다.

활자 인쇄술이 등장한 초기에 영국의 출판업자들은 자율적인 규

95　정병석, 앞의 책, 175쪽.

범(Guild rules)에 따라 무단복제를 방지하려 했다. 1556년 영국의 메리 여왕은 활자 인쇄술 보급으로 왕정에 도전하는 내용의 서적이 범람하는 것을 효율적으로 차단하는 동시에 왕실의 재정을 확충하기 위해 출판업자조합(Stationers' Company)에 출판과 무허가출판물 폐기처분 특권을 부여했다. 유럽에서 출판특권을 갖고 불온서적 검열 기능을 했던 이탈리아 및 프랑스의 출판업자조합과 유사한 것이었다.[96] 출판업자조합은 검열을 위해 조합원 출판업자들이 출판하는 서적을 사전에 등록하도록 요구했으나, 그 등록부는 출판권이라는 재산권을 등록하는 장부 기능을 하게 되었고, 등록된 출판권 매매나 담보 제공 등의 거래도 활성화되었다. 출판 시장이 커지면서 저작자에게 원고료를 지급하는 출판업자가 증가했고, 서적에 대한 재산적 이익이 출판업자뿐만 아니라 저작자에게서도 인정받기 시작했다.[97] 저작자에게 인정받은 계약상 권리는 보통법상의 배타적 권리로 승격되었고, 보통법상 저작자의 출판권은 저작권에 관한 최초의 근대적 실정법이 제정된 이후에도 상당 기간 병존했다.

왕실 허가의 근거가 되는 검열법(Licensing Act) 존속 기간이 1694년에 만료되고, 개인의 가치를 강조하는 근대적 개인주의 사상이 널리 퍼지면서, 저작권 분야에도 아이디어와 사상에 대한 소비자들의 수요를 합리적으로 충족시키고 작가들의 창작 의욕을 고취하기 위해 근대적인 모습의 저작권법이 제정되었다. 과거의 검열법은 출판업자의 독

---

96 Stina Teilmann, *British And French Copyright: A Historical Study Of Aesthetic Implications* (Ph.D. thesis, University of Southern Denmark, 2004), p. 15.

97 From Rights in Copies to Copyright: "The Recognition of Authors' Rights in English Law and Practice in the Sixteenth and Seventeenth Centuries," *The Construction of Authorship* (Duke University Press, 1994), pp. 206-207.

점적 출판권을 핵심으로 한 데 반해, 1710년에 제정된 앤 여왕의 법률(Statute of Anne)은 저작자의 권리를 정면으로 인정한 최초의 근대적 저작권법이었다.[98] 이 저작권법은 그 명칭에서 분명히 밝힌 바와 같이,[99] 저작자에게 제한된 기간 동안 배타적 권리를 부여함으로써 '학문 장려(encouragement of learning)'를 목적으로 했다. 영국의 보통법상 저작자에게 인정되어 온 출판권이 실정법에 의해 제한된 14년 동안만 부여된 저작권과 상호 모순된다고 판단되어, 그 후에는 실정법상 출판 요건을 갖추어 저작권이 부여되면 보통법상의 출판권은 소멸하는 것으로 해석되었다.[100] 영국에서 탄생한 인류 최초의 근대적 저작권법은 과학혁명의 결과를 영국의 굶주린 독자들에게 널리 전파하는 촉매제가 되었고, 그 당시 유럽을 휩쓸던 계몽사상이 영국에서 논의되고 확대재생산되는 제도적 기반이 되었다.

명예와 상금

특허제도는 보다 빨리 발명해 특허권을 취득하려는 경쟁을 촉진하는 공식적인 제도인 데 반해, 발명과 혁신을 향한 경쟁을 부추기는

98 8 Anne, ch. 19(1710)에는 '제한된 기간 동안 출판 서적의 사본에 대한 권리를 저작자 또는 그 사본의 매수인에게 귀속시킴으로써 학문의 진흥을 도모하기 위한 법률'이라고 명명되어 있다.

99 "An Act for the Encouragement of Learning, by Vesting the Copies of Printed Books in the Authors or Purchasers of such Copies, during the Times therein mentioned."

100 Donaldson v. Becket and Others (4 Burr. 2408). 보통법상 존속 기간 없이 인정된 출판권이 실정법상 제한된 존속 기간의 저작권과 모순되기 때문에 실정법과 모순되는 한도에서 보통법상 권리가 소멸하는 것으로 해석된 것이다. 이상 John Herbert Slater, *The Law Relating to Copyright and Trade Mark*, Treated more Particularly with Reference to Infringement (Stevens and Sons, 1884), pp. 6-9.

비공식적인 제도로 명예를 중시하는 학회 활동이 일찍부터 자리 잡았다. 1660년 런던에 설립된 왕립학회(Royal Society)는 과학자들이 자신의 발견을 앞다투어 발표하는 경쟁의 공간이 되었다. 1666년에는 파리에도 프랑스 과학원(Academie des Sciences)이 설립되어 유럽에서 과학적 발견을 발표하고 토론하는 공간 역할을 했다.[101] 그 당시부터 유행하던 커피 하우스나 살롱이 새로운 사상과 정보를 공유하는 상대적으로 제한된 공간이라면, 학회 발표는 공개된 장소에서 다른 사람보다 먼저 발명이나 발견 사실을 알림으로써 명예를 얻을 수 있는 중요한 기회가 되었다.

특허제도는 발명을 보호해 줄 뿐, 결국 어느 기술이 우수한지 판단은 소비자와 시장의 몫이었다. 이에 반해, 공익을 위해 긴요한 기술 특히 군사적으로 중요한 기술 개발은 정부가 주도할 수도 있었다. 예컨대, 1714년 영국 의회는 '경도위원회(the Board of Longitude)'를 설치해 해상에서 경도 측정의 기술적 문제를 해결한 자에게 거액의 상금을 지급하는 방식으로 군사 기술을 공모한 바 있다. 그러한 정부 주도의 기술개발에 힘입어 영국 해군은 포츠머스 조선소에서 우수한 성능의 제품을 대량생산할 수 있었다.[102]

영국은 기술혁신을 촉진하고 그 기술을 널리 전파하기 위해 특허 외에도 다양한 제도를 활용한 바 있다. 1754년에 설립된 기술협회(the Society of Arts)는 상과 상금을 수여해 새로운 기술개발을 적극적으로 촉진하고, 저널 발간 및 세미나 개최를 통해 기존 기술지식을 널리 전파하는 한편, 회원 간 교류를 활성화했다. 기술협회는 특허받지 않

101 데이비드 S. 랜즈, 앞의 책, 332쪽.

102 Joel Mokyr, *The Institutional Origins of the Industrial Revolution*, p. 7.

은 발명에 대해서만 시상을 했다. 그 효과를 정확히 측정하기는 어렵지만, 기술협회가 기술혁신을 촉진하고, 발명가들의 명예를 드높이며, 전문가들 간 정보 교환과 소통을 증진하는 데 많은 기여를 했음은 명백하다.

1799년에는 산업혁명 시대의 상징적인 계몽학자 조지프 뱅크스(Joseph Banks) 경과 벤저민 톰슨(Benjamin Thompson) 경의 주도로 대영왕립과학원(Royal Institution of Great Britain)이 설립되어, 과학기술에 관한 연구와 대중 강연 등 교육에 많은 기여를 했다. 예컨대, 전자기장 원리로 유명한 마이클 패러데이(Michael Faraday)는 런던의 가난한 대장장이의 아들로 태어났지만 제본소에서 일하던 어린 시절, 대영 왕립과학원 험프리 데이비(Humphrey Davy)의 과학 강연을 듣고 매료되어 전자기장 원리를 연구해 위대한 과학적 기여를 했다. 패러데이는 대영 왕립과학원 실험실 감독이 된 후 자신의 경험을 되살려, 자라나는 젊은이들에게 정기적인 과학 강연 기회를 제공하기 위해 '청소년을 위한 연례 성탄과학강연(Annual Christmas Lectures on Science for the Young)'을 개최하기 시작했고, 이 강연은 오늘날까지 계속되어 수많은 젊은 과학도의 꿈을 키워 주고 있다. 1804년에는 런던에 기계학연구소(Mechanics Institutes)가 설립된 이후 스코틀랜드 등 전국에 확산 설치되었다. 기계학연구소도 과학기술 지식을 일반 대중에게 전파하는 역할을 했다.

불합리한 규제

17세기 영국에서 명예혁명에 의해 자유와 재산권을 보호하고 기술혁신의 인센티브를 제공하게 된 것은 신흥 상인과 기업가들의 요구가 반영된 것이었다. 신흥 상인과 기업가들은 상당한 부를 축적한 뒤 기득권층으로서 사회적 지위와 신분을 즐기는 데 만족하고 더 이상 치열한 투자와 혁신 경쟁에 참여하지 않았다.[103] 오히려 기득권층의 지위와 신분에 도전이 되는 새로운 투자와 혁신을 위축시키는 여러 가지 규제를 만들었다. 예컨대, 마부 및 기차협회 등 기득권자가 주도해서 자동차의 주행을 규제하는 적기조례(赤旗條例, Red Flag Act)를 제정하고,[104] 영국의 많은 도시가 가스 조명에 투자를 많이 하자 이와 경쟁관계에 있는 전기조명을 규제했다.[105] 특히 1865년에 제정된 자동차법(Locomotive Act)[106]은 증기기관과 같은 '기계로 움직이는 차량(mechanically propelled vehicles)', 즉 자동차의 등록, 중량 규제뿐만 아니라 그 운행에 관해 이상하고 불합리한 규제를 도입했다. 1865년 자동차법에 의하면, 자동차는 시내에서는 시속 3.2킬로미터 이하 속도로, 시외에서는 6.4킬로미터 이하 속도로 주행해야 하고, 두 개 이상의 수레(wagon)을 끌고 가는 자동차의 경우에는 맨 앞에 적기(red flag)를 들고 가는 조수가 자동차의 주행을 알려야 했다. 불합리한 규제로 마부와 기차협회의 기득권은 30여 년간 더 유지될 수 있었지만, 대서양 건너 미국에서처럼 자동차산업의 기술혁신과 성장을 이루지 못한 원인이 되었다. 영국은 18세기부터 석탄, 강철, 면 제조에 관한 기술혁신으로 엄청난 경제력과 군사력을 얻었지만, 19세기 들어 보편화되기 시작한 자동차와 전기 및 화학제품 등에서는 영국의 기업가정신이 미

103 William H. McNeill, *The Rise of the West: A History of the Human Community* (University of Chicago Press, 1963), p. 735.

104 A. J. Smith, *Privatized Infrastructure: the Role of Government* (Thomas Telford Pub., 1999), p. 36.

105 재레드 다이아몬드, 앞의 책, 362쪽.

106 "An Act for further regulating the Use of Locomotives on Turnpike and other Roads for Agricultural and other purposes" (July 5th, 1865).

치지 못하고 뒤처지기 시작했다.

19세기 후반 영국의 산업생산량 성장률은 미국보다 훨씬 낮은 연 1.5%에 그쳤다. 기술혁신과 산업혁명의 중심이 자유를 좇아 미국으로 옮겨 가면서, 영국은 경제적으로나 군사적으로 그 비중이 점점 줄어들었다. 1880년 당시 영국의 산업생산량은 전 세계 총생산량의 22.9%였지만 1913년에는 13.6%로 급감하고, 교역량도 전 세계 교역량의 23.2%에서 14.1%로 급감했다.[107]

영국에서는 새로운 과학적 발견을 새로운 상품과 서비스에 반영하기 위한 기술혁신과 연구개발의 열기가 식어 가는 반면에, 19세기 중반 남북전쟁을 끝낸 미국에서는 정부와 기업들이 기술혁신 및 연구개발에 적극적으로 투자했다. 영국에서 회사제도가 시작되었지만, 주식회사가 번창하고 회사 중심의 자본주의가 꽃을 피운 곳은 미국이다.[108] 영국에서는 상공업으로 성공한 기업가들이 사회적으로 높은 신분과 지위를 즐기고 대다수 노동자는 선술집(pub)과 노동조합을 중심으로 서민들만의 세계를 형성하고 있었지만,[109] 미국에서는 보다 자유로운 환경에서 다양한 계층의 사람들이 기술혁신과 투자에 적극적으로 참여함으로써 2차 산업혁명을 꽃피우기 시작했다. 18세기 후반부터 영국이 석탄과 철을 생산하고 증기기관으로 산업혁명에 성공했다면, 19세기 후반부터 미국은 전기와 석유를 사용해 자동차, 기차, 비행기, 라디오, 화학섬유, 다양한 금속 등을 생산함으로써 훨씬 빠른

---

107 Paul Kennedy, 앞의 책, pp. 226-228.

108 Bernard Elbaum and William Lazonick, "The Decline of the British Economy: An Institutional Perspective," 44 *The Journal of Economic History* 567 (1984), pp. 575-576.

109 William H. McNeill, 앞의 책, pp. 735-736.

속도로 그리고 더 큰 규모로 2차 산업혁명을 성공시켰다.

2) 미국의 새로운 질서

이민사회의 자유

이탈리아 도시국가의 자유가 르네상스를 탄생시키고 과학혁명과 산업혁명의 문을 열어 준 것처럼, 미국으로 건너온 유럽 정착인/이민자들의 자유와 새로운 기회가 미국의 독립과 혁신 그리고 성장을 이끌어 가는 원동력이 되었다. 12세기 말 알프스 남쪽 이탈리아의 도시국가들은 신성 로마 제국으로부터 쟁취한 자치권과 로마 공화국의 계약법 전통을 기반으로 활발한 상거래와 왕성한 투자 및 혁신을 이루어 르네상스를 꽃피웠다. 17세기부터 영국인을 비롯한 유럽인들은 종교적 차별과[110] 사회적 신분 및 고난의 굴레에서 벗어나기 위해[111] 대서양 건너편에 새로운 나라 미국을 건설했다. 미국에 정착한 유럽 이민자들과 후손들은 영국과의 전쟁, 독립선언, 헌법 제정을 통해 그들이 원하는 자유와 평등 및 생명과 재산의 보호를 명확히 했다. 강제로 이민 온 흑인들에게는 지옥이었지만, 자유와 새로운 기회를 찾아서 스스로 이민 온 백인들은 유럽에서보다 훨씬 더 많은 자유와 기회를 찾았다.

---

110 17세기 초 가톨릭의 잔재를 없애는 철저한 종교 개혁을 원하는 청교도인들이 엘리자베스 여왕을 비롯한 영국 왕실의 현실적인 기독교정책에 불만을 품고 네덜란드를 거쳐 미국 동부로 와서 정착하기 시작했고, 1717년부터 1775년까지 잉글랜드 북부 지역과 스코틀랜드 및 아일랜드의 장로교 탄압을 피해, 그리고 프랑스의 위그노 탄압을 피해 약 25만에서 40만 명의 유럽인이 미국으로 건너와 정착했다.

111 예컨대, 18세기 영국의 산업혁명에서 낙오되어 가난하고 무직자로 생계형 범죄를 범한 6만 명가량의 죄수도 미국으로 와서 정착한 것으로 알려져 있다.

네덜란드와 프랑스를 비롯한 유럽 대륙에서 온 이민자들도 있었지만, 연방 헌법을 통해 건설하고자 하는 미국이라는 국가는 기본적으로 1688년 명예혁명 결과 채택된 영국 권리장전의 자유와 평등 및 생명과 재산을 확고하게 보호할 수 있는 이상적인 국가였다. 미국연방헌법은 권력분립 원칙에 따라 연방의회로 하여금 조세 등에 관한 법률을 제정할 수 있는 입법권을 비롯해 특허권과 저작권 등을 보호하기 위한 법률 제정 권한도 부여했다.[112] 즉 인류 역사상 처음으로 과학, 기술, 학문, 예술의 발전을 촉진하기 위해 저자와 발명가에게 일정 기간 저작물과 발명에 대한 배타적 권리를 부여하는 입법의 헌법적 근거를 마련해 주었다. 특히 특허권과 저작권 등의 지식재산권을 기술혁신 등을 촉진하는 데 필요한 기능적이고 도구적인 권리로 규정함으로써, 토지소유권과 같은 천부적인 권리와 다르다는 점을 명확히 했다. 미국의 '건국의 아버지들(Founding Fathers)'은 기술혁신을 촉진하기 위해 소유권과 다른 재산권을 도입해야 한다는 점을 명확히 했다. 이민자들은 미국연방헌법에 보장된 자유와 특허제도를 활용해 왕성한 투자와 혁신을 이루어, 오늘의 미국을 만들었다.

헌법에 보장된 자유와 재산은 정확히 말하면 유럽 이민자들만의 자유와 재산으로 출발했다. 미국은 영국에서 독립하면서 1776년에 발표한 독립선언문에서 모든 사람은 평등하게 태어났고 자유와 생명, 행복추구권 같은 불가양의 권리를 가지는 것이 자명한 진리임을 확인했다. 그러나 1865년 수정헌법 제13조(Thirteenth Amendment)에 의해 노예제도가 폐지되기 전까지 노예는 사람으로서의 권리를 가질 수

112 Article I Section 8 Clause 8 of the US Constitution.

없는 동물에 불과했다. 자유와 재산에 관한 법제도는 투자와 혁신을 담당한 유럽 이민자들에게 절실히 필요했지만, 흑인 노예들은 그러한 투자와 혁신의 도구에 불과했기 때문이다. 건국의 아버지이자 초대 대통령이었던 조지 워싱턴(George Washington)은 유언을 남겨 사후에 자신의 노예들을 해방시켰지만, 열한 살의 나이에 열 명의 노예를 상속받고 사망 직전까지 300여 명의 노예를 보유하고 있었다. 독립선언문의 초안을 작성한 제3대 대통령 토머스 제퍼슨(Thomas Jefferson)은 영국의 노예무역을 강력히 비난하고 노예무역의 금지를 주장하면서도, 장인으로부터 농장과 함께 많은 노예를 상속받아 생전에 600여 명의 노예를 보유하고 있었다.

미국이라는 이민사회의 자유와 재산은 흑인을 배제한 가운데 출발했을 뿐만 아니라, 19세기에는 중국인과 같은 유색인종도 차별하거나 배제하며 유럽 이민자들만을 위한 제도임을 더욱 분명히 했다. 19세기 청나라의 쇠망과 미국의 금광 열풍(gold rush)으로, 많은 중국인이 미국 서부 지역으로 와서 광부 또는 대륙횡단철도 건설 인부로 일했다. 그러나 그 당시 형성되기 시작한 백인 중심 노동조합의 주장 등이 반영되어, 1879년 캘리포니아주 헌법은 캘리포니아주에 설립된 기업들과 주정부의 중국인 채용을 금지하고, 연방 차원에서는 1882년 중국인배제법[113]이 중국인의 이민을 금지했다. 19세기 후반에 미국으로 온 중국인은 약 10만 명에 이르렀지만, 중국인을 배제한 유럽 이민자들만의 투자와 혁신에는 별다른 영향을 주지 못했다.

미국은 이민자, 정착인, 정복자 들이 새로 만든 국가지만, 20세기

---

113 중국인배제법(Chinese Exclusion Act)의 원래 명칭은 An Act to execute certain treaty stipulations relating to Chinese이다.

에 와서도 이민자들 특히 외국에서 태어난 뒤 미국으로 이민 온 사람이 미국에서 태어난 미국인보다 투자와 혁신 면에서 훨씬 더 높았다. 미국인으로서 노벨상을 수상한 학자들과 미국과학기술한림원 회원의 압도적 다수가 이민자 출신이고,[114] 특허출원과 성공한 기업의 창업 및 주식 상장에서도 이민자가 미국 출생 미국인보다 훨씬 높은 비율로 기여하고 있다.[115]

캘리포니아주는 주민 가운데 '외국에서 태어난 뒤 미국 시민이 된 이민자(foreign born immigrants)'가 27.2%를 차지해 50개 주 가운데 가장 높다. 캘리포니아주가 미국 국내총생산의 14.7%를 생산함으로써 50개 주 가운데 가장 부유하다는 점은 우연의 일치가 아니다. 캘리포니아 다음으로 높은 뉴욕주는 주민의 22.2%가 외국에서 태어난 이민자이고, 뉴욕주는 미국 전체 총생산액의 8.1%를 차지함으로써 캘리포니아주, 텍사스주에 이어 3위다. 텍사스주는 석유 생산으로 부유해진 곳이므로, 이민자에 의한 투자혁신과는 무관하다고 볼 수 있다.

실리콘 밸리(Silicon Valley)는 캘리포니아주에서도 어느 지역보다 외국인이나 외국에서 태어나 이민 온 과학기술자가 가장 많다. 2000년 기준으로 실리콘 밸리 과학기술자의 53%가 외국에서 태어난 사람이다. 1995부터 2005년 사이 실리콘 밸리에 설립된 회사의 52%가 외국에서 이민 온 사람이 창업자다. 구글(Google)의 창업자 세르게이 브린(Sergey Brin)은 구소련 출신이고, 테슬라(Tesla) 창업자 일론 머

114 Stuart Anderson, "Immigrants Keep Winning Nobel Prizes," *Forbes* (Oct 8, 2017): https://www.forbes.com/sites/stuartanderson/2017/10/08/immigrants-keep-winning-nobel-prizes/#4b651665117b.

115 Sari Pekkala Kerr and William R. Kerr, "Immigrant Entrepreneurship, Harvard Business Review," *Working Paper* 17-011 (Harvard Business School, 2016), p. 5.

스크(Elon Reeve Musk)는 남아프리카공화국, 야후(Yahoo) 창업자 제리 양(Jerry Yang, 楊致遠)은 대만에서 건너왔다. 이민자에 의해 설립된 회사는 고국과 관계가 많기 때문에 미국인에 의해 설립된 회사보다 국제 교역 비율이 높고, 따라서 미국 경제에 기여하는 바가 크다.[116] 그러나 최근 미국의 이민정책이 바뀌면서 외국인의 이민이 점차 어려워져, 결과적으로 이민자에 의한 창업도 감소하기 시작했다.

새로운 정치경제 질서

이민 사회로 시작된 미국은 유럽과 달리 새롭고 효율적인 질서를 만들 수 있었다. 16세기 말 정착 초기에 여러 가지 제도적 실험을 거친 뒤 17세기부터 정치적 민주주의와 자유로운 시장 질서를 만들어 나갔다. 스페인이 남미에서 금은보화와 노동력 착취에 온갖 잔인한 수단을 동원한 것처럼, 영국 제임스 1세에게서 식민지 개척의 특권을 부여받은 버지니아회사(Virginia Company)도 초기에는 무력을 동원한 착취적 질서를 만들려고 시도했다. 그러나 북미 원주민들은 남미에서와 달리 금은보화를 많이 보유하지도 않았고 상대적으로 인구밀도가 너무 낮아, 버지니아회사는 남미에서와 같은 착취적 질서에 입각한 식민지 개척이 어렵다고 결론 내렸다.[117] 결국 버지니아회사의 착취적 질서는 실패했다. 북미 동부 지역에 정착한 영국 정착민들에게 강요하려 했던 봉건적 질서도 실패했다. 북미 지역은 너무 넓고, 영국에

116 미국 전체 첨단기술 기업을 보면, 외국에서 이민 온 창업자에 의해 설립된 기업이 2012년 기준 56만 명의 종업원을 고용하고 연간 63조 달러의 매출 실적을 올리고 있다: Adam Bluestein, *The Most Entrepreneurial Group in America Wasn't Born in America*, *Inc.* https://www.inc.com/magazine/201502/adam-bluestein/the-most-entrepreneurial-group-in-america-wasnt-born-in-america.html.

117 대런 애쓰모글루·제임스 로빈슨, 앞의 책, 49-51쪽.

서 건너온 정착민들에게는 다양한 지역과 다양한 선택이 열려 있었기 때문에, 일정 지역에서 착취적이거나 봉건적 질서를 강요하기 어려운 환경이었다.

북미 지역에 정착한 영국인들은 비교적 평등한 관계에서 정치적 민주주의를 정착시킬 수 있었다. 북미 지역 인디언 상당수가 전쟁과 질병으로 사망한 반면, 영국 등 유럽에서 온 사람들은 초기에 36만 명에서 72만 명으로 증가했다. 이런 높은 인구증가율로 인해 18세기 말에는 300만 명, 19세기 말에는 추가로 이주해 와 6천만 명에 달하는 유럽인이 북미 지역에 정착하게 된 것이다.[118] 다시 말해 북미 지역에는 유럽 본토와 달리 신분 질서의 구속을 받지 않는 비교적 평등한 유럽인이 정착했고, 소수의 백인이 다수의 현지인을 지배하고 착취해야 했던 남미와 달리 다수의 유럽인이 소수의 흑인을 수입해 노예로 착취하면서 자신들만의 민주적인 정치 질서를 만들어 나갔던 것으로 보인다. 따라서 17세기 말부터 18세기 초에 걸쳐 유럽인 정착민들은 의회를 구성해 영국 왕실 직할 식민지임을 확인하되 기존 지주들의 봉건적 특권을 없애고 정착민들의 평등한 소유권과 경제적 자유 및 정치적 권리를 명확히 했다.[119]

17세기 말부터 미국 의회 중심의 민주적인 정치제도와 자유로운 시장 질서는 투자와 혁신을 촉진하고 경제발전을 이룩하는 주요 배경이 되었다. 사람 취급을 받을 수 없는 노예들이 있었고 여성들의 정치 참여가 봉쇄되었다는 점에서, 미국은 백인 남자들에 의해 주도된 민주적 정치, 시장경제라고 보는 것이 더 정확할 수 있다. 초대 대

118 주경철, 앞의 책, 81-82쪽.
119 대런 애쓰모글루·제임스 로빈슨, 앞의 책, 54쪽.

통령이 된 워싱턴을 비롯해 18세기 미국 대부분의 지도층 백인은 노예를 소유하고 있었다.[120] 18세기 미국은 노예 노동력 착취와 백인들만의 민주적 질서에 의한 경제발전을 도모했던 것이다. 노예제도를 전제로 한 미국 백인 남자들만의 민주주의는 오늘날 민주주의와 다르지만, 일정한 재산을 가진 백인 남자들의 자유로운 의사 표시와 평등한 정치 참여가 보장되었다는 점에서, 그 당시 유럽에 비하면 일찍부터 민주적이고 포용적인 정치제도를 확립한 셈이었다. 또한 사유재산과 자유로운 경제활동이 확고히 보장되었기 때문에, 기업가들이 기술혁신과 사업 투자를 왕성하게 할 충분한 인센티브가 제공된 셈이었다.[121]

미국이 영국의 식민지에 불과했다면, 식민지 내에서 백인들의 평등한 정치 참여가 보장된다고 하더라도 투자와 혁신이 원활하게 이루어지기 어려웠을 것이다. 영국으로서는 식민지 미국이 산업화되지 않고 소비시장으로 머물기를 원했기 때문에, 미국에서의 강철 용광로나 판금 공장 같은 고부가가치 제조업을 금지하는 정책을 펴기도 했다.[122] 미국 독립의 주요 원인 중 하나로 미국 자체의 기술혁신과 투자를 통한 제조업의 발전을 들 수 있다. 흔히 미국의 독립전쟁이 영국의 조세 징수에 반발하고 '대표 없이는 과세도 없다(No taxation without representation)'는 기본 원칙을 확립하기 위한 전쟁이라고 이해되고 있지만, 사실 미국 등 식민지를 원료 공급처와 상품 시장으로만 활용하

120 흑인 노예를 소유한 미국 대통령은 모두 12명에 달한다: Gleaves Whitney, "Slaveholding Presidents," *Ask Gleaves Hauenstein Center for Presidential Studies*. https://scholarworks.gvsu.edu/cgi/viewcontent.cgi?referer=https://www.google.com/&httpsredir=1&article=1021&context=ask_gleaves.

121 대런 애쓰모글루·제임스 로빈슨, 앞의 책, 119쪽.

122 데이비드 S. 랜즈, 앞의 책, 472쪽.

려는 영국의 식민지정책으로 인해, 미국이 영국 경제에 종속되는 것을 더 이상 참을 수 없었던 경제적 배경이 더 중요한 원인이었다. 영국은 1651년부터 일련의 항해 조례[123]를 제정해 영국 또는 식민지에 소속되지 않은 선박의 항해를 금지하고, 식민지는 영국이나 식민지 이외 국가로 수출이나 수입을 할 수 없도록 통상을 엄격히 규제했다. 영국의 식민지정책은 미국의 상공업활동을 위축시키고 기술혁신을 거의 불가능하게 만들었기 때문에 독립전쟁의 중요한 원인이 되었던 것이다.

미국 독립 후 워싱턴 대통령은 모든 수입품에 대해 5%의 관세를 부과함으로써 국내 제조업을 보호했다. 그 후 19세기 초까지 평균 관세를 40%까지 상향 조정함으로써 소위 보호주의(protectionism)에 입각한 국내 유치 산업 보호와 미국 기업에 대한 보조금 지원 등의 방법으로 미국 내 기술혁신과 제조업 발전을 위해 적극적인 정책을 펼쳤다. 기술혁신을 위한 보호주의는 미국 북부 공업 지역에서는 열렬한 지지를 받았지만, 영국과 유럽에서 각종 공산품과 생필품을 수입해 조달하는 남부 농업 지역에서는 상당한 반발을 샀다. 보호주의는 노예 해방 못지않게 중요한 남북전쟁의 원인이 되었다고 할 수 있다.

민주적인 정치 질서와 포용적인 경제 질서는 투자와 혁신 촉진에 상호 긍정적인 영향을 주면서 19세기 중반부터 2차 산업혁명과 더불어 선순환의 경제발전을 이루는 바탕이 되었다. 링컨 대통령은 노예 해방을 실행한 사람으로 널리 알려져 있지만, 미국 산업혁명의 기반

---

123 해운 증대 및 항행 장려법(An Act for increase of Shipping, and Encouragement of the Navigation of this Nation)은 1651년 제정된 이후 몇 차례 개정되고, 미국 독립전쟁 이후에도 계속 유지되다가 1849년에 비로소 폐지된다.

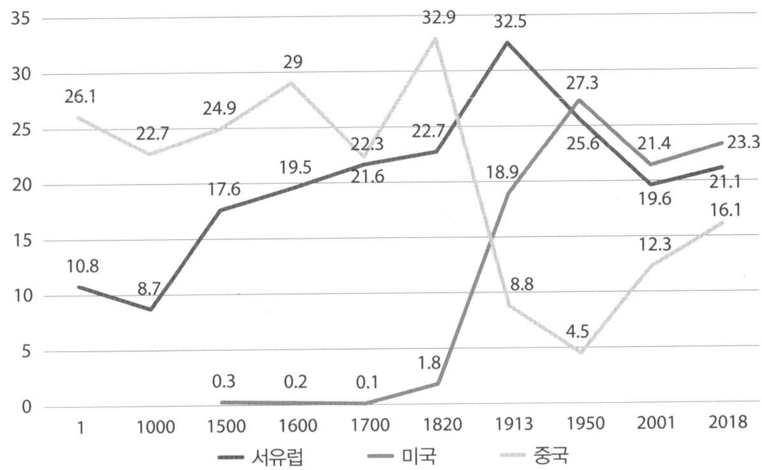

그림 3-1. 서유럽과 미국 및 중국의 GDP 비중 변화

주: 지난 2천 년간 유럽과 중국의 GDP 비중은 Angus Maddison, *The World Economy: Historical Statistics*(OECD Development Centre, 2004)에서, 2018년도 GDP는 세계은행 데이터를 토대로 만든 것이다.

을 만든 위대한 지도자이기도 하다. 1862년 자작농법을 제정해 집권층이 아닌 일반 정착민에게 개척지를 불하해 주고 노예 해방을 선언했으며, 1865년에는 수정헌법 제13조로 노예제도를 완전히 폐지했다. 19세기 미국은 공장과 노동 시장에서 얻을 수 있는 이익이 농장과 노예 착취에서 얻을 수 있는 이익보다 더 크다는 점을 확인하면서, 정치적으로 남북전쟁을 거치고 노예 해방을 선언한 수정헌법을 제정하게 된 것이다. 시장경제와 민주정치가 긍정적으로 상호 영향을 미치면서 사회를 발전시킨 역사적 경험이 되었다.[124] 링컨 대통령은 미국 산업혁명의 상징이라고 할 수 있는 대륙횡단철도를 시공했고, 스스로 발명해 특허권을 취득했을 뿐만 아니라, 대통령 재선 취임식 장소로 특허

124 존 P. 파월슨, 권기대 옮김, 『부와 빈곤의 역사』(나남, 2007), 623쪽.

청의 발명품 전시장을 선택할 정도로 기술혁신과 특허제도의 중요성을 강조했다.

미국 시장경제의 역동적인 발전을 가능하게 한 2차 산업혁명은 미국의 민주적이고 포용적인 정치 및 경제 질서의 산물이다. 남북전쟁 후 1865년부터 1898년까지 33년간 철도 가설량은 523% 증가했고, 석탄 생산량은 800%, 원유 생산량은 1,800% 이상 증가했다.[125]

민주적 정치 질서와 시장경제의 시너지

19세기 미국에서 산업혁명의 성공은 민주적 정치 질서와 자유로운 시장경제의 상승작용에 힘입은 바가 크다. 철의 대량생산과 전신·전화 등 전기의 활용으로 상징되는 2차 산업혁명은 부모의 재력이나 권력에 관계없이 자신의 노력과 아이디어로 투자와 혁신을 이루어 성공할 수 있었던 포용적 경제 질서의 결과물이다. 영국과 독일 등에서 아메리칸드림을 꿈꾸며 미국으로 건너온 이민자들과 그 후손이 자유와 재산을 향유하는 중산층으로 성장했고, 중산층의 성장과 다원화된 사회는 신세계 미국에서 민주적 정치 질서를 요구했다. 18세기에는 백인 남성 중심의 민주주의라는 한계를 안고 있었지만, 19세기에는 노예 해방과 흑인의 정치 참여가 허용되고 주 차원에서 여성의 참정권을 인정하는 보다 포용적인 정치 질서로 발전했다.[126] 다원화된

125 Paul Kennedy, 앞의 책, p. 242.

126 1863년에 링컨 대통령이 노예 해방을 선언하고, 1865년에 수정헌법 제13조가 형벌에 의하는 경우 외에는 노예 또는 비자발적 노동을 금지했지만, 1870년이 되어 비로소 수정헌법 제15조는 인종이나 피부색을 이유로 연방 및 주 차원의 투표권 제한을 금지함으로써 흑인도 참정권을 확보하게 되었다. 여성의 정치 참여는 1920년 수정헌법 제19조가 성별에 의한 투표권 제한을 금지함으로써 비로소 연방 차원의 여성참정권이 확보되었다.

사회의 이해관계를 반영하는 민주적이고 포용적인 정치 질서는 다시 투자와 혁신을 장려하고 보호하는 포용적 경제 질서를 만들어 나가는 소위 선순환의 사회 질서로 발전했다.

노예 해방은 남북전쟁의 계기가 된 정치적 사건이었으며, 정치 질서의 변화를 가져다주었다. 경제적으로 보면 흑인도 노예 노동보다 자유인으로 임금 노동을 제공하는 것이 더 효율적인 시장경제에 부합한다는 포용적 경제 질서에 의해 노예 해방이 성공할 수 있었다는 점을 부인할 수 없다. 19세기 중반까지 조지아주, 사우스캐롤라이나주 등 남부 지역 10여 개 주는 사탕수수와 면화 재배를 주된 산업으로 유지하고 있어 노예 노동의 착취로 막대한 수익을 내고 있었다. 한편, 북부 지역 20여 개 주에서는 제조업과 서비스업이 주된 산업이었기 때문에 남북전쟁 이전에 이미 대부분의 흑인 노예가 해방되어 자유로운 임금 노동자로 일하고 있었다.

노예 해방을 주장하는 링컨 대통령이 취임한 직후, 1861년 남부 지역 7개 주정부가 분리독립을 주장하면서 4년에 걸친 남북전쟁이 시작되었다. 연방주의 입장에서는 남부의 분리독립을 허용할 수 없었기 때문에, 남북전쟁은 당연히 치러야 할 정치군사적 충돌이라고 볼 수도 있지만 북부와 남부 지역 간 산업 구조 차이와 노예제도를 비롯한 정치경제 질서에 관한 시각 차이가 더 근본적인 원인이라고 할 수 있다. 분리독립을 주장했던 남부 주정부들은 남북전쟁이 끝나고 노예 해방이 된 후에도 부랑자법(Vagrancy law)을 제정해 사소한 법규 위반만으로도 흑인을 체포해 강제 노역을 시키고, 조금이라도 빚을 갚지 못하면 빚을 갚을 때까지 노예와 마찬가지로 취급하는 채무 노예를 양산해, 계속 노예 노동을 활용하려고 했다.

노예 노동은 사실상 강제노동이기 때문에 생산성이 낮을 수밖에 없다.[127] 남부 지역은 흑인 노동을 착취하는 구조를 계속 유지해 온 결과 남북전쟁 이후 100년간 북부 지역에 비해 경제성장이 훨씬 뒤떨어졌다.[128] 미국은 62만 명이 넘는 사망자를 내면서까지[129] 연방 차원에서 노예 노동보다는 생산적인 임금 노동을, 그리고 착취적인 질서보다는 포용적인 정치경제 질서를 선택할 필요가 있었던 것이다.

산업혁명 과정에서 여성의 경제 주체로서 지위가 상승함에 따라 여성의 참정권도 조금씩 널리 인정할 필요가 있었다. 노예 해방을 위한 수정헌법 제13조가 제정된 이후, 여성의 참정권을 쟁취하기 위한 다양한 투쟁도 동력을 얻어 와이오밍주를 시작으로 각 주에서 여성의 참정권을 인정하기 시작했다. 그러나 연방 차원에서는 여성의 참정권이 1920년 수정헌법 제19조(Nineteenth Amendment) 제정에 의해 비로소 이루어졌다. 사실 여성의 지위는 시대와 사회에 따라 많은 변화를 해왔고 여성의 지위 상승은 여성에 의한 기술혁신과 밀접한 상관관계를 지닌다.

요컨대, 19세기 미국은 2차 산업혁명 및 경제발전과 더불어 아프리카 흑인 노예들이 헌법상 인간으로 다시 태어나고 여성이 정치 과정에 목소리를 내고 참여하는 정치발전이 함께 이루어졌다. 소수의 백인 남성이 정치권력을 독점하는 폐쇄적이고 착취적인 정치 질서가 아니라, 흑인과 여성도 정치권력을 나눠 가지는 개방적이고 포용적인 정치 질서로 발전한 것이다. 그러나 수정헌법만으로 인종 차별이나 성차별이 사라지고 포용적 정치 질서가 확립되었다고 말하기는 어

---

127 애덤 스미스, 앞의 책, 466-500쪽.
128 양동휴, 『미국 경제사 탐구』(서울대학교출판부, 1994), 69쪽.
129 https://www.civilwarhome.com/casualties.htm.

렵다. 실질적으로 인종이나 성의 구별 없이 다양한 목소리와 다양한 아이디어가 반영될 수 있는 명실상부한 포용적 정치 질서로 발전하기 위해서는 세부적인 법제도와 문화가 그 취지에 맞게 변해야만 한다. 그 변화는 현재까지 진행되고 있다고 볼 수 있다.

1865년 수정헌법 제13조에 의해 노예제도가 폐지되었지만, 현실적으로 흑인을 노예처럼 차별하는 세부적인 제도는 1세기 이상 지속되었다. 앨라배마주 같은 남부 지역은 흑인단속법으로 교육과 고용에서 흑인을 차별하고 문맹 시험을 고리 삼아 흑인의 투표권을 박탈하는 등 다양한 흑인 차별을 지속해 왔다. 20세기 중반에, 미국연방대법원이 백인만 참여하는 예비선거가 위헌이라 판시하고 공립학교 및 기타 국가시설에서의 인종 차별이 위헌이라고 판시함으로써 비로소 흑인을 노예처럼 차별하는 제도가 폐지되었다. 노예제도가 폐지되고 100년이 지난 1965년이 되어서야 비로소 연방 차원의 투표권법(Voting Rights Act)[130]이 제정되어, 흑인 등 소수 인종의 투표권을 제약해 온 문맹 시험과 인두세 납부 등의 투표권 행사 요건이 모두 위법한 것으로 되었고 흑인의 참정권이 실질적으로 보장되었다.

점진적으로 흑인을 차별하는 제도를 제거하고 자리 잡은 포용적 정치 질서는 포용적 경제 질서로 발전하는 데 기여했다. 흑인 차별이 심한 착취적 정치 질서에서는 흑인이 백인과 함께 면직 공장에서 일하는 것을 상상도 할 수 없었지만, 20세기 중반부터 흑인에 대한 고용 차별이 사라지고 흑인 고용률이 급상승했다. 흑인이 백인과 평등하게 교육 및 고용 기회를 갖게 되면서 남부 지역의 1인당 평균소득도 빠

130 79 Stat. 437, 52 U.S.C. § 10101, §§ 10301-10314, §§ 10501-10508, §§ 10701-10702.

른 속도로 증가했다. 또한 남부 지역의 경우 흑인을 노예처럼 차별하던 시절에는 수작업과 노새가 끄는 마차 운송에 의존했지만, 포용적 정치 질서가 자리 잡으면서 면화 생산도 빠른 속도로 기계화되고 기술혁신 및 소득 증가라는 긍정적인 효과가 나타났다.[131]

2차 산업혁명과 정치적 변화는 많은 사람이 보다 많은 투자와 혁신을 할 수 있는 포용적 경제 질서를 요구했다. 미국에서 산업혁명과 노예 해방은 포용적 경제 질서에 관한 자신감과 믿음을 갖게 하고, 투자와 혁신을 장려하기 위해 경제적 자유와 특허권 및 기타 재산권 보장을 최대한 중시하게 했다. 경제적 자유와 재산권 보장은 포용적 경제의 최소 필요조건이지만, 자유와 재산에 관한 세부적인 법제도와 문화도 포용적 경제의 취지에 맞게 변화하고 발전해 나가야 한다. 이것은 여전히 현재 진행형이다.

19세기 미국의 기업가들은 경제적 자유와 재산권 보장이라는 포용적 경제 질서에서 2차 산업혁명을 이룩했다. 가난한 집에서 태어나 교육도 제대로 받지 못했으나 선박운송 및 철도 사업으로 막대한 부를 쌓은 코닐리어스 밴더빌트(Cornelius Vanderbilt)는 운송 사업에서의 자유를 최대한 활용했지만, 새로운 경쟁자의 시장 진입을 차단하기 위해 독점적 지위를 남용했다는 비난을 받았다. 존 록펠러(John D. Rockefeller)는 19세기 후반에 스탠더드오일(Standard Oil Co.)을 세워 대성공을 거뒀지만, 미국 정유 시장의 88%를 장악해 독점적 기업의 여러 가지 폐해를 야기했다는 비난을 받았다.

---

131 대런 애쓰모글루·제임스 로빈슨, 앞의 책, 586-590쪽.

자유로운 시장 질서와 규제

자유로운 시장 질서는 독점적 기업만의 자유와 재산을 보호하는 것이 아니라, 새로운 발명가와 기업가들이 시장에 진입해 경쟁할 수 있는 자유까지 보호해 줘야만 실현될 수 있다. 독점적 기업들이 정치 엘리트의 지원이나 보호를 받는다면, 그러한 독점적 기업들의 지위 남용으로 인해 자유로운 시장경제 질서는 유지되기 어려울 것이다. 독점적 기업들은 지위남용을 지속하기 위해서 자신들에게 유리한 정치적 질서를 추구하고, 장기적으로는 포용적 민주적 질서를 무너뜨릴 수 있다. 반면에 대부분의 기업과 소비자들은 자유로운 경쟁과 민주적인 정치질서를 원한다.

법제도를 선택해야 하는 순간을 맞이한 미국 의회는 1890년 공화당 소속 존 셔먼(John Sherman)의 제안으로 셔먼법(Sherman Act)[132]이라는 독점규제법을 채택했다. 독과점을 바라보는 경제학 관점에 따라 독점규제법의 해석 및 적용이 달라질 수 있지만, 미국연방대법원은 1911년 정유산업의 독점 기업 스탠더드오일의 독점 및 지위 남용이 셔먼법 위반에 해당한다고 판단해 스탠더드오일의 분할을 명했다.[133] 결국 스탠더드오일은 정유 기업으로 성공한 뒤 독점적 지위를 이용해 원유 탐사에서부터 운송, 정유, 유통, 판매, 주유소에 이르기까지 수직적 결합으로 거대한 부를 이룩했지만, 바로 그 독점적 지위 남용으로 셔먼법을 위반하게 되어 엑손모빌(Exxon Mobile) 등 다수의 기업으로 분할될 수밖에 없었다.

스탠더드오일의 분할은 자유롭고 공정한 경쟁이 효율적 시장이나

132 26 Stat. 209, 15 U.S.C. §§ 1-7.

133 Standard Oil Co. of New Jersey v. United States, 221 U.S. 1 (1911).

포용적 경제에 필수적인 전제조건이기 때문에, 독점적 지위를 남용해 부당한 경쟁 제한이 발생할 경우 정부가 시장에 개입하고 규제할 수 있음을 잘 보여 주었다. 포용적 경제는 계약의 자유와 재산권 보장을 전제조건으로 하지만, 시장 내 경쟁이 공정하지 못하고 그러한 시장의 실패로 인해 자유와 재산이 유명무실해진다고 판단되는 경우에는 정부가 시장에 개입하고, 정부 규제를 통한 시장 회복이 정당화될 것이다. 영국은 인류 역사상 처음으로 왕권을 제약하고 의회 중심의 민주적 정치 질서를 통해 발명가와 사업가들에게 자유를 부여하고 재산권을 보장해 주었다. 미국은 인류 역사상 처음으로 독점규제법이라는 정부 규제를 통해 시장의 실패를 방지하고 명실상부한 자유와 재산의 보호를 도모했던 것이다.[134]

미국 의회는 셔먼법 제정에 이어 클레이턴법(The Clayton Act)[135]을 제정해 경쟁 제한이나 독점을 야기하는 합병을 금지하고 끼워 팔기, 배타적 거래, 가격 차별 등 일련의 경쟁 제한적 행위를 구체적으로 나열해서 규제했다. 독점 규제 또는 공정한 경쟁 질서를 확보하기 위해, 미국 연방정부는 법무부 내에 독점규제국(Antitrust Division)을 설치해 시장 실패를 감시하고 규제한다.

시장 실패를 방지하거나 규제한다고 하더라도 집권자나 정부 독단으로 발명가와 사업가들의 자유와 재산을 부당하게 침해한다면 정치 엘리트에 의한 착취적 경제 질서로 변질될 위험도 있다. 따라서 미국 연방의회는 시장 실패를 감시하고 규제하기 위한 기구로, 더 독

---

134 Albert A. Foer and Robert H. Lande, "The Evolution of United States Antitrust Law: The Past, Present, and (Possible) Future," *ScholarWorks @ University of Baltimore School of Law*. http://scholarworks.law.ubalt.edu/all_fac.

135 15 U.S.C. §§ 12-27, 29 U.S.C. §§ 52-53.

립적이고 전문가들로 구성된 위원회를 설치하고 규제 권한을 부여했다. 예컨대, 연방통상위원회(the Federal Trade Commission)[136]는 불공정한 거래를 감시하고 규제할 권한을 가지고 1914년에 탄생했고, 연방라디오위원회를 승계한 연방통신위원회(the Federal Communications Commission)[137]는 통신산업의 필수 설비로 인해 나타나는 자연 독점의 현실을 전제로 1934년부터 통신 시장에서 진입과 퇴출, 가격까지 감시하고 규제하는 권한을 가지게 되었다.

정부의 시장 개입은 독점 또는 경쟁 제한의 폐해를 방지하는 데서 그치지 않는다. 소비자, 근로자, 환경 보호 등을 위해 정부의 시장 개입은 점진적으로 확대되어 왔다. 예컨대, 리처드 닉슨(Richard M. Nixon) 대통령은 1970년 환경보호를 위한 연방 차원의 기준을 제정하고 집행하며 환경평가를 수행하기 위해 환경보호청(the Environmental Protection Agency)을 신설했다. 또한 안전하고 건강한 근로 환경을 확보하기 위해 직업안전보건청(the Occupational Safety and Health Administration)을 신설해 정부가 근로 환경을 감시하고 개선을 지원하기 시작했다. 그러나 1970년대 말부터 과도한 규제로 인해 시장 기능이 너무 위축되고 포용적 경제의 전제조건인 자유와 재산의 보장이 무의미해지는 것 아닌가 하는 반성이 나오기 시작했다. 경제학에서 시장의 기능을 중시한 시카고학파의 견해가 많은 지지를 얻고 로널드 레이건(Ronald Reagan) 대통령이 당선되면서 주요 산업에서 탈규제(deregulation)와 시장의 자율적 기능이 중시되었다. 독점 규제를 비롯한 모든 규제가 정부에 의한 시장 개입이고, 이것이 자유와 혁신을 위

136 15 U.S.C. §§ 41-58.
137 47 U.S.C. § 151 and 47 U.S.C. § 154.

축시킬 수 있기 때문이다.

여기에서 주목되는 점은 정부의 시장 개입 특히 독점 규제가 진보 또는 보수, 민주당 또는 공화당에 따라 약간의 차이는 있지만 크게 다르지 않다는 점이다. 예컨대, 세계 최초 독점규제법인 셔먼법은 공화당 셔먼 의원의 발의로 제정되어 공화당 출신 시어도어 루스벨트(Theodore Roosevelt) 대통령이 집행했지만, 민주당 출신 우드로 윌슨(Woodrow Wilson) 대통령은 후속 독점규제법인 클레이턴법과 연방통상위원회법을 선포하고 시행했다. 한편, 대공황을 맞은 프랭클린 루스벨트 대통령은 민주당 출신이지만 독점규제법의 집행을 중지하기도 했고, 로널드 레이건 대통령은 공화당 소속이지만 독점규제법의 엄격한 집행을 피하고 탈규제와 특허권 강화정책을 적극적으로 펴기 시작했다.

자유와 재산의 시너지

미국에서 자유와 재산권 보호는 인종 차별의 뿌리와 함께 출발했지만, 유럽보다 더 많은 자유와 더 큰 시장과 함께 대규모 투자와 기술혁신, 그리고 더 효율적인 제도와 정책의 탄생을 이끌어 냈다. 네덜란드와 영국이 주식회사와 증권거래소라는 제도를 발명해서 활용함으로써, 좋게 말하면 탐험과 해외 시장 개척이라는 위험한 사업을 성공적으로 수행했고 나쁘게 말하면 식민지 정복이라는 잔인한 사업과 투자 및 혁신을 각각 원하는 사람들에게 분산시켰다.

미국은 주식회사제도 등을 도입해 발전시켰을 뿐만 아니라 프랜차이즈 방식으로 동일한 규격의 상품과 서비스를 미국과 같은 대규모 시장에서, 그리고 더 나아가 전 세계적으로 공급함으로써 활발한 투자와 혁신을 이끌어 냈다. 프랜차이즈는 미국 이민 사회의 자유와 상표 등 재산을 결합해 투자와 혁신을 촉진하고 확산하는 데 크게 기여했다. 네덜란드와 영국의 동인도회사는 정부 또는 여왕으로부터 해외 시장 개척과 무역의 특권을 부여받은 기업인 데 반해, 미국의 프랜차이즈는 개인 기업이 자신이 보유한 특허권과 상표권 및 영업비밀 등의 재산권을 활용해 제3자 개인이나 기업들에 동일한 규격의 상품이나 서비스를 판매할 수 있는 자유와 특권을 부여한 것이다. 17세기 유럽의 동인도회사는 국가로부터 프랜차이즈를 받았지만, 19세기 미국의 프랜차이즈는 투자와 혁신을 추구하는 개인 기업으로부터 개인이 부여받은 자유와 재산이었던 것이다.

프랜차이즈라는 말은 '자유를 준다'는 의미를 지닌 중세 프랑스어 'franchir'에서 유래한 것으로 알려져 있다. 'francis'라는 프랑스어는 그 당시 농노/농민에게 농사지을 수 있는 권리를 부여한다는 의미를 지니고 있었다. 오늘날 실시료(royalty)를 의미하는 영어 'Royal Tithes'는 농노/농민이 영주에게 지급하는 토지세를 뜻하는 용어였다. 따라서 프랜차이즈는 중세 봉건 시대부터 시작된 제도라고 할 수도 있지만, 근대적 의미의 프랜차이즈 즉 가맹사업제도는 19세기 미국에서 투자와 혁신을 이끌어 가는 중요한 제도로 널리 활용되기 시작했다. 근대적 의미의 프랜차이즈 또는 가맹사업 계약(franchise agreement)이란 가맹본부가 가맹점들로 하여금 자신의 상표, 노하우, 특허 기술 등을 이용해 일정한 상품이나 서비스를 판매하도록 허락하고 그 대가로 가맹점은 가맹본부에 일정한 가맹금 지급 등의 의무를 부담하는 계약을 뜻한다.

19세기 중반부터 싱어(Singer) 재봉틀, 제너럴 모터스(General Motors: GM), 코카콜라(Coca Cola), 포드 자동차(Ford Motor) 등 많은 기업이 프랜차이즈 방식으로 제품 판매 및 수리 서비스 등을 제공하기 시작했다. 특히 미국에서 고속도로가 널리 보급되는 20세기 중반에 프랜차이즈는 폭발적으로 늘어났다. 1960년 당시 900여 개 기업이 20만 개의 가맹점과 함께 가맹 사업을 통해 왕성한 투자와 혁신을 이끌어 갔다.

성공적인 프랜차이즈 사례가 많지만, 맥도날드(McDonalds) 햄버거는 상징적인 의미가 큰 성공 사례로 볼 수 있다. 1948년 햄버거 식당을 개업한 맥도널드 형제는 주방 시설을 자동차 조립 라인처럼 설계해 패티와 빵을 굽고 재료를 넣고 소스를 바른 후 포장하는 일련의 과정을 신속하고 정확하게 반복할 수 있도록 했다. 그러나 맥도날드 햄버거를 프랜차이즈 방식으로 성공시킨 사람은 맥도널드 형제가 아니라 레이먼드 앨버트 크록(Raymond Albert Kroc)이다. 밀크셰이크 믹서를 판매하는 영업사원으로 일하던 크록은 캘리포니아의 조그만 도시에서 다수의 믹서를 구입해 햄버거를 판매하는 맥도널드 형제의 식당을 방문해, 다른 도시에도 프랜차이즈 방식으로 점포를 확장하겠다고 제안함으로써 세계적인 햄버거 브랜드 맥도날드의 본격적인 역사가 시작되었다. 1961년 크록은 맥도널드 형제로부터 상표와 함께 영업권을 모두 매입하고, 마치 어느 도시에서나 미국인들이 교회에서 미국의 가치를 공유하듯이, 미국인들이 어디에서나 황금 아치가 빛나는 맥도날드 햄버거 가맹점에서 패스트푸드를 즐길 수 있도록, 미국 대부분의 대도시에 맥도날드 가맹점을 확장해 갔다. 오늘날 101개 국가에서 3만 6천여 개의 가맹점이 영업을 하고, 2017년 현재 228억 달러의 연매출을 기록하고 있다.

맥도날드와 같은 프랜차이즈는 가난한 학생이든 돈 많은 사업가든 대통령이든 모두 똑같은 품질의 햄버거를 똑같은 위생 환경의 맥도날드 가맹점에서 경험하게 한다는 혁신적인 아이디어로 거대한 산업을 일구어 냈다. 품질과 위생환경의 통일성을 유지하기 위해 크록은 햄버거 대학(Hamburger University)을 설립해 가맹점 종사자들을 훈련시키고, 본인도 판매 영업사원에서 거대 기업의 회장이 된 것처럼 누구든 능력 있는 종업원은 임원으로 승진시키는 혁신적인 경영을 했다. 오늘날 맥도날드의 임원 40%가 시간제 종업원 출신이고, 29.3%의 종업원이 남미에서 이민 온 사람으로 구성되어 있다.[138]

3) 미국의 기술혁신

영국의 1차 산업혁명은 19세 중반에 이르러 기술혁신으로 연결되지 못하고 정체되었다. 그러나 영국의 기술혁신을 학습한 유럽 대륙 및 미국은 19세기 후반부터 2차 산업혁명을 주도해 나갔다. 증기기관 대신 내연기관으로 열효율을 크게 향상시키고, 연료도 석탄에서 석유로 서서히 대체하며, 수력발전을 통해 전기에너지를 널리 보급하면서, 2차 산업혁명은 미국과 독일 등 새로운 기술강국을 탄생시켰다. 1876년 독일의 발명가 니콜라우스 오토(Nikolaus Otto)는 오늘날 자동차 엔진과 같은 최초의 내연기관을 발명해 증기기관을 대체했다. 그리고 영국에서 수력발전으로 개인적 용도의 전기를 생산한 바는 있지만, 본격적으로 수력발전 방식으로 전기를 대량생산하기 시작한 것은 1881년 미국 나이아가라 폭로에 수력발전소가 세워진 이후 불과 10년 사이 미국에서만 200여 개의 수력발전소가 건설되면서부터다.

18세기 영국 북동부 지역의 석탄 채굴과 면직산업이 증기기관 등

138 Bahaudin G. Mujtaba and Bina Patel, "McDonald's Success Strategy and Global Expansion Through Customer and Brand Loyalty," 3 *Journal of Business Case Studies* 55 (2007), p. 56.

의 기술혁신으로 1차 산업혁명에 성공한 것처럼, 19세기 미국 오대호 지역의 제철 및 자동차산업, 서부 캘리포니아의 금광산업은 석유를 연료로 사용하는 내연기관과 전기를 활용한 전신(telegraph) 및 라디오 등의 기술혁신으로 2차 산업혁명을 주도했다. 미국과 독일이 기술혁신으로 2차 산업혁명에 성공했지만, 많은 식민 제국을 거느린 영국을 압도했다고 단언하기는 어렵다. 그러나 1914년 유럽에서 시작된 제1차 세계 대전에서 중립을 유지하던 미국 윌슨 대통령이 1917년 독일에 선전포고를 하고 정식으로 참전해 승전국이 된 뒤, 미국은 기술적으로나 군사적으로나 경제적으로 절대강자로서 지위를 확보하게 되었다.

2차 산업혁명은 미국 동부와 중부의 대기업들이 주도했다. 이후 조합(partnership)과 같이 느슨한 형태의 사업조직을 선호하는 창업가들이 상대적으로 대규모 주식회사의 영향이 덜 미치는 서부 캘리포니아 지역으로 모여들기 시작했다. 예컨대, 1939년 스탠퍼드 대학교 졸업생 빌 휼렛(Bill Hewlett)이 데이비드 패커드(David Packard)와 함께 실리콘 밸리의 노른자위 팰로앨토에서 창업해 오늘날 휴렛팩커드(Hewlett-Packard)로 성장했다. 20세기 중반부터 실리콘 밸리는 조그만 차고(garage)에서라도 자신의 기술을 사업화해 보고 싶은 개인 발명가/혁신가들이 모여들었다. 제2차 세계 대전 기간 중 레이더(radar) 기술 개발에 관여해 오던 윌리엄 브래드퍼드 쇼크리(William Bradford Shockley Jr.)는 미국 동부 지역에서 9명의 노벨상 수상자를 배출하기도 한 벨 연구소(Bell Laboratories)로 이직한 뒤, 1956년 실리콘 밸리에서 반도체 기업을 창업함으로써 실리콘 밸리에 실리콘을 갖고 온 장본인으로, 3차 산업혁명의 불꽃이 활활 타오르는 계기를 만들었다.

연구·개발 투자

미국은 영국과 달리 정부 차원에서 적극적으로 기술혁신 및 연구·개발(research & development)을 위한 노력과 투자를 했다. 특히 링컨 대통령은 대학의 농업 기술 연구와 교육을 지원하기 위해 각 주정부에 연방 토지를 교부금으로 제공했다. 수년간 논의되다가 1862년에 의회를 통과하고 링컨 대통령이 서명한 토지교부금법(Land-Grant Act)에 의하면, 연방정부는 분리독립의 내란 상태에 있는 주정부를 제외한 모든 주정부에 대학 지원 교부금으로 약 120제곱킬로미터의 연방 토지를 증여했다. 연방정부로부터 토지교부금을 받은 주정부는 그 토지를 사용하거나 판매한 대금으로 캘리포니아 주립대학 등을 설립하고 대학의 농업, 공업, 군사 분야 기술 교육과 연구를 지원하기 시작했다.[139] 남북전쟁 이전에는 육군사관학교에서 공학교육이 이루어졌을 뿐이지만, 토지교부금법 시행으로 각 주정부는 주립대학[140]에서 농업 기술 연구와 독일식 공학교육을 강화하고 토지교부금을 지원하게 되었다. 남북전쟁이 종료된 이후에는 토지교부금법이 확대적용되어 남부 지역 주정부에도 연방 토지가 교부금으로 제공되었다.

토지교부금 제공으로 대학의 공학교육을 강화한 것은 그 당시 미국의 지식인과 정치인 모두 대학 또는 학문의 역할에 관한 인식이 바뀌고 있었음을 의미한다. 다시 말해, 학문은 인간의 호기심을 충족시켜 줄 뿐만 아니라, 학문과 지식이 부를 창출하고 그 자체가 상품이라는 새로운 인식이 자리 잡게 된 것이다. 대학에서 순수 이론뿐만 아니

---

139 빅터 W. 황·그렉 호로윗 지음, 권중헌·차두원 옮김, 『정글의 법칙』(원제 *The Rainforest: The Secret to Building the Next Silicon Valley*, 북콘서트, 2013), 39쪽.

140 예외적으로 사립 대학인 코넬 대학과 MIT가 연방정부의 토지교부금을 받은 바 있지만, 토지교부금법에 의한 지원은 대부분 주립대학에 제공되었다.

라 시장과 산업 현장에서 활용할 수 있는 응용 학문도 연구하고 교육해야 한다는 현실적인 판단이 설득력을 얻은 것이다. 이와 같이 남북전쟁 전후로 미국에서 진행된 커다란 인식의 변화는 미국에서 2차 산업혁명을 시작하는 계기가 되었다.

또한 링컨 대통령은 토지교부금법에 서명하기 하루 전 '태평양철도법(Pacific Railroad Act)'에 서명함으로써 철도운송 및 통신기술의 발전에 연방정부 차원의 적극적인 투자를 했다. 태평양철도법은 연방정부가 대륙횡단철도 및 통신망 건설을 지원하기 위해, 철도 및 통신망을 건설하고 운영할 철도회사에 30년 상환 조건으로 국채를 발행해 건설 비용을 조달해 주고 철로 양쪽 일정 범위의 토지를 제공하는 것을 주된 내용으로 했다.[141] 대륙횡단철도 및 통신망은 19세기 가장 거대한 규모의 운송 및 통신시설로, 연방정부 차원의 적극적인 투자에 힘입어 미국이 2차 산업혁명을 선도하는 커다란 원동력을 제공했다.

18세기 산업혁명 당시 영국은 자유와 재산 보호를 통해 누구든 투자와 혁신을 할 수 있는 시장 질서를 제공하는 자유방임주의에 입각해 있었다. 19세기 후반 미국과 독일, 일본 등은 2차 산업혁명 과정에서 자유와 재산을 보호할 뿐만 아니라 정부가 보다 적극적으로 기술혁신을 촉진하기 위한 재정, 금융 지원을 했다. 개인이나 기업이 기술혁신과 투자를 할 만한 시장 인센티브가 충분하지 못한 경우, 미국 연방정부는 철도 및 전신망 건설에서와 마찬가지로 항공 기술 등의 발전을 위해 적극적으로 지원했다. 예컨대, 1915년에 설립된 국립항공

---

141 An Act to aid in the construction of a railroad and telegraph line from the Missouri river to the Pacific ocean, and to secure to the government the use of the same for postal, military, and other purposes: 12 Stat. 489.

자문위원회(The National Advisory Committee for Aeronautics)는 1958년 국립항공우주청(The National Aeronautics and Space Administration: NASA)으로 흡수되었지만, 20세기 초 항공기 엔진 개발 등 항공 기술 개발에 막대한 연구비를 투입해 민간 및 군사용 항공기술 발전에 커다란 기여를 했다.

전쟁은 미국 연방정부가 군사용 기술을 개발하기 위해 본격적인 투자를 하는 계기가 되었다. 1917년 미국이 제1차 세계 대전에 참가함에 따라, 미국 정부는 민간 전신회사와 라디오 기지국을 모두 인수해 라디오 기술을 개발하고 활용했다. 전쟁을 수행하기 위해 개발된 기술은 민간 기업에 이전되어 종전 후 기술혁신의 씨앗이 되었다. 예컨대, 해군의 지휘하에 개발된 라디오 기술은 제1차 세계 대전이 끝난 뒤 미국 라디오회사 RCA[142]에 인수되어 민간 분야 라디오 및 TV 수신기와 방송 분야 기술혁신으로 연결되었다. 제2차 세계 대전 중에는 미국 연방정부가 독일군 로켓 등의 탄도와 궤적을 계산하기 위해 펜실베이니아 대학교를 중심으로 ENIAC[143]라는 컴퓨터를 개발했으며, 이는 종전 후 민간 분야 컴퓨터 기술의 발전에 크게 기여했다.

제2차 세계 대전이 끝난 후 해군연구소(Office of Naval Research), 이어서 국립과학재단(National Science Foundation)과 국립보건원(National

---

142 RCA는 1919년 제너럴 일렉트릭(General Electric: GE)이 100% 지분을 보유한 자회사로 탄생했지만 1932년 독점규제법 위반으로 GE에서 분할 독립해 재탄생했다.

143 ENIAC(The Electronic Numerical Integrator and Computer)은 전쟁 수행 중 많은 수학자가 모여 탄도 궤적을 계산해야 했던 작업을 훨씬 신속하게 하기 위해 만든 초대형 범용 컴퓨터다. 오늘날 조그만 개인용 컴퓨터와 비교할 수도 없을 만큼 원시적인 컴퓨터지만, 약 63제곱미터 정도의 대형 사무실을 차지하고 27톤의 무게에 달하는 초대형 컴퓨터로서 종전 후 컴퓨터 기술 발전에 중요한 계기가 되었다.

Institute of Health)을 통해, 미국 연방정부는 냉전 시대의 기술혁신을 지원하고, 특히 대학에 엄청난 규모의 연구개발비를 지원했다. 또한 기술혁신 결과물을 정부 조달 형식으로 구입함으로써 추가적 기술혁신의 인센티브도 제공했다. 21세기에 와서도 연구·개발 투자액은 전 세계 투자액의 26% 이상을 차지할 정도로 많았다.[144] 연구개발비 가운데 연방정부가 제공하는 예산은 27%에 달하고, 기초과학 연구비 가운데 49%는 연방정부에서 지원되고 있다.[145]

미국은 연구개발을 지원하면서도 동시에 기술혁신의 성과를 상품과 서비스 개발에 연결시켜 기업의 생산성을 향상시키고 대학과 산업계의 협력을 강화하기 위해 다양한 정책과 제도를 개발했다. 예컨대, 연방 차원에서 기업들의 연구개발을 지원하기 위한 프로그램의 하나로 '소기업 혁신 프로그램(Small Business Innovation Research: SBIR)'을 들 수 있다. 이것은 1982년에 제정된 소기업혁신개발법[146]에 따라, 연구개발이 필요하다고 판단한 일정 분야에서 연방정부가 소기업들의 기술혁신과 그 상업화를 지원할 수 있는 프로그램이다. 이 프로그램에 의하면, 1억 달러 이상의 연구개발 예산을 보유한 국방부와 농업부, 국립보건원과 국립과학재단 등은 매년 연구개발 예산 가운데 2.5%를 신청 기업에 지원해야 한다. 이 프로그램은 개인 투자자들이 투자하기에 너무 위험하다고 생각되는 초기 단계 혁신적 아이디어 개발 및 상업화를 위해 지원한다.

---

144 "2016 Global R&D Funding Forecast," *A Supplement to R&D Magazine* (Winter, 2016), p. 3.

145 News from the National Academies of Science, Engineering, and Medicine. http://www8.nationalacademies.org/onpinews/newsitem.aspx?RecordID=10162.

146 Small Business Innovation Development Act of 1982 (Public Law 97-219).

소기업 혁신 프로그램은 매년 20억 달러 이상의 연구개발비를 지원해 왔고, 1992년부터 소기업기술이전법[147]에 따라 소기업과 대학이 제휴해 조합 형태로 지원받을 수 있도록 확대되었다. 1983년부터 2006년까지 1만 6,222개 기업이 지원받았고, 이 기업이 벤처 투자 회사에서 투자받은 총금액은 268억 달러에 달했다. 그중 597개는 주식 상장에 성공했고, 914개 기업은 인수합병 방식으로 투자금 회수에 성공했다.[148] 통신 표준 기술로 막대한 수익을 올리고 있는 퀄컴(Qualcomm)은 초기에 소기업 혁신 프로그램의 도움을 많이 받아 성공한 대표적 사례다.[149]

특허제도의 대중화

이민자들이 건설한 새로운 나라 미국은 주로 영국의 권리장전에서 비롯된 자유와 재산권 보호에 관한 법제도를 받아들였지만, 이민자들과 그 후손, 그리고 '건국의 아버지'[150]는 영국에서보다 더 평등한 자유와 더 자유로운 재산 형성 기회를 보장하려고 노력했다. 물론 흑인과 유색인종에 대해서는 철저히 차별했지만, 백인 유럽 이민자에게는 유럽에서의 사회적 신분, 빈부, 범죄 경력 여부에 관계없이 모두 평등하게 새로운 기회가 주어졌다.

---

147 Small Business Technology Transfer Act of 1992 (PL 102-564).

148 Philip Shapira and Jan Youtie, 'The Innovation System and Innovation Policy in the United States,' "Competing for Global Innovation Leadership: Innovation Systems and Policies in the USA, EU and Asia" (Edited by Rainer Frietsch and Margot Schüller, Fraunhofer IRB Verlag, Stuttgart, 2010), pp. 5-29.

149 빅터 W. 황·그렉 호로윗, 앞의 책, 319쪽.

150 미국의 독립전쟁을 승리로 이끌고 미국 초대 대통령을 역임한 조지 워싱턴, 1819년 독립선언문을 작성한 존 애덤스, 벤저민 프랭클린, 토머스 제퍼슨 등 미국의 독립과 연방정부의 수립을 주도한 사람들을 건국의 아버지라고 부른다.

초대 대통령 조지 워싱턴은 특허제도의 중요성을 강조하면서 헌법에 "과학기술의 발전을 촉진하기 위해 (…) 발명 또는 창작을 한 자에게" 일정 기간 권리를 부여하는 법률을 제정한다는 명문의 근거 규정을 두고, 초대 대통령으로 취임한 뒤 곧이어 미국 최초의 특허법을 제정했다. 기술혁신의 원동력이 된 특허제도의 경우에도 영국에서보다 훨씬 더 평등하고 대중적인 접근과 활용이 가능한 제도로 고안되고 운영되었다.

영국의 특허제도는 산업혁명의 원동력이 되었다고 평가되지만, 그 특허출원에 많은 비용이 소요되고 예측 가능성이 낮다는 커다란 한계가 있다. 이에 반해 미국의 특허제도는 보다 저렴한 비용으로 다양한 계층의 발명가가 혜택을 볼 수 있다는 점에서 더 민주적인 제도라고 평가된다. 즉 『찰스 디킨스와 어느 불쌍한 발명가의 특허 이야기』라는 소설에서 찰스 디킨스는 특허출원이 특허청과 법무부 등 35곳의 관청을 방문해야 하는 험난한 과정일 뿐만 아니라 96파운드 38펜스(그 당시 교사 연봉이 70파운드임을 감안할 때 오늘날 화폐 가치로 환산하면 3만 7천 달러)에 달하는 공식 수수료 외에 막대한 인건비와 뇌물 비용까지 들기 때문에, 일반 서민으로서는 도전하기 어려운 제도임을 한탄한 바 있다.[151] 마찬가지로 프랑스에서도 19세기 초 근로자의 평균 일급이 1.5프랑이었지만 특허 10년 등록세가 1천 프랑이나 되었기 때문에, 소수 귀족과 부자들만 특허제도를 이용할 수밖에 없었다.[152]

---

151 Jeremy Phillips, *Charles Dickens and the 'Poor Man's Tale of a Patent,'* (EC Publishing Limited, 1984), pp. 20-24.

152 Gabriel Galvez-Behar, "The Patent System during the French Industrial Revolution: Institutional Change and Economic Effects," *Jahrbuch für Wirtschaftsgeschichte* (De Gruyter, 2019), Vol. 60, No.1, pp. 31-56.

이에 비해, 그 당시 미국에서 특허출원에 소요되는 공식 수수료는 현재 화폐 가치로 환산하면 618달러에 불과한 것으로 알려져 있다. 영국에서는 특허출원을 위해 지방에서 말을 타고 런던까지 가야 했지만, 미국에서는 어느 주에서나 우편으로 저렴하고 신속하게 신청할 수 있었다. 영국에서는 특허출원을 할 수 있는 사람이 주로 부자나 엘리트로 한정되었지만, 19세기 초 미국에서는 출원 비용이 저렴해 특허권자 가운데 부자 또는 전문 직업인은 19%에 불과하고 40%는 초등학교 이하 교육만 받은 보통 사람이었다.[153] 미국의 특허제도에는 영국과 같은 관료주의 및 고비용의 폐해가 없었기 때문에, 토머스 에디슨(Thomas Edison)과 같은 일반 서민 가운데 혁신의 열정을 가진 사람들이 발명을 하고 특허권을 취득하며 제너럴 일렉트릭과 같은 기업을 만들어 2차 산업혁명을 성공시킬 수 있었다. 에디슨의 발명과 함께 2차 산업혁명이 시작되는 1870년 기준으로, 인구 3,100만 명의 영국에서는 2천여 건의 특허가 등록된 데 반해, 인구가 영국보다 조금 더 많은 3,800만 명의 미국에서는 무려 5배가 넘는 1만 2천여 건의 특허가 등록되고 왕성하게 산업혁명의 엔진으로 활용되고 있었다.[154] 에디슨도 특허도서관을 자주 찾은 것으로 알려져 있지만, 미국은 전국 주요 도시에 특허도서관을 두고 누구든 쉽게 특허 기술을 찾아볼 수 있게 함으로써 기술 확산에 적극적으로 노력했다.

---

153 지붕 널빤지 장사에서 술집에 이르기까지 온갖 직업을 전전하며 어렵게 살아가는 아버지의 일곱 자녀 중 막내로 태어나 정규 교육을 제대로 받은 바 없이 집에서 어머니의 가르침을 받은 것이 전부였다: Daron Acemoglu and James A. Robinson, 앞의 책, p. 33.

154 19세기 인구는 위키피디아 참고.
https://en.wikipedia.org/wiki/Demographic_history_of_the_United_States,
https://en.wikipedia.org/wiki/Second_Industrial_Revolution.

미국에서 저렴하고 신속하게 특허등록이 허용되고 광범위한 특허권이 다수 등록되면서 그 폐해도 나타났다. 예컨대, 특허권을 다수 획득한 재봉틀회사 하우(Howe)가 강력한 특허권을 무기로 경쟁 업체를 상대로 대대적인 소를 제기해, 경쟁 업체에서 재봉틀 가격의 20%에 상당하는 높은 실시료를 받고 재봉틀업계를 거의 마비시킬 지경까지 몰고 갔다. 19세기 미국 재봉틀업계의 특허소송전의 폐해는 오늘날 스마트폰업계의 특허소송전에서 다시 반복되고 있다.

또한 에디슨과 같은 과학자나 공학도들의 순수한 연구 의욕과 성취감 내지 영예감으로 과학적 발견이나 기술혁신을 달성할 수도 있다. 그러나 투자에 대한 수익을 기대하는 기업들의 경우에는, 특허제도가 뒷받침되지 않으면 대규모 연구개발(R&D) 및 창작을 위해 막대한 투자를 할지 의문이 든다. 특허제도만이 효율적인 혁신 촉진법이라고 할 수는 없지만, 특허제도가 자유경쟁시장에서 투자금 회수를 기대하는 대부분의 경제 주체들에게 효율적인 인센티브가 되고 있음은 부인할 수 없다.

구글의 예를 보면, 두 명의 스탠퍼드 대학교 대학원생이 검색 엔진을 연구하면서 그 검색 대상이 된 웹페이지들을 방문자 빈도수에 따라 서열화해서 빈도수가 높은 웹페이지를 검색 결과물 가운데 제1순위로 보여 주는 검색 방법, 즉 페이지랭크 시스템(PageRank™ system)을 개발해 특허를 받았다. 구글은 그러한 특허 발명을 밑거름으로 벤처 자본의 투자를 받아 성공할 수 있었다. 만일 그런 검색 방법에 대한 특허권 보호가 없었다면, 그래서 제3자도 타인의 발명을 자유롭게 이용할 수 있었다면, 발명 및 혁신과 상품화에 대한 막대한 투자를 기꺼이 할 벤처 자본도 없고 구글의 검색 엔진은 인터넷산업에서 빛을 보기 어려웠을 것이다. 특허권은 연구개발 활동과 혁신을 촉진하는 기능을 하지만, 동시에 금융 시장에서 기술혁신과 상품화에 필요한 기업적 투자를 유인하기 위한 인센티브로서 기능도 하고, 주식 시장에서 주가 상승에 반영되기도 한다.

특허활동의 증가와 기술혁신

영국의 산업혁명에서 증기기관을 개량발명한 제임스 와트가 특허제도의 혜택을 많이 누린 것처럼, 미국의 산업혁명에서도 기술혁신에 기여한 수많은 과학기술자가 특허제도를 널리 활용했다. 예컨대, 전구와 축음기 등을 발명한 토머스 에디슨(Thomas Edison)은 전 세계적으로 2천여 건의 특허권을 등록하고 이를 적극적으로 행사했다.

20세기 후반 들어 기업 내 유형자산보다 무형자산의 비중이 더 커지고 기술과 지식의 중요성이 커진 소위 '지식기반경제(knowledge economy)'에서 특허등록과 특허소송 등 특허활동이 급증했다.[155] 특허활동의 증가는 기업들의 기술혁신 동향을 파악하는 척도가 되기도 한다.[156] 이러한 특허활동의 증가는 미국을 비롯한 선진국에서 보편화된 특허강화정책(pro-patent policy)의 결과라고 볼 수도 있다. 다른 한편, 특허활동이 증가했다고 해서 이에 비례해 반드시 기술혁신이 왕성해졌다고 단정할 수는 없다. 역사적 경험을 보면, 19세기 후반 영국

155 Luigi Orsenigo and Valerio Sterzi, "Comparative Study of the Use of Patents in Different Industries," *Working Paper* n.33 (KITeS - Università Bocconi Via Röntgen, 2010), p. 4.

156 Byeongwoo Kang, "The innovation process of Huawei and ZTE: Patent data analysis," *China Economic Review* (2014), http://dx.doi.org/10.1016/j.chieco.2014.12.003; 애플 등의 기술혁신 동향에 대해서는 http://www.ipnomics.co.kr/?p=12418 참고.

에서처럼 특허 수수료가 인하되어 특허출원이 증가한 경우도 있고,[157] 1980년대 중반 및 2000년대 초반 한국에서처럼 특허협력조약에 가입함으로써 국제출원의 증가에 따라 특허활동이 증가한 경우도 있다.[158] 이와 같이 특허활동이 급증하는 예외적인 사유가 있는 경우가 아니라면, 특허등록 및 특허소송과 R&D 투자 및 기술혁신 사이에 밀접한 상호 관계가 있고, 특허제도가 기술혁신에 중요한 요인이 된다고 할 수 있다.

일반적으로 특허제도가 기술혁신을 촉진하는 기능을 한다고 할 수 있지만, 그 기능이 산업별로 상이하고, 특허등록과 특허소송 등 특허활동도 산업별로 상당한 차이가 있다.[159] 예컨대, 미국의 화학, 의약, 생명공학산업에서는 특허활동이 왕성하고,[160] 그 산업에 종사하는 기업인 모두 특허제도가 없다면 연구개발에 투자하기 어렵다고 생각할 정도로 특허제도가 기술혁신에 중요한 관건이 되고 있다. 기술혁신의 결과를 특허출원보다 영업비밀로 관리하는 기업들의 경우에도,[161] 경쟁 기업이 영업비밀을 무단으로 도용한 경우에도 부정경쟁

157 Tom Nicholas, 앞의 책, p. 12.

158 아래 설명 "한국에서의 특허활동" 참고.

159 Zoltan J. Acsa, Luc Anselin, Attila Varga, "Patents and innovation counts as measures of regional production of new knowledge," 31 *Research Policy* 1069 (2002), pp. 1072-1074.

160 한국과 일본의 특허는 전자 분야, 특히 컴퓨터와 반도체 분야에 압도적으로 많은 것과 커다란 대조를 보인다: John R. Allison and Mark A. Lemley, "Who's Patenting What? An Empirical Exploration of Patent Prosecution," 53 *Vand. L. Rev.* 2099 (2000), pp. 2121-2122.

161 Wesley M. Cohen, Richard R. Nelson & John P. Walsh, "Protecting Their Intellectual Assets: Appropriability Conditions and Why U. S. Manufacturing Firms Patent (or Not)" (Nat'l Bureau of Econ. Res., *Working Paper* No. 7552 Feb. 2000).

방지법 등에 의한 법적 구제를 받을 수 있다는 예측 가능성이나 법제도에 대한 신뢰 때문에 기술혁신이 가능하다고 할 수 있다.

특허활동과 기술혁신

미국에서 기술혁신과 특허활동의 상호 관계를 보면, 산업 분야마다 상호 관계가 조금씩 다른 것을 확인할 수 있다. 예컨대, 항공산업, 국방산업, 자동차산업 등의 경우에는 무수히 반복되는 테스트 비중이 높고 특허 취득 비율은 상대적으로 낮다. 정반대로 기계산업이나 장치산업의 경우에는 아주 조그만 발명도 특허 취득으로 연결되지만, 특정 기계산업 내에서 특허취득 건수가 많다고 그렇지 못한 항공산업보다 아주 뛰어난 기술혁신이 이루어졌다고 단언하기는 어렵다.[162] 또한 후술하는 바와 같이, 생명공학산업 및 소프트웨어산업과 같이 비교적 최근에 급속도로 발전한 기술 분야의 경우에는, 법원의 해석론이나 특허 판례가 그러한 기술 분야의 발명을 특허 보호 대상으로 확인하는 판결을 내린 뒤부터 비로소 특허활동이 급속도로 증가하는 현상을 볼 수 있다. 따라서 생명공학산업과 소프트웨어산업의 경우에는 기술혁신이 특허활동에 잘 반영되었고, 특허제도가 해당 분야 기술혁신을 위한 투자를 촉진했다는 점을 부인할 수 없다.

둘째, 특허 통계를 자세히 들여다보면, 전반적으로 특허당 평균 발명자 수가 1980년대 초 1.79명에서 2010년대 들어 2.71명으로 지속적으로 증가한 것을 알 수 있다. 공동발명자 수가 많을수록 그 특허의

162 Keith Pavitt, "R&D, patenting and innovative activities: A statistical exploration," *Research Policy*, Volume 11, Issue 1, February 1982, pp. 33-51.

피인용지수가 높아 특허의 질이 더 높은 것으로 추정된다.[163] 특히 한국 사람이나 기업이 미국에 등록한 특허의 경우에는 특허당 평균 발명자 수가 1980년 초 1.31명에서 2010년대 3.17명으로 훨씬 더 빠른 속도록 증가했다. 산업 분야별로 보면 화학과 의약품 분야의 특허에서 특히 공동발명자 수가 더 많고, 국적별로 보면 과거에는 미국과의 공동발명이 많았지만 최근에는 중국과의 공동발명이 빠른 속도로 증가하고 있다. 특허 통계를 통해 확인할 수 있는 바와 같이, 국가 간 공동연구가 증가하고 화학이나 의약품 특허의 경우에서처럼 공동연구가 더 많은 비중을 차지한다는 것은 특허권이라는 경제적 인센티브를 전제로 국제적으로 상당히 커다란 규모의 연구개발 투자가 이루어지고 있음을 추측하게 한다. 또한 85% 이상의 발명자가 자신의 특허권을 기업에 양도한 사실을 보더라도 기업이 특허권이라는 경제적 인센티브를 전제로 기술혁신 투자를 하고 있음을 확인할 수 있다.[164]

기술혁신과 특허활동의 상호 관계가 연도별로 상당한 차이를 보이는데, 특히 1982년도부터 미국에서 특허활동이 크게 증가한 것은 특허법원이 설립된 영향이라는 점을 부인할 수 없다.

미국에서 특허출원 및 등록에 관한 그림 3-2를 보면 1982년을 분기점으로 커다란 증가 추세를 보인다. 1982년 이전까지 1.5%로 아주 미미하게 증가했지만, 특허무효율 감소[165] 등 특허제도에 호의적 입

---

163 김용대, 장원철, 이종수, 이석배, 정상조 공동연구, 『기술혁신과 사회변화: 특허정보를 이용한 정량적 분석』(서울대학교 연구비지원 연구보고서, 2015), 이석배 교수 집필 부분.

164 John R. Allison and Mark A. Lemley, 앞의 글, p. 2117.

165 미국연방특허법원이 설립된 이후 특허무효판단율이 낮아졌다는 점에 관한 면밀한 통계분석은 다음을 참고: Matthew D. Henry and John L. Turner, "The Court of Appeals for the Federal Circuit's Impact on Patent Litigation," 35 *The Journal*

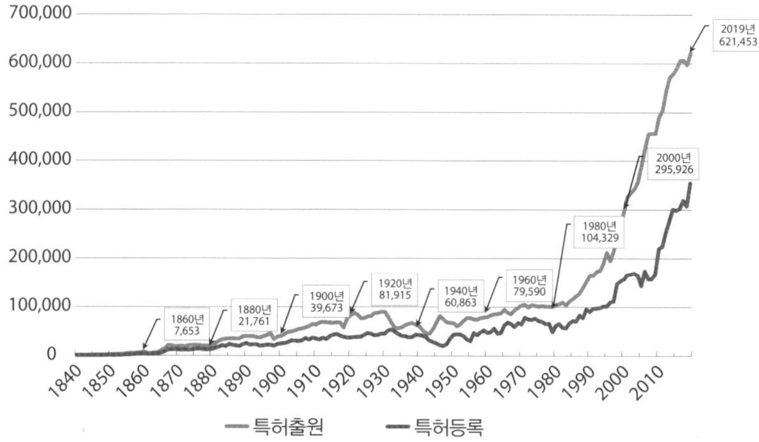

그림 3-2. 미국의 특허출원 및 등록 건수

장인 미국연방특허법원(Court of Appeals for the Federal Circuit)이 설립된 1982년부터 특허출원 건수가 5.7%로 아주 급격하게 증가했다.[166] 특히 미국인(기업 포함)의 특허출원에 한정해서 보면, 1970년대 이래 계속 감소하다가 1982년부터 증가세로 바뀐 가장 커다란 계기는 특허법원 설립으로 특허보호의 통일성과 예측 가능성이 높아졌기 때문이며, 그 결과 미국 기업들의 혁신활동을 촉진했다고 판단하지 않을 수 없다.[167]

---

of Legal Studies 85 (2006), pp. 101-103.

166 William M. Landes & Richard A. Posner, *The Economic Structure of Intellectual Property Law* (The Belknap Press of Harvard University Press, 2003), p. 340.

167 미국인(기업)의 특허출원 건수는 1971년 당시 7만 1,089건에서 1982년 6만 3,316건으로 감소하기에 이르렀지만, 특허법원 설립 이후 5년 내 특허출원 건수가 4,999건 증가해 6만 8,315건으로 회복되었고, 1988년에는 7만 5,192건, 1997년에는 12만 445건으로 급속히 증가한 것을 볼 수 있다: George C. Beighley, Jr., "The Court of Appeals for the Federal Circuit: Has It Fulfilled Congressional Expectations?," 21 *Fordham Intell. Prop. Media & Ent. L. J.* 671 (2011), p. 711.

셋째, R&D 투자 증가와 특허활동이 정확하게 정비례하는 것은 아니다. 그림 3-2를 보면 미국에서 연구개발비와 특허출원 및 등록 건수는 정비례 관계가 없음을 알 수 있다. 연구개발비는 매년 평균 2.5% 증가해 왔지만, 특허법원이 설립된 1982년을 분기점으로 그 이전과 그 후 별다른 차이가 없다. 이에 반해 특허법원이 설립된 이후 특허출원 및 등록 건수는 급격하게 증가했다. 따라서 특허출원 및 등록 건수의 증가가 연구개발비 증가로 인한 것이라고 말하기는 어렵다. 마찬가지로 특허법원의 설립과 특허활동의 증가가 연구개발비 증가에 영향을 미친 것은 거의 없다고 할 수 있다.

특허법 개정과 기술혁신

1790년에 제정된 미국 최초의 연방특허법(The Patent Act)은 14년의 비교적 짧은 특허 보호 기간을 인정했다. 발명을 상업화하려면 몇 년 걸리기 때문에, 입법 당시부터 발명자들의 불만이 제기되었다. 또한 외국인들은 미국에서 특허권을 취득할 수 없다는 한계가 있었다. 특허권을 부여하거나 거절하는 권한이 국무장관, 국방장관, 검찰총장에게 주어져 있었고, 특허출원인은 그 가운데 2인 이상의 승인을 받아야 특허권 등록을 할 수 있었다. 따라서 특허심사 및 등록에 많은 시간이 소요되었다.[168]

1793년에 개정된 연방특허법은 특허 발명의 개념을 보다 명확히 하고 특허출원 절차를 단순화했다. 1790년 특허법은 '충분히 유용하

---

168 Patent Act of 1790, Ch. 7, 1 Stat. 109-112 (April 10, 1790) CHAP. VII. An Act to promote the progress of useful Arts. http://www.uspto.gov/about-us/news-updates/us-patent-system-celebrates-212-years.

고 중요한' 발명에 대해 특허권이 부여된다고 규정하고 있어 발명의 개념이 불명확했지만, 1793년 특허법은 '새롭고 유용한' 발명이면 모두 특허받을 수 있다고 규정함으로써 발명의 개념을 보다 명확히 했다. 또한 특허출원인은 국무장관에게 출원하면 족하고, 특허출원을 받은 국무장관은 검찰총장에게 출원 발명에 대한 심사를 요청하게 함으로써 특허출원 절차를 단순화시켰다.[169] 그 결과 1790부터 1793까지는 불과 55건의 특허권 등록이 있었지만, 1793년 특허법 제정 이후 1836년 특허법이 제정되기까지 1만 건의 특허권이 등록되었다.

1836년 법 개정으로 국무성의 일부이긴 하지만 최초의 독립적인 특허권 부여 권한을 가진 미국연방특허청(US Patent Office)이 설립되었고, 특허등록된 특허발명을 공개해 전국 도서관에서 열람할 수 있도록 함으로써 선행특허발명과 동일한 발명이 더 이상 특허받을 수 없도록 했다.[170] 이러한 특허발명의 공개로 인해 특허 무효 가능성이 대폭 감소했다. 1836년 특허법은 기존의 특허권 존속기간 14년에 추가로 7년을 연장할 수 있도록 허용함으로써 실질적으로 특허권 존속기간을 늘렸다. 그러나 그 후 1861년 법 개정으로 인해 특허권연장제도는 사라지고 특허권 존속기간이 17년으로 늘어났다. 세계무역기구(WTO) 조약 체결에 따라 이루어진 1994년 법 개정으로, 특허권 존속기간이 특허권 부여일 기준 17년에서 특허출원일 기준 20년으로 바뀌었다.

---

169 E. C. Walterscheid, "Thomas Jefferson and the Patent Act of 1793," *Essays in History* (The Annual Journal of the Corcoran Department of History at the University of Virginia). http://www.essaysinhistory.com/articles/2012/115.

170 Lawrence C. Kingsland, "The United States Patent Office," 13 *Law and Contemporary Problems* 354 (1948).

경기침체 때마다 특허권 독점으로 인한 폐해가 지적되었다. 예컨대, 1890년 경기침체로 인해 최초의 미국연방독점규제법인 셔먼법이 제정된 이후 특허권 행사에 대한 제동이 걸리기 시작했다. 그 후 1930년대 대공황과 제2차 세계 대전 직후 경기침체 때도 특허권의 폐해가 많이 지적되었다. 예컨대, 쿠노 엔지니어링사 대 오토매틱 디바이스사(Cuno Engineering v. Automatic Devices Corp.)[171] 사건에서, 미국연방대법원은 특허권을 등록하려면 '천재성(genius)'이 입증되어야 한다는 엄격한 기준을 제시한 바 있다. 그러나 1980년 들어 독점규제법의 역할이 줄어들고 특허권의 중요성이 다시 강조되고 그 보호가 강화되기 시작했다. 특허법과 독점규제법의 상호 관계는 나라마다 조금씩 다른데, 미국에서 독점규제법의 역할이 줄어들고 특허권의 중요성이 강조되는 것과 달리, 유럽에서는 특허권의 폐해라고 생각되는 영업 행태를 규제하기 위해 독점규제법의 적용을 강화하고 있다.[172] 이는 나라마다 산업 구조가 달라 기술혁신을 위한 인센티브의 필요성과 그 정도가 다를 수 있기 때문이다.

1930년에는 특허법 개정으로 신품종 등의 식물 발명에 대한 특허가 가능해졌고, 그 후 다이아몬드 대 차크라바티(Diamond v. Chakrabarty)[173] 사건에서 연방대법원이 자연계에 존재하지 않는 새로운 생명체를 발명한 경우 물질 발명으로 특허받을 수 있다고 판시함으로써, 식물과 동물 등 생명체에 대한 연구개발 및 기술혁신이 활성

---

171 314 U.S. 84 (1941).

172 Douglas Rosenthal, "Do Intellectual Property Laws Promote Competition & Innovation?" 7 *Sedona Conf. J.* 145 (2006).

173 447 U.S. 303 (1980).

화되는 계기가 마련되었다.[174]

1980년에는 대학과 연구소 등에 의한 발명과 기술이전을 활성화하기 위해, 바이·돌법(Bayh-Dole Patent and Trademark Law Amendment)[175]이 제정되었다. 바이·돌법에 의하면, 연방정부가 지원하는 연구비로 대학에서 이루어진 발명에는 당해 연구개발 수행 대학에서 특허권을 취득해 상업화할 수 있도록 하는 반면, 정부는 당해 특허발명을 미국을 위해 실시할 수 있도록 하는 통상실시권(non-exclusive license)을 갖도록 한 것이다.

법 개정 가운데 가장 영향이 큰 것으로 알려진 것은 1982년 연방특허법원(Court of Appeals for the Federal Circuit: CAFC) 설립이다. 연방특허법원은 특허소송에서 항소심 전속관할권을 가짐으로써 기존 항소심에서 특허 요건의 해석에 관한 상호 모순과 불확실성을 감소시키고, 통일되고 예측 가능하며 친특허 성향의 항소심으로 거듭나게 되어 특허출원, 등록, 특허소송 등에 커다란 영향을 미친 것으로 평가되고 있다. 특허법원 판사는 기존의 일반연방항소심법원 판사들보다 훨씬 더 많은 특허 사건을 심리하기 때문에, 관련 기업 및 발명자, 특허변호사들은 누가 특허법원 판사로 임명되는지 많은 관심을 갖고 더 많은 의견 개진을 하게 된다. 결과적으로 특허법원 판사는 업계의 의견이 반영되어 친특허 성향의 판사로 임명되고, 친특허 성향의 판결은 특허출원, 등록, 소송, 기술혁신, 사회발전에 순차적으로 영향을 미치는 것으로 보인다.

---

174 Alain Pottage and Brad Sherman, "Organisms and Manufactures: On the History, of Plant Inventions," 31 *Melbourne University Law Review* 539 (2007).

175 버치 바이(Birch Bayh) 의원과 밥 돌(Bob Dole) 의원이 발의한 특허법 개정을 위한 법률이다. 미국 특허법 35 U.S.C. § 200-212에 개정 내용이 반영되어 있다.

표 3-1. 미국연방특허법원의 특허권 유효 판시 비율(1982-1992)

연도	사건	특허권 유효성 인정 비율(%)
1982-83	22	45
1983-84	99	67
1984-85	62	58
1985-86	122	76
1986-87	70	70
1987-88	79	70
1988-89	73	63
1989-90	100	69
1990-91	40	65
1990-92	17	67

표 3-1에서 보는 바와 같이 미국연방특허법원이 내린 판결에서 특허권이 유효하다고 판시한 비율이 크게 증가했다. 특허법원 설립 이전에는 일반 항소심 법원들이 특허권의 유효성을 인정한 비율이 평균 35%에 불과했지만, 특허법원이 설립된 이후에는 67%로 급증했다.[176] 이와 같이 특허권의 유효성이 보다 높은 비율로 인정되면 특허출원 및 등록의 가치가 증가하고, 따라서 앞에서 살펴본 바와 같이 특허법원의 설립에 의해 특허출원 및 등록이 증가하며, 결과적으로 특허법원의 설립이 기술혁신을 위한 연구개발 증가에 기여한 것이라고 할 수 있다.

특허법원의 설립이 외국 기업들에 미친 영향을 확인하기는 어렵지만, 표 3-1에서 보는 바와 같이 특허법원의 설립이 미국 기업들에 혁신에 대한 의욕과 연구개발 투자를 촉진하는 확실한 계기가 되었

176 William M. Landes & Richard A. Posner, 앞의 책, p. 338.

다. 예컨대 1971년부터 1982년까지 미국 기업들의 특허등록 건수는 오히려 줄어들어 소위 혁신의 위기를 경험한 데 반해, 특허법원 설립 이후에는 특허등록 건수가 지속적으로 증가했다. 특허법원의 설립을 통해 1970년대 미국 내 경기침체를 극복하고자 했던 입법자의 정책적 의도가 잘 실현된 것이라고 볼 수 있다. 특허법원의 설립은 특허법 해석의 통일과 예측 가능성을 확보하고 특허 보호를 강화하는 데 기여했으며, 결과적으로 산업계의 혁신 촉진을 도모해 경기침체를 벗어날 수 있게 해준 것으로 평가된다.[177]

특허제도의 두 얼굴

특허제도는 기술혁신에 미치는 효과에 대해 항상 긍정적인 평가만 내릴 수도 없고 부정적인 측면도 숨기고 있는 야누스와 같다. 산업혁명 당시에도 특허제도의 장점뿐만 아니라 폐해가 많이 지적되었지만, 오늘날까지 특허무용론이나 특허폐지론이 많이 제기되고 있다.[178] 특허권자의 독점적 지위로 인해 제품이나 서비스 가격이 인상될 뿐만 아니라, 막대한 특허소송 비용을 비롯해 사회가 부담해야 할 사회적 비용이 너무 크다는 비판이 제기된다. 보다 중요한 문제로, 독점적 지위를 남용해 기술혁신이 위축되고, 다수의 특허권이 실타래처럼 얽혀 많은 소송을 초래함으로써 신생 기업의 기술혁신이 좌절될 수 있다고

177 George C. Beighley, Jr., 앞의 글; Donald R. Dunner, "The U.S. Court of Appeals for the Federal Circuit: Its Critical Role in the Revitalization of U.S. Patent Jurisprudence, Past, Present, and Future," 43 *Loy. L. A. L. Rev.* 775 (2010).

178 Michele Boldrin and David K. Levine, "The Case Against Patents" (Working Paper 2012-035A, Federal Reserve Bank of St. Louis, 2012); A. G. González, "The software patent debate," 1 *Journal of Intellectual Property Law & Practice* 196 (2006).

지적되고 있다.[179] 예컨대, 미국의 유명한 발명가 에디슨이 백열등에 대해 지나치게 광범위한 특허권을 취득하고 행사함으로써 많은 기업이 문을 닫고 백열등 관련 기술혁신이 상당 기간 저조했다는 지적도 있다.[180] 최근 마이크로소프트의 사례에서는 독점적 지위 남용으로 인해 넷스케이프(Netscape)와 같은 인터넷 브라우저 분야의 기술혁신이 위축된 바 있다고 지적되고 있다.[181] 또한 현재 애플(Apple)의 음성인식 프로그램 '시리(Siri)'에 흡수되어 있지만 애초에 그 음성인식 프로그램을 개발한 블링고(Vlingo)라는 조그만 신생 기업은 그보다 규모가 훨씬 큰 뉴언스(Nuance)라는 기업으로부터 특허소송을 받은 뒤 소송 비용을 감당하지 못해 그 회사에 합병된 사례도 특허제도의 폐해를 잘 보여 준다.[182] 기술혁신이 점진적으로 이루어지고 하나의 제품이나 서비스가 많은 발명으로 구성되어 있는 IT 분야에서는, 특허제도의 폐해가 많이 나타나는 것이 부인할 수 없는 사실이다.[183]

---

179 Suzanne Scotchmer, "Standing on the Shoulders of Giants: Cumulative Research and the Patent Law," 5 *J Econ Persp* 29 (1991); Robert P. Merges and Richard R. Nelson, "On the Complex Economics of Patent Scope," 90 *Colum L Rev* 839 (1990)는 IT 분야의 발명처럼 하나의 제품에 점진적으로 이루어지는 수많은 발명이 활용되어야 하는 경우 특허가 제품생산뿐만 아니라 후속 발명의 발목을 잡게 된다는 점을 잘 지적하고 있다.

180 Tim Wu, "Intellectual Property, Innovation, and Decentralized Decisions," 92 *Va. L. Rev.* 123 (2006), pp. 125-126; Lea Shaver, "Illuminating Innovation: From Patent Racing to Patent War," 69 *Wash. & Lee L. Rev.* 1891 (2012).

181 Joseph E. Stiglitz, "Economic Foundations of Intellectual Property Rights," 57 *Duke Law Journal* 1693, p. 1711.

182 Charles Duhigg and Steve Lohr, "The Patent, Used as a Sword," page A1 of the *New York Times*. http://www.nytimes.com/2012/10/08/technology/patent-wars-among-tech-giants-can-stifle-competition.html?pagewanted=all&_r=0.

183 Mark A. Lemley, "Software Patents and the Return of Functional Claiming," 2013 *Wisconsin L. Rev.* 905 (2013); IT 분야의 특허 특히 소프트웨어 발명 특허는 연구개발 투자 또는 생산성 향상과 전혀 무관하거나 오히려 반비례한 것으로 알려져 있다: James Bessen and Robert M. Hunt, "An Empirical Look

그러나 특허제도의 긍정적 역할을 인정한 이론적 견해도 많고 실증적으로도 특허제도의 필요성과 역할이 확인되고 있다. 거슬러 올라가면 애덤 스미스는 기본적으로 자유시장의 신봉자임에도 불구하고, 외국 시장을 개척한 기업이나 기계를 발명한 사람 또는 책을 저술한 사람에게 일정 기간 특권을 부여하는 것이 궁극적으로 소비자에게 이득이 될 수 있기 때문에 그러한 한시적 특권이 정당화된다고 말한 바 있다.[184] 기술혁신을 통한 창조적 파괴를 주장한 조지프 슘페터(Joseph Schumpter)도 기술혁신을 위한 투자에 안전장치가 필요한데 특허, 영업비밀, 장기계약 등이 그러한 안전장치에 해당한다는 점을 명쾌하게 설명한 바 있다.[185] 이론적인 확신이 있었기 때문에 자본주의 경제 질서를 규정한 최고규범 헌법은 재산권 보장과 마찬가지로 특허권 부여 및 보호를 명시적으로 규정하고 있다.[186] 실증적인 자료를 보더라도, 의약품 발명에서처럼 개발에 천문학적 규모의 비용이 들어가지만 복

---

at Software Patents," *Working Paper*, No. 03-17/R (Federal Reserve Bank of Philadelphia, 2004), pp. 26-37; Melissa Black, "Innovation And Consumers As Casualties Of War In Global Technology Patent Battles," 22 *Transnat'l L. & Contemp. Probs*. 181(2013)은 특히 애플과 삼성 간 특허소송이 기술혁신 및 소비자에게 미치는 악영향에 대한 학술적 의견들을 잘 보여 주고 있다.

184 Adam Smith, *An Inquiry into the Nature and Causes of the Wealth of Nations*, p. 597은 흥미롭게도 영국 기업이 해외 시장을 개척한다고 할 때 '야만적인(barbarous)' 국가에 진출하는 데 따르는 위험부담에 대한 인센티브 또는 안전장치가 필요하다고 본 것이다.

185 Joseph A. Schumpeter, *Capitalism, Socialism and Democracy* (Introduction by Richard Wedberg, published by Routledge in 2003. The first original version published in the UK in 1943), p. 88.

186 Article I, Section 8, Clause 8 of the United States Constitution는 "To promote the Progress of Science and useful Arts, by securing for limited Times to Authors and Inventors the exclusive Right to their respective Writings and Discoveries."라고 규정하고 있고, 대한민국헌법 제22조 제2항은 "저작자·발명가·과학기술자와 예술가의 권리는 법률로써 보호한다."고 규정하고 있다.

제가 용이한 경우에는, 특허제도가 연구개발 투자에 없어서는 안 될 인센티브가 되고 기술혁신을 촉진하는 긍정적인 효과를 가지고 있다.

특허권자에게 주어진 독점적 지위로 인한 폐해가 많이 지적되고 있지만, 특허권이 경제학적 의미에서의 독점을 초래하는 경우는 아주 드물다. 경제학적 의미의 독점이란 특정 기업이 공급량이나 가격을 일방적으로 조절할 수 있는 상태를 뜻하는데, 대부분 특허권자가 그러한 지위에 있는 경우는 드물고 특허권자가 공급량이나 가격을 일방적으로 변경하더라도 소비자들은 대체재 또는 경쟁적인 상품이나 서비스를 선택할 수 있어 시장 전체에서 공급량이나 시장가격은 커다란 영향을 받지 않기 때문이다. 물론 예외적으로 의약산업에서와 같이 특허발명에 상당한 시간과 자본이 필요하고 행정규제 등 진입 장벽이 높은 경우 예외적으로 당해 특허권 보유자가 공급량이나 가격을 일방적으로 조절할 수 있는 독점적 지위에 있을 수도 있다. 그러나 그러한 독점적 지위 형성이나 남용에 대해서는 독점규제법이 적용됨으로써 독점의 폐해가 시정될 수 있고, 의약품과 같이 정부에 의한 가격통제가 이루어지는 경우도 있기 때문에, 독점 가능성만으로 특허제도가 기술혁신에 방해가 된다거나 연구개발을 위축시킨다고 단언하기는 어렵다.[187] 특히 IT산업의 경우에는 왕성한 특허활동에도 불구하고 새로운 기업의 진입과 치열한 경쟁이 이루어져 왔고, 특허권 보유도 점점 더 많은 기업에 의해 분산 보유됨으로써[188] 소위 분산적 기술선도(divided technical leadership)와 개방형 기술혁신(open innovation)의 효

187 F. M. Scherer and Sandy Weisburst, "Pharmaceutical Patent Protection in Italy," *IIC*(1995), p. 1009.

188 Yasin Ozcan and Shane Greenstein, "Composition of Innovative Activity in ICT Equipment R&D," 45 *Loy. U. Chi. L. J.* 479 (2013).

율성이 입증되고 있다.

현실적으로 입증하기는 어렵지만,[189] 특허제도가 발명과 혁신을 유인·장려하고 과학·기술 및 산업과 경제의 발전에 기여하기 위한 법제도라고 평가되고 있다.[190] 벤처 자본과 같이 발명의 상품화에 대한 금융 지원 제도가 발달한 오늘날에는 창업자와 개인 발명가도 특허권에 의한 경제적 보상을 염두에 두고 연구개발·혁신에 종사하는 경우가 많다.[191] 또한 대기업의 경우, 특허권이 뒷받침되지 않더라도 대규모 연구개발(R&D)과 창작을 위해 막대한 자금을 투자할 것인지는 극히 의문이다. 요컨대, 특허제도만이 기술혁신의 유일한 유인·장려 방법이라고 할 수는 없지만, 그리고 특허제도가 여러 가지 폐해를 낳는 것도 사실이지만, 특허제도가 자유경쟁 시장에서 투자 회수를 기대하는 대부분의 경제 주체에게 효율적인 인센티브가 되고 있음은 부인할 수 없다.[192]

---

189 정성철·윤문섭·장진규, 「특허와 기술혁신 및 경제발전의 상관관계」, 『정책연구』(과학기술정책연구원, 2004-15), 90쪽에 의하면 미국과 유럽에서는 제약산업과 특수화학산업의 경우를 제외하고 특허제도의 강화가 기술혁신을 촉진한다는 명백한 증거를 찾기 어렵다.

190 Richard A. Posner, *Economic Analysis of Law*(Little, Brown and Company, Boston and Toronto, 1977), p. 54; Edmund W. Kitch, "The Nature and Function of the Patent System," 20 *Journal of Law & Economics* 265(1977); Robert P. Merges, *Justifying Intellectual Property* (Harvard University Press, 2011).

191 구글의 예를 보면, 두 명의 스탠퍼드 대학교 대학원생이 검색 엔진을 연구하면서 그 검색 대상이 된 웹페이지들을 그 링크의 수량과 질에 따라 서열화해서 링크 수량과 질이 높은 웹페이지를 검색 결과물 가운데 제1순위로 보여 주는 검색 방법, 즉 페이지링크 시스템(PageRank™ system)을 개발해 특허받은 바 있고, 그러한 특허권을 밑거름으로 벤처 자본의 투자를 받을 수 있었던 것이다: Richard Brandt, "Starting Up. How Google got its groove," *Stanford Magazine*. http://alumni.stanford.edu/get/page/magazine/article/?article_id=35436.

192 Edmund W. Kitch, "The Nature and Function of the Patent System," Scott Kieff, "Property Rights and Property Rules for Commercializing Inventions," 85

산학협력을 통한 기술확산

기술의 확산은 기술혁신의 결과를 제품이나 서비스에 반영해서 판매함으로써 이루어지기도 하지만, 기업과 대학 간 또는 기업 간 실시 허락이나 기술이전을 통해서도 이루어진다. 전통적으로 기업들은 자체 연구소 등을 통한 연구개발 결과물을 상품이나 서비스로 개발해 왔지만, 1990년대부터는 특허발명을 굳이 내부적으로 개발할 필요가 없다는 시각이 늘어나고, 기술 매매 또는 실시 허락이 많아졌다.[193] 기술경쟁력은 반드시 기업 내부의 연구개발만 가능한 것이 아니라 대학 또는 다른 기업의 기술을 구입하는 것으로도 가능하기 때문이다.

국립과학재단은 산학협력을 활성화하기 위해 산학공동연구센터(Industry-University Cooperative Research Centers) 설립 및 운영을 지원했다. 2007년 현재 55개의 산학공동연구센터가 설립되어 있고, 700여 개 기업이 가입해 있다. 산학협력 또는 대학과 기업 간 기술이전은 바이·돌법 제정으로 가속화된 바 있다.

1970년대 들어 일본은 기술혁신으로 빠른 경제성장을 이룩한 반면에 미국 제조업의 전반적인 생산성은 낮아지는 심각한 상황에 대처하기 위해, 미국 의회는 1980년 바이·돌법을 제정했다. 1980년대 들어 일본 기업들의 전자 제품이 미국 시장을 장악하고 미·일 간 무역에서 미국이 매년 450억 달러가 넘는 무역적자를 기록하게 되었다.[194] 최근에는 그보다 훨씬 더 많은 무역적자를 기록하고 대중 무역

Minn. L. Rev. 697 (2001).

193 A. MacLachlan, "An Industrial Perspective on Technology Commercialization in the 1990s and Beyond," *Technology Commercialization: Russian Challenges, American Lessons* (The National Academies Press, 1998).

194 US Census Bureau, Trade in Goods with Japan. https://www.census.gov/foreign-trade/balance/c5880.html0.

관계에 대한 대응으로 관세폭탄을 비롯한 무역전쟁을 벌이고 있지만, 30여 년 전에는 일본과의 전략적 협력관계를 고려해 환율조정 및 일본 시장의 추가적 개방 등의 조치를 취했을 뿐이다. 미국 정부는 미국 기업의 기술경쟁력을 높이고 기술혁신 활성화를 도모하기 위해 일본과의 통상협상 외에 1980년 바이·돌법을 제정한 것이다.

바이·돌법은 연방정부에서 예산을 지원받아 연구한 결과 발명이 이루어진 경우, 그 발명에 관한 특허권 등 권리가 그 연구를 수행한 대학, 중소기업, 비영리단체에 귀속한다는 새로운 권리귀속관계를 규정했다. 대학 등 정부로부터 예산 지원을 받아 연구를 수행한 기관은 그 연구로 얻은 발명에 대한 특허권 등 권리를 취득할 수 있고, 특허발명의 라이선스나 창업을 통해 새로운 상품이나 서비스 개발에 기술혁신을 활용하고 상업화할 것으로 기대한 것이다. 1862년 저스틴 스미스 모릴(Justin Smith Morrill) 의원이 발의해서 통과된 토지교부금법(Land Grant Act)은 연방 토지를 교부금으로 제공해 대학의 연구를 지원하고 기술혁신을 도모함으로써 미국에서 2차 산업혁명이 일어나는 데 커다란 도움을 준 것으로 평가되고 있다. 바이·돌법은 토지교부금법과 마찬가지로 대학, 중소기업, 비영리단체에 특허권 등 지식재산권을 부여함으로써 발명의 상업화, 기술혁신의 활성화를 도모하기 위해 제정된 것이다.

정부로부터 연구비의 전부 또는 일부를 지원받은 대학 등이 그 연구로 발명을 한 경우에는 연구비 지원 정부기관에 신고해야 한다. 대학 등은 정부에 발명 신고를 한 때로부터 2년 이내에 그 발명에 대한 특허권 등 지식재산권을 취득할지 여부를 결정해야 한다. 논문 발표 등으로 특허출원 시점이 1년의 유예기간으로 단축된 경우에는, 그 유예기간이 종료되기 60일 전에 특허권 보유 여부를 결정해야 한다. 특허권 보유를 결정할 경우 반드시 특허출원을 해야 하고, 미국 특허청에 특허출원한 때로부터 10개월 이내에 국제출원 여부를 연구비 지원 정부기관에 신고해야 한다. 국제출원 여부에 관한 신고가 없는 경우, 연구비 지원 정부기관은 필요하다면 정부 명의로 국제출원을 진행할 수 있다. 대학 등이 특허권을 취득한 경우에도, 연방정부는 그 특허발명에 대해 무상으로 무기한 비독점적 통상실시권을 갖는다. 실시를 허락할 경우 대학 등은 중소기업에 우선권을 부여해야 한다. 다만 연구비의 일부를 외부 기업이 제공하고 그 기업과 대학의 연구수행계약에 따라 그 기업이 특허발명에 대한 독점적 전용실시권(exclusive license)을 갖는 경우에는, 중소기업에 대한 실시 허락 의무가 면제된다. 그뿐만 아니라 외부 기업의 연구비 지원을 받거나 연구시설을 이용하는 과정에서 연구 결과 산출된 발명에 대한 권리가 기업에 귀속된다는 계약이 체결되었다면, 대학은 바이·돌법을 근거로 특허권 취득을 주장할 수 없다. 다시 말해 바이·돌법은 정부가 특허권 취득을 양보하고 대학 등이 우선적으로 특허권을 취득해 기술 사업화를 촉진하기 위한 것일 뿐, 대학 소속 교수나 연구원이 외부 기업과의 공동연구나 연구수행계약을 체결해 별도의 특허권 귀속에 관한 합의를 한 경우, 바이·돌법이 그러한 계약상 특허권 귀속을 무력화시키면서까지 대학에 특허권을 취득하게 해주는 것은 아니다. 기본적으로 특허권은 발명자에게 귀속되는 것이고, 발명자에 해당하는 대학 소속 교수나 연구원이 외부 기업과의 계약에 의해 자신의 발명에 대한 권리를 그 기업에 양도했다면, 바이·돌법이 계약상 권리양도를 무효화시키는 강행 규정이라고 볼 수는 없기 때문이다.[195]

---

195 Stanford University v. Roche Molecular Systems, Inc., 563 U.S. 776 (2011).

대학 등은 특허권을 제3자에게 양도할 수 없는 것이 원칙이지만, 전문적인 특허관리를 위해 제3의 특허관리 전문 기업에 특허권을 양도할 수 있다. 대학 등이 특허발명의 실시로 수익을 얻을 경우에는, 그 특허발명을 한 교수, 학생 등 연구 수행자에게 수익의 일부를 보상금으로 지급해야 한다. 대학 등은 특허발명의 실시로 얻은 수익 가운데 연구 수행자에게 보상금을 지급하고 비용을 공제한 뒤 잔액은 대학 등의 연구나 교육에 활용해야 한다. 대학 등이 특허권을 취득한 뒤 일정 기간 내 외부 기업에 실시 허락 등 상업화 활동을 하지 않는 경우에는, 연구비 지원 정부기관이 대학 등에 제3자에게 실시 허락을 요구하는 등 기술 사업화에 개입할 권리를 가진다.

모릴 의원의 토지교부금법이 미국의 2차 산업혁명에서 성공을 가능하게 했던 것처럼, 바이·돌법은 3차 산업혁명에서 미국의 기술경쟁력을 회복하기 위한 것이었다. 결과적으로 대학과 산업 간 기술이전 또는 기술 상업화에 크게 기여한 것으로 평가된다. 1980년 이전 미국 대학들의 특허는 259개에 불과했고 상업화되지 못하는 경우가 많았지만, 오늘날에는 바이·돌법의 영향으로 매년 3천여 건의 특허를 받을 뿐만 아니라 200개가 넘는 대학이 기술이전에 참여하고 있다.[196]

연방정부의 연구지원 예산도 매년 증가해 2017년 기준 연간 398억 달러가 대학과 중소기업 등에 연구비로 제공되었다. 연구비 증가와 바이·돌법의 영향으로, 대학 등에 의한 특허출원도 매년 증가해 2017년 기준 연간 1만 5천 건 이상이나 되었다.[197] 특허발명의 사업화

---

196 Philip Shapira and Jan Youtie, the Innovation System and Innovation Policy in the United States, "Competing for Global Innovation Leadership: Innovation Systems and Policies in the USA, EU and Asia," pp. 5-29.

197 AUTM 2017 Licensing Activity Survey (AUTM, 2018), pp. 5-7.

로 인해 대학이 얻은 수익은 2011년 현재 25억 달러를 넘었고 라이선스는 지속적으로 증가하고 있다. 바이·돌법이 시행된 후 2008년까지 6,600여 개의 신규 기업이 창업해, 매년 20만 명 이상이 신규 채용되는 고용창출 효과가 발생했다.[198]

실리콘 밸리의 기술혁신

미국이 가장 왕성한 기술혁신을 이루어 세계 최강의 경제력과 군사력을 갖고 있지만, 미국의 50개 주 가운데 캘리포니아주만 떼어서 봐도 주 경제 규모가 한국은 물론 영국 전체의 국내총생산(GDP)보다 크다. 캘리포니아주 가운데 샌프란시스코 동남쪽에 위치한 실리콘 밸리는 구글과 애플을 탄생시켰고, 하버드에서 출생한 페이스북(Facebook)까지 끌어들여 미국 경제를 이끌어 가고 있다고 말할 정도가 되었다. 인공지능 기술과 세계 경제를 주도하는 이들 기업은 모두 개인의 기술혁신을 토대로 벤처 투자를 받아 오늘날과 같은 대기업으로 성공했다. 실리콘 밸리의 벤처 자본은 오늘날에도 새로운 기술혁신과 투자 대상을 찾아 투자를 계속하고 있다. 실리콘 밸리에서만 매년 5조 원 이상의 벤처 투자가 이루어지는데, 이러한 벤처 투자액은 미국 전체 벤처 투자액의 27%에 해당한다.[199] 바로 이와 같이 왕성한

---

198 Vicki Loise & Ashley J. Stevens, "The Bayh-Dole Act Turns 30," 2 *Science Translational Medicine*, No. 52 (Oct. 6, 2010); Clovia Hamilton, "University Technology Transfer and Economic Development: Proposed Cooperative Economic Development Agreements Under the Bayh-Dole Act," 36 *J. Marshall L. Rev.* 397 (2003), p. 408.

199 Deborah P. Piscione, *Secrets of Silicon Valley* (Palgrave MacMillan, 2013), p. 84; Thomas Meyer, "Venture Capital Adds Economic Spice" (Deutsche Bank Research, September 14, 2010), p. 74.

벤처 투자와 기술혁신이 오늘날의 실리콘 밸리를 탄생시킨 것이다.

실리콘 밸리에서 세계 최대 IT 기업들의 창업이 많이 이루어지는 배경으로, 19세기 중반 캘리포니아의 금광을 찾아 모험을 떠나던 골드러시(gold rush) 정신을 들기도 한다. 1848년에 금광이 발견된 이래 약 7년에 걸쳐 30만 명이 캘리포니아로 이주해 왔고, 그중 일부는 수십조 원의 부를 성취했다. 금광이 처음 발견된 날로부터 1주일 후 미국 정부는 멕시코와의 전쟁에서 승리하고 오늘날의 캘리포니아, 애리조나, 네바다, 콜로라도, 유타주에 해당하는 지역을 미국 영토로 접수했다. 금광이 발견되었다는 소식으로 1849년에 가장 많은 사람이 캘리포니아로 이주해 온 역사적 사실로, 오늘날 유명한 미국 풋볼팀 '샌프란시스코 포티나이너스(San Francisco 49ers)'[200]가 설립되기도 했다. 금광으로의 골드러시가 캘리포니아를 상징하는 벤처 또는 모험정신에 절대적인 영향을 미친 것은 사실이다. 그러나 알래스카와 호주에서도 유사한 골드러시가 있었지만 실리콘 밸리에서와 유사한 기술혁신과 산업혁명으로 연결되지 못했다.

기술혁신이 상업적으로 성공하기 위해서는 기술 자체도 우수해야겠지만 상업적 성공에 필요한 자금조달, 홍보, 판매, 법률 서비스 등이 뒷받침되어야 한다. 구글이 뛰어난 검색 기술만으로 성공했다고 보는 것은 잘못이다. 구글이 성공하기 전에 우수한 검색 기술이 전혀 없었던 것은 아니다. 예컨대, 1995년 캔자스 대학교의 존 고슈(John Gauch) 교수는 아주 우수한 검색 알고리즘을 개발해 텍사스 대학교 공용 서버에 채택되었고, 1년 만에 매월 100만 명 수준의 사용자를 확

200 https://www.49ers.com.

보했다. 고슈 교수의 검색 알고리즘은 우수했지만 캔자스 지역의 투자, 경영, 법률 지원이 충분히 뒷받침되지 못했다. 이에 반해 1996년 스탠퍼드 대학교 두 명의 박사과정 학생이 개발한 검색 알고리즘 페이지랭크(PageRank)는 선마이크로시스템스(Sun Microsystems) 창업자 앤디 벡톨샤임(Andy Bechtolsheim), 아마존(Amazon) 창업자 제프 베이조스(Jeff Bezos), 스탠퍼드 공대 교수 등으로부터 초기 투자를 받고, 그다음 해 세쿼이아 투자(Sequoia Capital) 등 벤처 투자 회사로부터 2,500만 달러의 추가 투자를 받아 성공궤도에 올랐다. 실리콘 밸리의 투자, 판매, 법률 서비스 등이 체계적이고 물 흘러가듯 이루어지는 생태계가 구글을 세계적인 검색 엔진으로 성공시킨 반면에, 캔자스 고슈 교수가 개발한 우수한 검색 엔진은 얼마 못 가 10만 달러에 매각되는 신세가 되었다. 캔자스와 스탠퍼드가 똑같은 기술혁신 능력과 자유로운 환경을 갖추었다고 하더라도 캔자스 지역에는 실리콘 밸리의 창업 생태계가 형성되지 못했던 것이다. 스탠퍼드 대학교에서 개발된 기술은 바로 옆에 위치한 샌드힐 거리(Sand Hill Road)의 벤처 자본, 그리고 바로 옆 페이지밀 거리(Page Mill Road)의 법률가들을 만나 그들의 지원을 받았다.[201]

실리콘 밸리의 과학기술자와 벤처 자본가, 경영 전문가, 법률가 들은 마치 남녀가 데이트하듯이 자연스럽게 카페 모임과 세미나, 전시회 등에서 소통하고 기술혁신의 상업화를 위해 협력한다. 실리콘 밸리의 카페 모임은 시간과 공간의 장벽이 없는 역동적인 모임으로, 기술혁신의 상업적 성공에 많은 기여를 하고 있다. 이탈리아 베네치아

201 빅터 W. 황·그렉 호로윗, 앞의 책, 49, 62쪽.

의 전통적인 카페는 집과 직장에 이어 세 번째로 중요한 장소지만 오래된 친구들끼리 모임을 갖는 편이어서 신참은 뚫고 들어가기가 힘들다. 그러나 실리콘 밸리의 카페는 하루 종일 차고에서 아이디어를 개발하다가 청바지를 입은 채로 온 괴짜 청년들이 주식 상장으로 상당한 부를 쌓아 후배 창업자를 도와주는 멘토를 만나고 아이디어를 테스트하고 시장의 상황과 투자 가능성에 관해 자유롭게 이야기를 나누는 열린 공간이다.[202]

202 빅터 W. 황·그렉 호로윗, 앞의 책, 248쪽.

| 4장 |

대한민국의 기술혁신

1. 대한민국의 선택

오늘날 대한민국은 빈부 격차의 난제에도 불구하고 1인당 국민소득 3만 달러가 넘는 세계 12위[1] 경제 대국이 되었다.[2] 그러나 조선시대에는 왕의 능력에 따라 다소 흥망성쇠가 있었지만 전반적으로 일부 양반과 사대부만 잘살고 대부분의 백성은 가난하고 힘들게 살았다. 노비뿐만 아니라 대부분의 백성이 억압적인 신분 질서와 다양한 착취로 기술혁신의 인센티브는 물론 일상의 일을 열심히 할 의욕마저 갖기 어려웠다. 그러나 해방 이후에는 지방의 가난한 환경에서도 수많은 인재가 자유롭게 자신의 능력을 발휘해 부와 권력을 얻을 수 있었다. 또한 중소기업에서 대기업에 이르기까지 투자와 기술혁신으로 성공한 사례가 많이 나왔다.

오늘날에는 계층 이동의 사다리가 무너지고 있다는 위기에 직면하고 있긴 하지만, 조선시대와 달리 농부에서 사업가에 이르기까지 개인과 기업들이 자신의 자유와 재산을 빼앗길지 모른다는 걱정 없이 자유롭게 연구개발과 투자에 전념할 수 있다. 대한민국의 기술혁신과 경제발전은 조선시대와 다른 새로운 질서에 의해 가능해졌다. 자신의 노력이나 기술혁신으로 부와 명성을 가질 수 있도록 자유와 재산을

---

1 국가별 국내총생산(GDP)에 관한 세계은행 자료 참고. https://data.worldbank.org/indicator/NY.GDP.MKTP.CD?year_high_desc=true.

2 International Monetary Fund, *Report for Selected Countries and Subjects* (April 2018)에 의하면 대한민국의 2018년 국내총생산(GDP)은 1조 6,932억 달러, 1인당 국민소득(GDP per capita income)은 3만 2,774달러로 예상하고 있다: https://www.imf.org/external/pubs/ft/weo/2018/01/weodata/weorept.aspx?pr.x=34&pr.y=8&sy=2017&ey=2018&scsm=1&ssd=1&sort=country&ds=.&br=1&c=542&s=NGDPD%2CPPPGDP%2CNGDPDPC%2CPPPPC&grp=0&a=.

보장해 주는 헌법적 질서를 갖추고 있기 때문이다.

대한민국의 새로운 질서

조선 후기에는 양반 사대부의 부패와 백성에 대한 착취가 점점 악화되었지만, 그러한 현실의 문제점을 지적하고 민생을 살리기 위해 제도 개선을 주장한 학자도 많았다. 특히 박제가 등 실학파 학자들은 통상과 기술발전을 통한 민생의 개선을 주장하고 건의한 바 있다. 착취적 질서의 심각한 문제점을 직시하고 상공업의 발전을 주장한 실학자들의 사상은 오늘날 세계 12위 부국 대한민국이 실천하고 있는 과학기술 입국의 사상적 기원이 되었다고 볼 수 있다.[3]

조선의 농업경제에서는 토지가 가장 중요한 재산에 해당했는데, 양반 사대부는 권력을 가진 권력층일 뿐만 아니라 대부분의 노비와 토지를 독점하는 지주계급이기도 했다. 따라서 실학파의 시조 유형원은 지배층의 토지를 몰수해 관리, 선비, 농민의 신분에 따라 차등을 두어 분배하고 자영농을 육성해야 한다는 소위 균전론을 주장했다. 농민 대부분이 소작농으로 지주에게 과다한 소작료를 내야 하는 착취적 경제 질서는 일제 식민지하에서 더 악화되어 농민운동의 주요 배경이 되었다.

일제강점기에는 소작농의 비율이 계속 증가해, 남한의 논 가운데 71%가 소작지였다. 해방 직후 남한 인구의 77%에 해당하는 농업 인구 가운데 압도적 다수가 소작농으로 일했는데, 소작농은 지주에게

---

3 김학준, 『서양인들이 관찰한 후기 조선』(서강대학교출판부, 2010), 585쪽; 이헌창, 『한국경제통사』(도서출판 해남, 2014), 230쪽.

생산물의 50% 내지 90%에 달하는 소작료를 지급해야 했다.[4] 해방 후에는 소작농들의 목소리가 높아지기도 했지만 북한 지역에서 시행된 무상몰수 무상분배의 영향으로, 전근대적이고 봉건적인 지주제를 해체시키는 농지개혁이 이루어졌다. 미군정은 소작료율이 수곡 총액의 3분의 1을 넘을 수 없다는 소작료 3·1제, 일본 정부 및 일본인이 소유했던 농지를 몰수해 농민에게 분배하면서 연생산액의 3배를 농지 가격으로 하고 연생산물의 20%씩 15년간 현물 분납하도록 하는 조건의 농지개혁을 시행했다. 이승만 대통령은 1949년 농지개혁법(農地改革法)[5]을 제정해 유상몰수 유상분배 원칙에 따라 농지몰수에 대한 대가로 농지채권을 발행하고 미군정에 의한 농지분배와 유사한 방식으로 자작농 농민들에게 농지를 분배했다.

미군정에 의한 농지분배와 농지개혁법에 의한 농지개혁은 공산주의와 급진적 민족주의에 대항하기 위한 정책의 일환으로 추진되었다. 그러나 대한민국 정부 수립 이후 제정된 농지개혁법이 경자유전(耕者有田)의 원칙과 농민들의 이익에 부합하는 포용적 경제 질서를 여는 첫 단추가 된 점도 부인할 수 없다. 갑오개혁으로 법적으로는 노비제가 폐지되었지만, 양반과 머슴 그리고 지주와 소작농으로 구성된 현실적인 신분제가 실제로 해체된 데는 농지개혁의 영향이 컸다. 그러나 농지개혁으로 소작농이 자작농으로 생산을 담당하게 되었음에도 지주에 비해 투자능력이 다소 떨어져 농업생산의 증가를 도모하지는 못했다.[6] 또한 막대한 전시 인플레이션으로 인해 농지채권이 휴짓조

---

4 하민경 등, 「대법원판결과 사회변화」, 『사법정책연구원 연구총서 2017-14』, 113-114쪽.

5 법률 제31호, 1949. 6. 21. 제정, 1949. 6. 21. 시행.

6 박명호, 『2012 경제발전경험모듈화사업: 한국의 농지개혁』(기획재정부, 2013),

각처럼 변했기 때문에, 전반적으로 토지자본이 산업자본으로 전환되지는 못했다. 다만 농민들이 농지를 보유하고 자산불평등이 해소되면서 경제적으로 안정적인 내수 기반이 형성되었다. 일부 지주들은 일제에 귀속되었던 재산을 불하해 기업가로 변신했다.[7]

농지개혁을 통한 재산의 균등한 분배로 상당한 사회적 동질성이 확보되었다면, 6·25 전쟁으로 인한 파괴는 역설적으로 새로운 차원의 사회적 동질성과 역동성을 가져다주었다.[8] 모두 똑같이 가난해진 환경에서 개인적으로 성공하기 위해서는 교육이 가장 중요했고, 사회적으로도 교육은 과학기술의 발전을 위해 필요한 투자였다. 특히 조선시대 대부분의 사대부 지주들은 노비와 소작농의 교육에 무관심했지만, 해방 이후 자작농으로 전환된 대다수 농민은 스스로 교육에 많은 관심을 갖게 되었다. 이승만 정부는 의무교육 6개년 계획을 세워 빈부에 관계없이, 도시와 농촌의 구별 없이 전 국민에게 의무적인 공교육을 시행했다. 1959년 당시 아동 취학률이 96%까지 향상되어, 향후 박정희 시대의 기술학습과 경제발전의 밑거름이 되었다.[9] 1863년부터 1996년까지 연평균 8.3%의 고도성장을 이룩한 소위 '한강의 기적'은 선진국 기술을 학습하고 개량하고 혁신하는 방식의 압축 성장에 의한 것이었다.[10] 국민의 교육열과 정부의 공교육 투자가 없었다면 이러한 기술학습과 혁신은 불가능했을 것이다.

농지개혁과 공교육 시행이 기술혁신의 필요조건이었다면, 해방

71쪽.

7 위의 책, 95쪽.

8 이헌창, 앞의 책, 518쪽.

9 박명호, 앞의 책, 84쪽.

10 이헌창, 앞의 책, 513쪽.

이후 현실적으로 필요한 투자 및 기업의 자유는 기술혁신의 충분조건이라고 할 수 있다. 해방 전후를 비교해 보면, 조선시대의 불합리한 신분 질서에 따른 착취적 경제에서 건국 이후 제정된 헌법이 보장하는 자유로운 시장경제로 변화했다. 해방 이후에도 개인과 기업이 명목상 자유를 주장할 수는 있었지만 실제로 투자하기 위해 충분한 자금을 조달하기는 매우 어려웠다. 박정희 대통령은 미국과 일본 등 선진국에서 외화자금을 도입하고 자유로운 시장 질서를 확립함으로써, 해방 이후 초기의 기술학습과 혁신의 기초를 마련했다.

대부분 후진국의 독재정권은 무력으로 권력을 정당화하지만, 다행히 박정희 정부를 비롯한 이후 권위주의 정부는 권력을 정당화하기 위해 과학기술의 발전과 시장경제의 활성화를 적극적으로 추진했다. 특히 한국은 수출을 통한 경제발전을 도모할 수밖에 없었기 때문에, 해외 시장으로 진출을 촉진하기 위한 정책적 수단으로 국내 경제질서도 자유로운 시장의 원리를 채택하고 자유와 재산을 보장할 필요가 있었다.[11] 대부분의 후진국과 달리 한국은 집권자의 친인척에 한정하지 않고 비교적 자유롭게 누구든 기술혁신과 기업활동에 참여할 수 있는 시장경제를 추구했다. 경제발전 과정에서 수많은 근로자가 희생되었지만, 많은 사람이 계층의 사다리를 올라가 꿈을 실현할 수 있도록 경제활동의 자유와 재산권을 보호하는 법제도를 확립했다.

자유와 재산을 보호하는 제도와 그러한 제도에 기반을 둔 자유민주주의 질서는 우리 국민의 선택이고 한국의 운명이다. 근대사를 보면 자유와 재산을 보호하는 제도와 질서가 기술혁신과 경제발전을 촉

11 존 P. 파월슨, 권기대 옮김, 『부와 빈곤의 역사』(나남, 2007), 513쪽.

진해 온 제도적 배경이 되었지만, 구체적인 자유와 재산의 보호 정도와 방법은 각국 구성원들의 선택에 따라 서로 달랐다. 해방 직후 한국에는 자유와 재산의 보호에 관한 구체적인 제도와 질서를 선택하기에 충분한 정보와 시간을 갖지 못했고, 강대국들의 개입으로 스스로 선택하기도 어려울 정도로 불확실성과 극도의 혼란을 경험했다. 군부독재로 정치적 자유는 제한되었지만, 재산권 보호에 관한 법 집행은 비교적 충실하게 이뤄졌고, 특히 법원은 과세권 남용에서 국민의 재산을 보호하는 역할도 충실히 했다. 공물을 비롯한 세금을 대부분 힘없는 농민들에게 부과해 결과적으로 양반이 농민의 재산을 착취하던 조선시대와 비교하면 대한민국은 건국 당시부터 재산을 보호하는 제도를 선택해, 충실히 집행하려고 노력했다. 기술혁신과 경제발전에 필요한 재산권 보호는 가능했지만, 군부독재가 시작된 이후에는 자유가 제한되고 정치적 선택이 자유롭지 못한 권위주의적 질서가 사회를 지배했다.

1980년대 중반에 신체의 자유와 언론의 자유에서 정치권력을 선택하는 헌법 질서에 이르기까지 혁명적인 제도 변화가 일어났다. 그러한 변화는 학생과 노동자들의 희생뿐만 아니라 국민들의 지지와 선택으로 이뤄졌다. 1980년대 중반까지 공산권을 견제해야 할 미국 등 선진국으로서도 독재 장기화로 인한 정치사회의 불안은 수용하기 어려운 한계점에 도달해 있었다.[12] 그러나 전 세계적으로 한국처럼 군부독재가 국민의 저항에 직면해 정치제도의 변화를 수용하고 평화적인 정권교체와 지속적인 기술혁신 그리고 경제성장을 이룩한 선례는 찾

12 위의 책, 512쪽.

아보기 어렵다.

자유민주주의와 기술혁신

기술혁신과 자유로운 시장 질서가 언제나 자유민주주의를 전제로 해야 하는지에 관해서는 많은 논란이 있다. 중국이나 싱가포르처럼 일당 독재를 유지하면서 고속 경제성장을 유지하는 경우도 있어, 자유민주주의와 기술혁신 또는 시장 질서가 논리필연적 상관관계가 없다고 주장하는 견해도 있다. 그러나 시장 규모가 어느 수준 이상 커지고 개인 소득이 일정 수준 이상으로 증가하면 정치적 민주화에 대한 요구가 커지게 마련이다. 정치적 민주화에 대한 요구가 커지면 그러한 사회적 요구가 정치경제적 불안정성을 초래해 경제성장이 멈추거나 정치 질서를 바꿈으로써 경제적 이해관계가 정치적으로 반영되고 지속적인 경제성장을 추구하는 타협책을 모색해야 하는 선택의 기로에 놓일 수도 있다. 한국은 1인당 국내총생산이 3,500달러에 달한 1987년에 다행히 헌법을 개정해 정치적 민주화를 실현했다. 물론 한국의 정치적 민주화가 경제성장의 결과라고만 단언할 수는 없다. 1987년 당시 평균 연간 인플레이션율 2.5%, 지난 30여 년간 총인플레이션율 120%가 넘은 점을 고려할 때, 3,500달러는 오늘날의 재화 가치로 환산하면 8천달러가 넘는 상당한 수준이다. 따라서 그 당시 한국 중산층의 시장경제에 대한 자신감이 정치 민주화를 향한 열망을 뒷받침했다는 점은 부인할 수 없다. 더 나아가 북한과의 대립과 그 당시 지배적인 냉전체제를 고려해 볼 때 독재로 야기된 사회불안보다 민주화로 인한 정치 질서 안정 및 선진화가 더 절실했다는 측면도 영향을 미쳤을 것이다.

물론 민주화가 경제 및 안보 상황의 결과물로서 저절로 만들어진 것은 아니다. 민주화는 많은 학생, 노동자, 지식인, 종교인, 정치지도자가 투쟁과 타협으로 만들어 낸 결과물이다.[13] 물론 1987년 6월 민주항쟁에 대한 군부 세력의 대응도 중요한 변수였다.[14] 그 당시 민주정의당 노태우 대표는 대통령 선거 직선제 개헌, 김대중 사면복권 등의 민주화 요구를 대폭 수용하는 6·29 선언을 단행했고, 실제로 같은 해 10월 대통령 직선제와 헌법재판소 설치 등을 골자로 한 헌법 개정을 적극 추진해서 실현했다. 그 후 대통령으로 당선된 뒤 김영삼 통일민주당 대표 등 야당 지도자들과 힘을 합쳐 정당의 통합을 이루었고, 1992년 12월 대통령 선거를 통해 문민정부의 탄생에 기여했다. 결과론적으로, 박정희 대통령 서거 후 군사독재의 연장에 불과하다고 볼 수도 있지만, 노태우 대통령이 정치적 타협으로 스스로 군부독재를 종식시키고 대한민국의 민주화 및 국운 융성에 기여한 것을 부인할 수는 없다.

민주화는 간선제가 아니라 직선제로 국민이 직접 정치권력을 선택하고, 신체의 자유와 언론의 자유 등 국민의 기본권을 실질적으로 보장한다는 것을 의미한다. 국민이 직접 정치권력을 선택하는 정치질서의 변화가 일어난 지 30년이 지났지만 국민에게 보다 발전된 정치를 보여 주었는지는 의문이다. 민주화 이후에도 정치에 대한 국민의 불만은 여전하지만, 기술혁신과 경제성장은 최근까지 지속되고 있다. 특히 민주화 이후 국민의 자유와 재산의 보호가 지난 30년간 기술혁신에도 상당한 기여를 했다. 군부독재 시절에는 상당수 국민이 외국으로 이민을 갔지만, 신체의 자유와 언론의 자유가 보장된 이후에는 외국에서 공부한 과학기술자와 전문가들이 귀국해 기술혁신과 창

---

13 1987년 박종철 학생의 고문 치사, 전두환 대통령의 호헌(護憲) 조치, 이한열 학생의 최루탄 피격 사망이 도화선이 되어, 6월 중순 전국적으로 100만 명 이상의 시민이 시위에 참여해 독재 반대와 민주화를 요구하는 민주항쟁이 일어났다.

14 「박훈의 역사 서재: 국가 미래 위해 반란 수괴와도 손잡다」, 『조선일보』 2019. 8. 3.

작활동으로 경제성장에 많은 기여를 했다. 특히 민주화 이후 영화법 등에 존재했던 검열제도가 폐지되고 표현의 자유가 실질적으로 보장되면서 한국의 문화산업은 급성장했고, 최근 한류 콘텐츠의 성공을 이끌어 낸 원동력이 되었다.

검열제도의 문제점이 본격적으로 제기된 것은 김영삼 대통령 시절로 거슬러 올라간다. 그 당시 흥행에 성공한 〈쥐라기 공원〉이 전 세계에서 거둔 수익이 현대자동차 150만 대 판매로 얻은 수익과 같다는 충격적인 사실이 알려지면서,[15] 김영삼 대통령은 그 당시 문화체육부 내에 '문화산업'을 진흥하기 위한 조직을 신설하고 영화를 비롯한 문화 콘텐츠 생산에 투자를 대폭 확대할 것을 지시했다. 그러나 대통령의 지시와 막대한 예산 투입만으로 국내 문화산업이 발전하지는 못했다. 그 당시 영화법 등에 규정된 공연윤리위원회는 이념, 풍속, 윤리 등을 잣대로 예술활동을 규제하고 자유로운 표현을 억압했기 때문에[16] 창의적이고 우수한 문화 콘텐츠가 생산되기 어려웠다.[17] 많은 연예인이 공연윤리위원회의 사전심의가 헌법상 표현의 자유를 제한하는 검열에 해당한다고 주장하면서 '위헌심사(違憲審査)' 제청 또는 헌법소원(憲法訴願) 심판을 청구했다.[18] 헌법재판소의 위헌 판단에 따라 공연윤리위원회의 사전심의 즉 검열제도가 사라지면서,[19] 수백만 관객을 끌

---

15 Doobo Shim, "Hybridity and the rise of Korean popular culture in Asia," *Media, Culture & Society* (London, Thousand Oaks and New Delhi), Vol. 28(1), pp. 25-44.

16 영화법(법률 제4541호, 1993. 3. 6. 개정) 제12조 및 제32조.

17 이성남, 「표현자유와 영화법 또 마찰」, 『시사저널』 2019. 7. 13.

18 예영준, 「정태춘 두 음반 〈아, 대한…〉 〈…종로에서〉 합법 음반으로」, 『중앙일보』 1996. 7. 22.

19 헌법재판소 1996. 10. 31. 선고 94헌가6 결정. 헌법재판소 1996. 10. 4. 선고 93헌가13·91헌바10(병합). 헌법재판소 2001. 8. 30. 2000헌가9 결정. 헌법재판소

어모은 대박 영화들이 나오기 시작했다. 최근에 영화 〈기생충〉에서부터 그룹 BTS까지 한류 콘텐츠가 세계 무대로 진출한 것도 표현의 자유가 없다면 불가능한 성과일 것이다. 1990년대에 10여 건의 헌법재판을 통해 예술의 자유와 명실상부한 표현의 자유를 쟁취한 것은 지구상에서 유례를 찾아보기 어려운 '자유의 승리' 사례라고 할 수 있다. 17세기 말 영국에서 명예혁명 등을 통해 자유와 재산권을 보호하면서 신흥 상공인들이 자유로운 경제활동과 기술혁신으로 산업혁명에 성공했던 것처럼,[20] 한국은 1990년대 헌법재판을 통해 자유를 쟁취함으로써 예술가들과 기업가들이 대중예술의 혁명적 발전을 이룩했던 것이다. 지난 30여 년간 우리나라 산업의 발전을 보면, 헌법상 자유가 추상적인 가치에 머물지 않고 현실적으로 창의와 혁신 그리고 경제발전을 촉진할 수 있는 구체적 가치임을 확인할 수 있다.

주변국의 딜레마

한국은 자유와 재산의 보호에서 기술혁신에 이르기까지 선진국으로부터 학습할 수 있었기 때문에 빠른 속도로 성공할 수 있었다. 바로 그 성공의 원인이 커다란 위기의 배경이 될 수 있다. 선진국의 사상과 과학기술을 모방하고 수입해서 이룩한 제도와 경제는 사상누각(砂上樓閣)의 위기를 맞을 수 있기 때문이다.[20] 예컨대, 자유와 재산의 보호에 관한 사상과 제도를 수출한 선진국은 소위 중심국으로서 그 사상과 제도의 취지를 잘 알고 있기 때문에 시대와 사회의 변화에 따라 사상과

2008. 10. 30. 2004헌가18 결정. 헌법재판소 2005. 2. 3. 2004헌가8 결정 등.

20 Douglass C. North and Barry R. Weingast, "Constitutions and Commitment: The Evolution of Institutions Governing Public Choice in Seventeenth-Century England," 49 *Journal of Economic History* 803 (1989), p. 812.

제도를 적절히 수정해 나갈 수 있다. 이에 반해, 한국은 서양의 사상과 제도를 수입한 소위 주변국으로서 그 본래 취지를 잘 이해하지 못하고 경직된 운용이나 왜곡된 해석으로 상당한 혼란을 초래할 수도 있다.

보수와 진보를 불문하고 정치인 가운데 진영의 이익을 위해 민주주의와 법치주의의 본질을 왜곡하거나 아전인수격으로 운용하려는 경우가 있다. 주변국으로서 사상과 제도의 취지를 잘 이해하지 못한 경우에는 극단주의에 빠질 수도 있다. 조선시대의 유교와 북한의 공산주의가 그랬고, 오늘날 한국 법제도의 해석에서 지나친 권리과잉과 책임의식의 결여가 그렇다. 유교사상을 수입한 주변국 조선은 수출국 중국에서보다 더 극단적이고 경직된 유교 질서를 강요하고 기술혁신과 경제활동의 숨통을 틀어막았다. 해방 이후 북한은 소련과 중국으로부터 공산주의를 수입했지만, 소련은 붕괴하고 중국은 자본주의로 경제체제를 180도 바꿨다. 한국도 주변국으로서의 취약점들을 극복하지 못하면 지속적인 기술혁신과 경제성장에 심각한 장애요인이 될 거라는 우려가 제기되고 있다.

과학기술에서도 선진국의 과학적 성과와 원천기술을 수입해 응용하고, 이를 다시 수출해서 성장해 온 주변국의 성격을 갖고 있다. 한국의 과학기술이 눈부시게 성장했지만 여전히 핵심 기초과학과 원천기술은 선진국 즉 과학기술 중심국에 의존하는 실정이다. 글로벌 차원에서 보면, 과학기술이 발전한 중심국과 뒤처진 주변국으로 나눠지는데, 한국은 아직까지 주변국으로서의 종속성을 벗어나지 못했다.[21] 지난해 한일 외교 마찰로 일본이 반도체 소재와 장비 수출을 규제하

21 황금주, 「과학기술자를 위한 나라는 없다」, 『서울신문』 2019. 8. 18.

는 경제 보복을 할 수 있었던 것도 한국 과학기술의 종속 때문이었다. 우리는 주변국으로서 열심히 응용기술을 사업화해 반도체 등의 시장에서 가장 높은 시장점유율을 확보했지만, 수출량을 늘리고 시장점유율을 높일수록 점점 더 중심국의 기초·원천기술에 대한 의존도가 커지는 심각한 딜레마에 빠진 현실을 직시할 수 있었다.

2. 기술혁신의 현주소

해방 후 한국의 기술혁신은 선진국의 기술을 학습하는 것에서 출발해 점진적으로 독자적인 기술을 개발하는 단계로 발전해 왔다. 기술 후진국이 기술 선진국의 기술을 모방하고 개량하면서 기술을 발전시킨 선례는 많다. 영국의 산업혁명도 르네상스와 과학혁명에서 앞서나가던 유럽 대륙의 과학기술을 학습하면서 개량과 발명의 결과물을 보호하고 기업가들의 투자를 장려함으로써 성공했다. 예컨대, 산업혁명의 원동력이라고 일컬어지는 증기기관을 발명한 위대한 발명가 제임스 와트도 프랑스 드니 파팽의 증기기관 기술을 학습하고 토머스 뉴커먼(Thomas Newcomen)의 기술을 개량해서 기술혁신을 이룩했다.

선진국 기술의 학습은 이승만 대통령 당시 공교육에 국가 예산을 투입하면서 시작되었다고 볼 수 있다. 특히 박정희 대통령은 과학입국, 기술입국을 강조하면서 1966년 한국과학기술연구원(KIST)을 설립하고 전국에 공과대학, 공업학교 들을 세워 선진기술을 체계적으로 학습할 수 있는 제도적 기반을 확립했다. 1974년에는 국가 R&D 역량을 강화하기 위해 대덕연구개발특구를 만들어 한국전자통신연구소를 설립하고, 선진국 기술의 단순한 학습에서 한걸음 더 나아가 그것을 응용하고 우리 고유의 기술을 개발하기 위한 노력을 시작했다.

한국은 1980년대 초까지 선진국의 기술을 학습하고 개량해 비교적 낮은 임금으로 상품을 만들어 수출함으로써 성공적인 경제발전을 이룩했다. 국내 기업이 기술을 학습해 외국 기업과의 경쟁을 물리치면서 좋은 제품을 만들어야 했기 때문에, 한국은 무역정책에서 관세를 부과해 수입을 억제하는 보호주의정책을 취했다. 미국도 18세기 후반 영국에서 독립할 당시 후진국으로서 국내 제조업의 기술혁신을 지원하기 위해 관세 부과를 중심으로 한 보호주의정책을 채택한 바 있다. 20세기 후반의 대한민국도 보호주의에 입각한 국내 산업의 보호뿐만 아니라, 국내 기업에 의한 기술혁신을 적극적으로 지원하기 위한 조세 감면, 금융 지원, 보조금 지급과 발명 및 혁신을 보호하기 위한 적극적인 법 정책을 시행했다.

외국 기술의 모방에 입각한 기술 개량도 낮은 수준이나마 기술혁신을 통해 가능하다. 나일론에서부터 자동차 생산에 이르기까지, 그리고 냉장고에서 스마트폰까지, 낮은 수준에서 높은 수준까지 다양한 기술혁신[22]을 통해 생산과 판매를 할 수 있었다. 따라서 한국은 커다란 기술혁신뿐만 아니라 조그만 기술혁신도 보호하기 위한 제도를 도입할 필요가 있었다. 1960년대부터 낮은 수준의 기술혁신이 많이 이루어졌다는 것은 실용신안(實用新案)등록이 많이 이루어진 사실에서 확인할 수 있다. 실용신안은 특허발명보다 낮은 수준의 기술적 사상으로 간주되지만, 1980년대 말까지 특허등록 건수보다 실용신안등록 건수가 더 많았다.[23]

22 http://best70.ntis.go.kr/ (2015. 7. 8. 방문).

23 특허청 지식재산권 통계. http://www.kipo.go.kr/kpo/user.tdf?a=user.html.Html

1980년대 노사분쟁과 상당한 임금인상을 경험하면서, 국내 기업들은 저임금에 의존한 노동집약적 산업에서 탈피하고, 스스로 연구개발과 독자적인 기술혁신을 토대로 기술집약적 산업으로의 변화 필요성을 절실히 깨달았다. 기술의 연구개발에는 많은 비용과 노력이 필요하기 때문에, 국내 기업들이 그 연구개발이나 기술혁신의 결과물을 보호할 필요성도 점차 커졌다. 따라서 1980년대 들어 특허권 등 지식재산권 보호를 강화할 필요성에 관한 국내 수요가 조금씩 증가했다. 지식재산권 보호 필요성은 국내 기업의 수요뿐만 아니라 외국 통상압력의 핵심에 해당하기도 했다. 1986년 한미 무역협상 당시 미국은 한국과의 무역에서 63억 달러가 넘는 적자[24]를 기록하고 있었고, 무역적자 해결책의 하나로 외국의 지식재산권 보호를 강력하게 주장했다. 이러한 국내외 수요와 압력에 따라, 1986년 말 한국의 지식재산권법은 대폭 개정되고 지식재산권 보호가 강화되기 시작했다.[25]

특허법 개정과 기술혁신

한국에서 근대적인 특허제도는 불행하게도 일본의 특허법을 한국에 의용하는 것으로 시작되어, 결과적으로 해방 직전까지 한국의 특허제도는 일본이 자국의 발명을 보호하고 자국 특허권의 효력을 한국에까지 확대하기 위한 도구에 불과했다. 특히 한국인도 일본에 가서 일본어로 특허출원을 해야 한다는 점 때문에 활용도가 매우 낮은 실정이었고, 해방 직전까지 한국특허제도는 한국의 기술혁신과 무관했

App&c=3041&catmenu=m04_05_02.

24 US Census Bureau, Trade in Goods with South Korea. https://www.census.gov/foreign-trade/balance/c5800.html.

25 정상조·박준석, 『지식재산권법』(홍문사, 2019), 15쪽.

다. 1945년 해방 이후 한국 특허법은 미국 특허법의 영향을 받아 새로이 제정되어 시행되었지만, 그 보호 범위가 좁고 보호 기간도 비교적 짧으며 우리 정부와 기업의 관심도 많지 않아, 특허제도가 기술혁신에 미친 영향은 극도로 미미했을 것으로 추측된다.

특허제도가 기술혁신에 미치는 영향은 특정 국가의 경제적 발전 단계와 기술 수준에 따라 많은 차이가 있다. 세계 각국의 경험을 종합해 보면, 특정 국가의 1인당 국민소득이 8천 달러에 이를 때까지는 당해 국가의 특허법제도가 아주 낮은 수준의 보호만 인정하고, 그 이상으로 증가함에 따라 특허권 보호 수준을 높이는 현상을 볼 수 있다.[26] 한국의 경우도 1980년대 들어오면서 국내 기업들의 첨단기술 개발을 촉진하기 위해 특허 보호를 강화할 필요가 있다는 내부 요구가 생기기 시작했다. 마침 그 당시 미국과 유럽 등 선진국들은 통상 압력의 일환으로[27] 특허법을 개정해 특허권 보호 강화를 요구하기 시작했다.

한국은 화학산업이나 의약산업의 후진성으로 인해 물질 발명에 대한 특허법적 보호를 인정하지 않다가 1987년 7월 1일부터 인정하기 시작했다.[28] 한국 경제의 중심이 경공업에서 중화학공업으로, 그리고 노동집약 산업에서 기술집약 산업으로 이동함에 따라, 물질 발명에 대한 특허법적 보호가 필요하다는 정책적 판단이 이루어진 것이다. 결과적으로 물질 발명에 대한 특허법적 보호가 화학물질의 자체

---

26 "Commission on Intellectual Property Rights," *Integrating Intellectual Property Rights and Development Policy* (London, 2002), p. 23.

27 R. Michael Gadbaw, "Intellectual Property and International Trade," 22 *Vanderbilt Journal of Transnational Law* 223(1989); Patricia I. Hansen, "Defining Unreasonableness in International Trade: Section 301 of the Trade Act 1974", 96 *Yale L. J.* 1122, 1145(1987).

28 1986. 12. 31. 개정 특허법(법률 제3891호).

개발을 위한 연구개발 증가와 국내 기업의 물질 발명에 관한 특허출원 증가, 외국 화학업체들의 국내 직접투자 증가라는 긍정적인 결과를 가져다주었다. 특허법 개정 이전에는 외국 기업이 개발한 새로운 의약물질 등에 대해 법적 보호가 주어지지 않아 국내 기업들이 제조방법만 달리해서 동일한 물질을 생산 및 판매하더라도 특허법상 문제가 되지 않았다. 그러나 특허법 개정 후에는 국내 기업도 새로운 물질을 개발하지 않는 한 생존하기 어려운 환경에 놓이게 되었다. 결과적으로 국내 제약회사 등 기업들의 신물질 개발을 위한 연구개발(R&D) 투자가 대폭 늘어났고, 개정 당시에는 국내 기업의 물질특허출원이 5% 정도였으나 1990년대 후반에는 20%를 넘었다.[29] 생명공학 기술에서도, 1996년 내국인에 의한 생명공학 분야 특허출원이 47.9%였지만 2013년 말 현재 72.8%에 달할 정도로 생명공학 발명이 왕성하게 이루어지고 있다.[30] 특허법 개정이 기술혁신 투자를 촉진하고 특허출원이 급증했음을 확인할 수 있다.

특허활동과 기술혁신

기술혁신을 촉진하고 보호한 결과 2017년 현재 한국의 특허출원은 전 세계 4위를 차지하고, 특히 국내총생산(GDP) 및 인구 대비 특

29 정성철·윤문섭·장진규, 「특허와 기술혁신 및 경제발전의 상관관계」(과학기술정책연구원, 정책연구 2004-15), 50쪽.

30 1996년 생명공학 발명 특허출원 1,397건 가운데 내국인의 특허출원은 669건에 불과했지만(47.9%), 2013년 말 현재 7,081건 가운데 내국인의 특허출원은 5,152건(72.8%)에 달한다: http://www.kipo.go.kr/kpo/user.tdf;jsessionid=9863ca6b30d6d37046b930bb4bc2b15a82b3cf52d242.e34RahyTbxmRb40LaxyPahaRaxaLe0?a=user.html.HtmlApp&c=3041&catmenu=m02_05_01 (2015. 7. 10. 방문).

허출원 건수를 보면 세계 1위에 해당할 만큼, 한국 기업과 발명가들의 특허활동이 왕성하다.[31] 일반적으로 특허활동 특히 특허출원은 기술혁신을 보여 주는 가장 중요한 지표로 알려져 있다.[32] 그러나 한국의 특허출원, 등록, 소송 등 특허활동에 관한 통계 자료를 보면 미국과 상당히 다른 모습을 보여 준다. 한국는 기술발전이 미국과 다르기 때문에 그러한 차이가 당연하다고 볼 수도 있다. 그러나 특허활동과 기술혁신의 관계가 나라마다 다를 수도 있고, 특허정보를 통해 기술혁신과 사회 변화 추세를 일반화해서 단정적으로 말하기 어려움을 반증해 주는 것이라고 할 수도 있다.

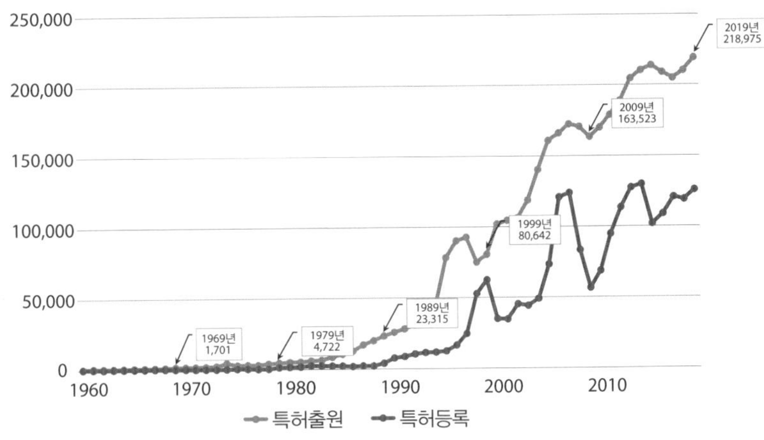

그림 4-1. 한국의 특허출원 및 등록 건수

31 World Intellectual Property Indicators 2017 Patents. https://www.wipo.int/edocs/pubdocs/en/wipo_pub_941_2017-chapter2.pdf.

32 김용대·정상조·장원철·이종수, "Innvation of technology and social changes - Qualitative analysis based on patent big data," *The Korean Journal of Applied Statistics* (응용통계연구, 2016), p. 4.

한국의 특허출원 및 등록에 관한 그림 4-1의 통계자료를 보면,[33] 전체적으로 기술혁신이 있었기 때문에 특허출원 및 등록 건수가 증가했다고 볼 수 있지만, 특히 1986년을 분기점으로 특허출원이 급증하고 1990년부터 특허등록 건수가 급증하는 현상은 특허법 개정 영향이라고 추측할 수 있다. 1980년 중반부터 한미 통상 협상에서 중시된 사항 중 하나가 특허권 보호였고, 언론을 통해 경제계와 일반인의 특허법 개정에 대한 관심이 증폭하면서 기업들의 특허활동이 크게 증가한 것으로 보인다.[34] 예컨대, 특허법이 개정된 1986년부터 특허법원이 설립된 1998년까지 12년간 특허출원 건수는 무려 4.8배 증가했다. 이는 특허법 개정 이전 12년간 특허출원이 1.8배 증가한 것과 비교하면 엄청난 차이다. 또한 1980년대 중반에 특허출원이 급증한 것은 한국이 특허협력조약(Patent Cooperation Treaty: PCT)에 가입함으로써 외국 기업의 특허출원이 많이 늘어난 점에 기인한 측면도 있다. 다만 1997년도 9만 2,734건의 특허출원이 1998년도에 7만 5,188건으로 감소한 것은 외환위기로 인한 것이다. 2000년대 초반에 특허출원이 급증한 것은 한글로 출원하는 것이 가능해져 국내 기업들의 PCT 국제출원이 많이 늘어났기 때문이라고 볼 수 있다. 2008년과 2009년에 약간의 출원 감소가 있었던 것은 미국에서 시작된 금융위기로 인한 일

---

33 특허청 통계자료. http://www.kipo.go.kr/kpo/user.tdf?a=user.html.HtmlApp&c=3047&catmenu=m02_05_07 참고.

34 John R. Allisona1 and Mark A. Lemley, "The Growing Complexity of the United States Patent System," 82 *B.U. L. Rev.* 77 (2002)도 미국에서 특허출원 및 등록의 증가 원인을 1)특허권의 가치 증가라는 경제적 원인, 2)기술혁신의 중요성 증가로 인한 특허활동 증가라는 기술적 원인, 3)특허법원 설립이라는 제도적 원인, 4)언론과 일반 대중의 관심 증가라는 문화적 원인 등으로 분류하는데, 한국에서 특허활동의 증가는 사회문화적 원인에서 시작해 서서히 경제적 및 기술적 원인으로 변해 온 것 아닌가 싶다.

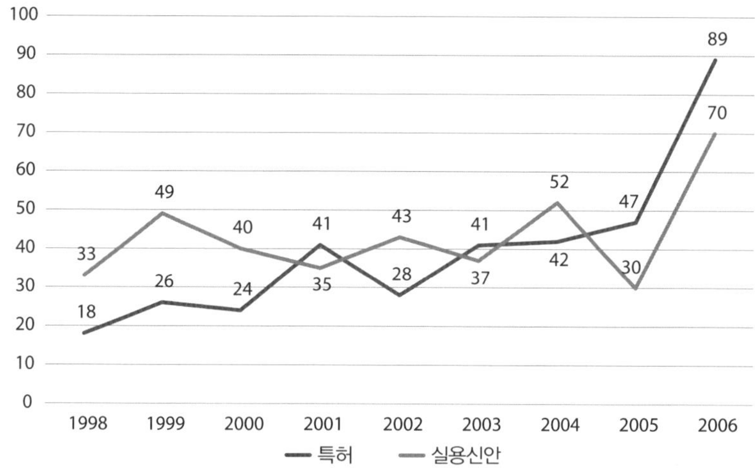

그림 4-2. 특허법원에 제기된 특허 및 실용신안 소송 건수

시적 현상이었다.

법원이 제공한 특허소송 건수의 증가 추세를 보면 몇 가지 흥미로운 사실을 확인할 수 있다. 첫째, 한국의 산업구조 변화를 확인할 수 있다.

그림 4-2를 보면, 특허법원이 설립된 초기에는 실용신안 사건이 더 많았지만, 2005년부터는 특허 사건이 확연히 많아진 것을 알 수 있다. 이러한 변화는 한국 기업의 기술 수준이 실용신안권 보호 대상인 '간단한 기술'에서 이제는 특허 보호가 필요한 보다 '고도의 복잡한 기술'로 발전했음을 반증한다고 할 수 있다.[35] 독일도 19세기 중엽까지는 산업혁명에서 뒤처져, 이를 만회하기 위해 영국과 프랑스 등 당시

35 한국 특허소송에 관한 통계적 분석(그림 4-3 포함)은 이수완, 「특허법원 10년간의 권리범위확인심판사건에 관한 판결의 통계적 분석」, 『특허소송연구 특별호 특허법원 개원 10주년 기념논문집』(2008), 69쪽에서 재인용함.

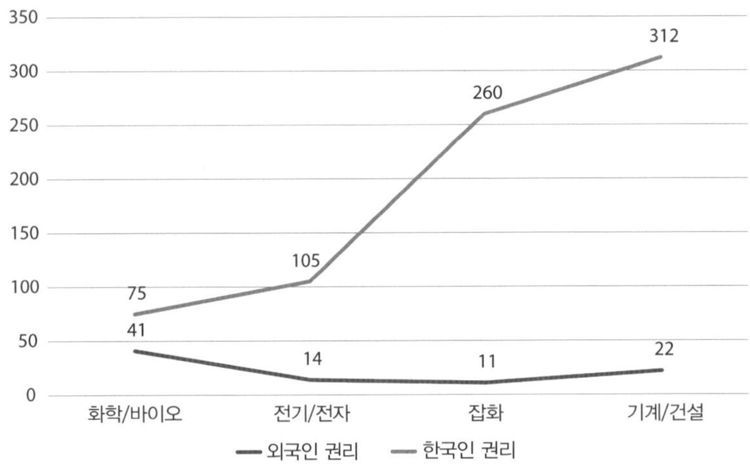

그림 4-3. 특허소송에서의 권리 분야

선진국의 기술을 학습하고 조금 발전시킨 개량형 혁신기술 개발이라도 장려할 필요가 커져, 세계 최초로 실용신안(實用新案, Utility Model)제도를 도입했다. 한국의 실용신안제도 활용은 20세기까지 국내 기업들의 조그만 기술개량 내지 기술혁신에 중요한 인센티브가 되었다.

그림 4-3을 보면, 특허법원에 제기된 분쟁에서 외국 기업이 소유한 권리는 대부분(47%) 화학 및 바이오 분야에 집중되어 있는 반면에, 한국 당사자가 소유한 권리는 대부분(76%) 기계, 건설, 잡화 분야에 관한 것임을 알 수 있다. 이는 미국 특허 정보에서 확인된 국가별 왕성한 기술혁신 분야가 상이한 것과 거의 일치하고, 한국에서 기술혁신이 왕성한 분야를 잘 보여 주는 통계 정보라고 이해할 수 있다.

기술의 확산 및 사업화

기술혁신은 기술의 확산이나 사업화를 통해 소비자의 후생 증진과 경제적 부 창출을 이끌어 낼 수 있다. 다시 말해 기술혁신은 새로운 기술적 사상을 찾아내는 것만으로는 부족하고 그것을 현실적으로 제품이나 서비스에 적용하고 사업화함으로써 비로소 가치를 갖게 되며 후속 기술혁신과 투자를 촉진하는 선순환의 혁신 생태계를 구축할 수 있다. 기술혁신을 한 연구기관이나 개인 또는 기업은 스스로 사업화하거나 새로운 기업을 창업해서 진행할 수도 있지만, 제3자에게 기술을 양도하거나 라이선스함으써 사업화할 수도 있다. 제조시설을 갖추지 않은 연구기관이나 개인은 기술을 양도하거나 라이선스함으로써 일정한 수익을 올리고 기술 확산을 통해 경제발전에 기여할 수 있다. 기술혁신을 사업화하는 경우에는 그에 필요한 자본 조달이 중요하다. 몸의 혈관이 산소와 영양분을 구석구석 필요한 곳으로 공급해 주는 것처럼, 자본은 기술혁신을 기업과 소비자에게 전달해 줄 뿐만 아니라 추가적인 기술혁신의 씨앗이 된다.

대기업은 별다른 어려움 없이 기술의 사업화를 추진할 수 있지만 대학과 연구소, 중소기업 또는 개인은 자신의 발명이나 기술을 사업화하는 데 필요한 각종 법률 서비스를 받는 데 많은 어려움을 겪고 있다. 발명 보호, 특허출원, 특허협상, 계약체결, 특허분쟁, 창업, 인수합병 등 일련의 법률 문제를 스스로 해결하기도 어렵고, 전문적인 법률 서비스를 받는 데 필요한 자금을 확보하지 못하는 경우도 많다. 한국의 경우에는 정부가 일부 법률 서비스를 지원해 주는 경우가 있고,[36] 미국에서는 로스쿨의 IP 클리닉에 소속된 변호사와 로스쿨 학생들이 도와주는 경우도 많다.[37]

---

36 중소기업에 대한 종합지원 서비스를 제공해 주는 중소기업청(http://www.smba.go.kr/kr/index.do)과 중소기업에 대한 경영지원 서비스를 제공해 주는 경기중소기업종합지원센터(http://www.gsbc.or.kr/POLMP0000N.do) 등이 있다.

37 예컨대, 하버드 로스쿨의 경우 클리닉 부서가 무료봉사(pro bono) 프로그램을 제

한국 대학들은 정부 연구비 가운데 간접경비로 특허출원과 등록 및 기술의 사업화를 위한 기술이전 전담 법인을 운영할 수 있고, 현실적으로 그러한 법인을 두는 경우가 많다. 외국 대학의 경우, 펜실베이니아 주립대학에는 대학과 전혀 무관한 제3의 기술이전 전담 법인[38]에 특허관리를 위임하고, 위스콘신 주립대학과 워싱턴 주립대학 등은 대학과 밀접한 관련을 가진 비영리 재단법인[39]이 대학의 이익을 위해 특허관리를 전담하며, 일본 도쿄 대학은 주식회사 형태로 특허관리를 하고, 스탠퍼드 대학교와 MIT 등은 대학 내 별도의 행정조직이 전문적으로 특허관리 업무를 하고 있다. 각각의 조직 형태는 각각의 장단점을 지니고 있다.[40] 한국 대학들은 스탠퍼드 대학교처럼 대학 내 기술이전 전담 조직을 두고 특허관리를 하되 기술 사업화를 위해 기술지주회사를 두는 경우가 많다.

미국 대학들은 전문가들을 고용해 교수들이 신고한 발명 가운데 사업화 가치가 있는 일부 발명만 승계해 집중적으로 사업화함으로써 천억 대의 실시료 수익을 올리는 데 반해, 한국 대학들의 산학협력단이나 연구소 기술이전 조직은 신고된 발명을 거의 모두 승계해 수동적으로 관리하기 때문에 극히 미미한 수익만 얻을 뿐이다. 더욱 심각

공한다. http://www.law.harvard.edu/academics/clinical/clinics/index.html의 상세 내용 참고.

38 그러한 특허관리 전담 기업으로는 미국에서 영업 중인 Research Corporation Technologies (RCT), University Patents, Inc. 그리고 Batelle Development Corporation 등이 있다.

39 Wisconsin Alumni Research Foundation(위스콘신 주립대학), Brown University Research Foundation, Pittsburgh Foundation for Applied Science and Technology, Washington Research Foundation 등이 있다.

40 본문의 조직형태별 장단점 설명은 다음의 문헌을 요약 및 정리한 것이다: Gary W. Matkin, *Technology Transfer and the University* (MacMillan Publishing Co., 1990), pp. 102-108.

한 문제는 국내 대학이나 연구소들이 전문가를 충분히 활용하지 못하고 특허관리 예산도 부족해 국내 출원에 그치며, 미국 등 주요 해외 시장의 특허출원을 하지 못한다는 점이다. 국내 특허만 등록하고 해외에서 출원하지 않으면 이 기술이 전 세계적으로 공개되더라도 해외에서 등록된 바가 없어 보호받지 못하고 무단으로 유출되는 결과를 초래한다. 다시 말해 정부는 대학과 연구소에 막대한 연구비를 지원해서 개발된 기술을 국내 특허등록으로 전 세계에 공개하고 외국 기업들이 해외에서 무료로 사업화할 수 있도록 방치하고 있는 셈이다.

한국의 대학이나 연구소의 산학협력단, 기술이전 조직들이 특허출원에서 전략적 선택을 하지 못하는 것도 문제지만, 특허권 등록을 한 뒤에도 기술이전 내지 기술 사업화에서 전문가가 효율적으로 관리하지 못하는 것도 문제다. 대학 교수나 연구소 연구원이 창업하려 할 때, 대학이나 연구소의 특허를 자신이 창업한 회사에 양도할 수 있는지, 그리고 양도한다면 어떠한 조건으로 양도할 수 있는지에 관한 판단 기준도 불명확하다. 뿐만 아니라 창업 이후 기술가치가 크게 상승할 경우 대학 교수나 연구원이 사기나 배임 의혹을 받고, 심지어 징계나 형사처벌을 받을 수도 있다. 유전자 가위로 유전자 편집을 연구해온 김진수 교수가 그에 관한 특허 기술을 자신의 기업인 툴젠에 헐값으로 이전했다는 의혹으로 형사재판을 받는 고통을 겪기도 했다.[41] 기술이전 기준이 불명확하고 전문가에 의한 효율적인 관리가 이루어지지 않으면, 교수나 연구자는 각종 감사나 형사처벌의 위험에 시달려 연구 의욕이 꺾일 수밖에 없을 것이다. 기술이전에 관한 기준을 명확

41 대전지방법원은 김진수 교수의 무죄를 선고했다. https://news.mt.co.kr/mtview.php?no=2021020508574620694.

히 하고 효율적으로 관리하는 것은 연구자의 몫이 아니라 대학과 정부의 몫이다. 교수를 비롯한 연구자들이 과학기술 연구에 전념할 때 비로소 대한민국의 기술혁신을 기대할 수 있다.

기술이전 또는 사업화의 어려움을 해결하기 위해, 대학의 산학협력단은 단독으로 또는 다른 대학이나 연구소 등과 함께 기술지주회사 제도를 설립할 수 있다. 산학협력법에 의하면, 산학협력단은 자신이 보유한 기술을 현물 출자해서 기술지주회사를 설립하고 창업 또는 기술이전 목적의 자회사를 둘 수 있다.[42] 2020년 현재 전국적으로 70개의 기술지주회사가 설립되어 있는데, 기술지주회사가 기술 사업화를 위해 자회사를 만들 때는 그 자회사의 의결권 있는 주식 20% 이상을 확보해야 한다. 그러나 자회사 주식 20% 이상 확보를 강제하는 불합리한 규제는 산학협력단의 지속적인 신규 투자를 어렵게 만들고, 장기적으로 기술 사업화 및 기술혁신을 위축시키는 부작용을 초래한다. 자회사의 자본이 증가함에 따라 기술지주회사는 20% 주식 확보 의무를 이행하기 위해 많은 자본을 추가로 투입해야 하는 부담을 떠안기 때문이다.[43]

한국 대학의 산학협력단이나 연구소의 기술이전 전담 조직은 창업뿐만 아니라 기술 라이선스에도 어려움을 겪고 있다. 정부는 대학과 기업들의 기술 라이선스나 특허 비즈니스를 지원하기 위해 일종의 창의 자본회사를 설립하는 데 선도적인 역할을 해왔다. 예컨대, 정부의 모태 펀드가 출자해 결성한 'KDB 특허사업화펀드 1호(운용사 산은

42 「산업교육진흥 및 산학협력촉진에 관한 법률」 제36조의2.

43 박재영, 「혁신성장(기술사업화)을 위한 기술지주회사 활성화, 걸림돌은 무엇인가?」, 『이슈와 논점』 제1729호(국회입법조사처, 2020. 7. 6).

캐피탈)'가 245억 원을 투자해서 아이피큐브파트너스를 설립했다. 아이피큐브파트너스는 아이디어·발명과 특허 등 지식재산을 매입한 후 라이선싱하여 수익을 얻는 비즈니스 모델을 채택한 바 있다.[44] 그리고 정부는 IP 산업의 글로벌 경쟁력 강화를 도모하기 위해 정부출연금 2천억 원과 민간 투자 유치를 통해 3천억 원을 목표로 인텔렉추얼디스커버리를 설립하기도 했다.[45] 기본적으로 지식재산 비즈니스는 민간 기업들이 시장의 원리에 따라 추진되어야겠지만, 정부가 민간의 지식재산 비즈니스를 활성화하기 위해 정부 예산을 투입해 선도적인 사업을 시작한 것으로 보인다. 그러나 정부 주도의 기술 사업화는 실제로 많은 성과를 내지 못해 만족스럽다고 할 수 없다.[46]

기술 사업화로 어느 정도 수익이 발생하면 특허소송을 하거나 당하는 경우가 많다. 삼성을 비롯한 국내 기업과 해외 기업 간 특허소송이 매년 수백 건에 달한다.[47] 국내 기업들이 세계 제1의 제품을 개발하고 시장점유율을 늘려 나갈 경우 경쟁 업체들과 특허 괴물들의 소송은 피할 수 없는 숙명과도 같은 것이다. 한국 제품이 세계 1등이 되어 경쟁 관계에 있는 외국 기업들에 위협적인 존재가 되고 있음을 반증한다고 할 수도 있다. 다만 특허소송으로 인한 피해 규모를 보면 대기업과 중소기업 간에 상당한 차이가 난다. 손해배상액 평균을 보면

---

44 http://www.ipcubepartners.com/.

45 http://www.i-discovery.com/.

46 연구개발특구지원본부에서 기술신탁사업을 통해 민간에 이전된 기술은 2010년 8건, 2011년 13건, 2012년 상반기 6건 등 총 27건이었다(이준기, 「기술신탁사업 가시적 성과… 3년새 27건 이전」, 『디지털타임스』 2012. 7. 11. http://www.dt.co.kr/contents.html?article_no=2012071102011557731014, 2013. 3. 27. 방문.

47 http://news.naver.com/main/read.nhn?mode=LSD&mid=sec&sid1=105&oid=030&aid=0002202767 참조.

중소기업은 4억 4,600만 원, 벤처 기업은 1억 4,900만 원으로 높은 데 비해, 대기업은 600만 원에 불과하다. 특허소송이 증가하는 현상 자체가 문제라고 볼 수는 없지만, 특허소송에 대응하기 위한 준비가 부족하고 소송 전략이 없다면 심각한 문제가 될 것이다.

3. 기술혁신과 규제

2018년 평창동계올림픽에서 300여 대의 인텔 드론이 만든 환상의 드론 군집 비행쇼가 전 세계의 주목을 끌었다. 우리는 드론에 관한 각종 항공 규제와 촬영 규제 등으로 인해 드론산업이 걸음마 단계인데, 선진 외국에서는 새로운 시장을 창출하면서 급속도로 성장하고 있다.[48] 승차 공유 앱 '타다'는 여객자동차운수사업법에 저촉되어 거의 사업을 접게 되었지만, 미국의 '우버'는 미국뿐만 아니라 전 세계 승차 공유 서비스 시장에서 최대 점유율을 가진 리더로 성장했다. 게임은 콘텐츠 수출의 절반 이상을 차지하는 효자 콘텐츠이고 최고의 한류 콘텐츠임에도 불구하고, 청소년 보호 명목으로 도입된 강제적 셧다운제[49]와 아이템 규제 등으로 이제 중국 게임에 밀리고 세계 시장점유율도 급격히 낮아지고 있다.[50] 세계에서 유례를 찾아볼 수 없을 정도로 방대한 의료 정보가 축적되어 있지만, 개인정보 보호를 위

48 이영완, 「평창의 밤하늘 우리 드론은 왜 날지 못했나」, 『ChosunBiz』 2018. 2. 27. http://biz.chosun.com/site/data/html_dir/2018/02/26/2018022602774.html, 2018. 2. 27. 방문.

49 「게임산업진흥에관한법률」 제12조의3. 청소년보호법 제26조.

50 이덕주, 『셧다운제 규제의 경제적 효과 분석』(한국경제연구원, 2015) 및 『게임백서』(한국콘텐츠진흥원, 2017).

한 지나치게 경직된 규제로 인해 의약품과 의료기기 개발에서 낙후성을 면치 못하고 있다. 세계에서 가장 뛰어난 반도체와 휴대폰을 생산하고 있음에도 불구하고, 국내에서는 불합리한 규제로 인해 휴대폰을 이용한 질병 진단이 불가능하고[51] 금융 서비스도 초보 단계에 머물러 있다.[52]

본래 규제를 할 것인가 아니면 개인과 기업의 자유에 맡길 것인가, 규제를 한다면 어떠한 방식과 내용으로 할 것인가는 법 정책 선택의 문제다. 새로운 기술이 등장하거나 시장의 변화에 따라 발생할지 모를 위험에 대비하기 위해 미리 규제(regulation)하는 법 정책이 있을 수 있다. 다른 법 정책으로는 구체적인 위험이나 손해가 현실에서 발생할 경우 기존 불법행위를 비롯한 책임(liability)의 법리에 의해 해결함으로써 문제를 해결하면서 부득이한 경우에 한해 최소한의 규제를 법률로 정하는 방안이 있을 수 있다. 국가가 후견인처럼 미리 행위규범을 정할 것인가, 아니면 행위 당사자가 스스로 위험회피 노력을 기울이도록 유도할 것인가 하는 국가 역할의 문제이기도 한 것이다. 환경오염이나 핵 사고 등과 같이 예측하기 어려운 위험에 대응하기 위해서는 사전예방적이고 강력한 규제가 필요하지만, 기타 예측가능하고 통상적인 위험에 대해서는 사후 해결 기준인 책임 법리에 입각해

51 LG전자 핸드폰 사업 포기.
http://it.chosun.com/site/data/html_dir/2016/05/06/2016050685008.html.

52 현재의 의료기 기법은 병원에서 사용하는 대형 의료기기를 대상으로 한 것인데, 휴대폰 등을 활용한 개인용 의료기기에 그대로 적용하는 것은 불합리하고, 현재 금융산업자본의 분리를 원칙으로 하는 금융 규제는 대기업에 대한 부당 대출을 막기 위한 것이지만 개인들을 대상으로 한 소액 규모의 온라인 금융에 대해서까지 적용하는 것은 시대착오적인 규제라는 비판을 받는다: 신기윤·여영준·김지현·이정동, 「ICT 융합 산업의 기술혁신과 규제갈등 사례 연구」, 『한국혁신학회지』 제13권 제1호(2018), 277-286쪽.

행위 당사자들이 관련 시장에서 해결책을 모색하도록 하는 것이 더 효율적인 법 정책이 될 수 있다.[53] 기본적으로 책임 법리에 의한 시장에서의 자율적인 해결이 국가에 의한 사전예방적이고 경직된 규제보다 사회적으로 더 효율적이기 때문에,[54] 시장의 실패를 해결하기 어려운 경우에 한해 규제가 정당화될 수 있다.

불합리한 규제 배경에는 정치인들의 극단적인 이념이나 포퓰리즘 또는 이익단체의 로비나 관료 조직의 비대화가 자리 잡고 있기 때문에 이성과 논리로 해결하기 어려운 측면이 많다는 데 문제의 심각성이 있다. 민주화 이전에는 정권안보 또는 국가안보를 이유로 표현의 자유를 제한했는데, 최근에는 북한 정권을 비판하거나[55] 광주민주화운동을 폄하하는 언행도 처벌하려고 한다.[56] 민주화를 통해 자유를 쟁취했는데, 21세기 들어 자유를 제한하는 규제가 늘어나고 있다. 해방 이후 기업의 자유와 기술혁신으로 눈부신 성장을 이룩했지만, 이제 한국이 규제의 늪에 빠져 점점 자유를 빼앗기고 기술혁신의 의욕을 잃어 가는 것은 아닌지 우려의 소리가 높다. 때로는 정치인들이 인기에 영합하기 위해 규제를 만들어 내지만, 그 인기는 짧고 규제는 오래간다. 규제는 공무원의 권력을 강화시켜 주고, 수많은 젊은 인력이 기술혁신보다 공시생의 길을 선택하게 만들고 있다.[57]

---

53 Steven Shavell, "Liability for Harm versus Regulation of Safety," *NBER Working Paper* #1218(October 1983).

54 Steven Shavell, "A Fundamental Enforcement Cost Advantage of the Negligence Rule over Regulation," 42 *J. Legal Stud*. 275(2013).

55 「남북관계 발전에 관한 법률」 제24조.

56 「5·18민주화운동 등에 관한 특별법 일부개정법률(안)」.

57 김향덕·이대중, 「공무원시험 준비생 규모 추정 및 실태에 관한 연구」, 『현대사회와 행정』 제28권 제1호(2018. 3), 49-70쪽.

인터넷 기술과 규제

한국의 인터넷 속도는 세계 최고지만, 불합리한 규제로 인해 국내 기업들의 인터넷 기술과 서비스는 외국 기업들에 비해 뒤처져 있다. 현재 한국에서도 유튜브(Youtube)는 시장점유율이 압도적으로 높은 동영상 플랫폼일 뿐만 아니라 '검색' 시장에까지 그 영향력을 넓히고 있다. 유튜브의 우수한 인터넷 기술과 마케팅 효과도 크겠지만, 불합리한 규제로 국내 기업들의 손발이 묶이고 기술혁신이 어려워진 점도 크게 작용한 것이다. 유튜브가 한국에 진출한 2008년 당시 네이버를 비롯한 국내 기업들은 한국 정보통신망법이 규정하는 '실명제' 규제를 받고 있었다. 반면에 유튜브는 그러한 규제를 받지 않고 자유로운 동영상 공유 서비스를 제공함으로써 시장점유율을 쉽게 늘려 나갔다. 그 당시 정보통신망법은 1일 평균 이용자 수가 10만 명 이상인 정보통신 서비스 제공자에게는 그 게시판 이용자의 본인 확인을 위한 방법 및 절차 등 소위 '본인 확인 조치'를 마련해야 하는 소위 실명제를 규정하고 있었다.[58] 몇 년 후 뒤늦게 헌법재판소는 정보통신망법 및 동법 시행령 관련 규정이 인터넷의 특성을 고려하지 않은 채 목적 달성에 필요한 범위를 넘는 과도한 기본권 제한을 하고 있어, 과잉금지 원칙에 위배되어 인터넷 게시판 이용자의 익명 표현의 자유, 개인정보 자기결정권 및 인터넷 게시판을 운영하는 정보통신 서비스 제공자의 언론의 자유를 침해한다고 결정했다.[59] 특히 헌법재판소의 결정 가운데 주목되는 점은 본인확인제가 인터넷상 명예훼손 방지에 결코

---

58 2008년 6월 13일 법률 제9119호로 개정된 「정보통신망 이용촉진 및 정보보호 등에 관한 법률」 제44조의5 및 동법 시행령 제30조.

59 헌법재판소 2012. 8. 23. 2010헌마47·252(병합) 결정.

실효성 있는 규제가 아니라는 실증적 증거를 받아들였다는 점이다. 그리고 더 나아가 본인확인제로 인해 국내 인터넷 이용자들이 유튜브 등 해외 사이트로 도피하게 되었다는 점을 인정함으로써, 본인확인제가 국내 정보통신서비스 제공자에게 법령 규제상 역차별을 초래했다는 점을 확인했다.[60]

인터넷상의 본인확인제는 그 불합리성이 입증되고 실패가 확인된 규제 가운데 하나에 불과하다. 인터넷에 관한 규제는 많고 현재도 추가 규제가 계속 시도되고 있다. 기본적으로 인터넷은 구글과 네이버 및 카카오처럼 일반 소비자뿐만 아니라 정치인들에게도 많은 영향을 미치기 때문에 정치인들의 이해관계에 따라 규제 대상이 되기 쉽다. 배달의민족과 같은 배달 앱 서비스는 우리 일상생활에, 그리고 쿠팡과 같은 쇼핑 플랫폼은 소비자뿐만 아니라 중소기업들에도 많은 영향을 미치기 때문에 그 공정성을 위한 규제가 호소력을 가질 수 있다. 인터넷은 좋은 영향을 미치기도 하지만 동시에 상당한 부작용도 초래한다는 점을 부인할 수 없다. 바로 이 부작용을 명분으로 여러 가지 규제론이 나오게 된다.

인터넷 이용자들의 자유와 인터넷 기업의 자유도 중요하지만, 동시에 음란물이나 명예훼손 등 불법 콘텐츠를 차단하고 소비자와 중소기업을 보호하는 것도 중요하다. 인터넷 기업이 자신의 웹사이트에 불법 콘텐츠가 있다는 것을 알았거나 피해자의 통지로 알게 된 경우, 즉시 삭제하거나 차단하는 조치를 취하면 그 인터넷 기업에 아무런

60 헌법재판소 2012. 8. 23. 2010헌마47·252(병합) 결정은 민간 영역에 한정된 것이고, 공공기관의 게시판에서 인터넷 실명제 및 공직선거법에서 요구되는 인터넷 실명제에 대해서는 헌법재판소 2021. 1. 28. 2018헌마456 등에 의해 비로소 위헌으로 확인되었다.

책임이 없다고 보는 것이 합리적이다. 한국의 정보통신망법과 저작권법도 피해자의 삭제 요청을 받고 인터넷 기업이 즉시 삭제하거나 차단하는 등 필요한 조치를 할 경우 그 기업의 책임이 면제될 수 있다고 규정하고 있다.[61]

표현의 자유를 가장 넓게 보호하고 기술혁신의 가치를 높게 평가하는 미국에서는 인터넷 기업들의 책임을 면제해 주기 위한 명확한 법 규정을 도입한 바 있다. 1996년 빌 클린턴((Bill Clinton) 대통령 재임 시 개정된 통신품위법(Communications Decency Act)은 "인터넷 이용자들과 같은 제3자에 의해 업로드된 정보에 대해 인터넷 서비스 제공업자는 출판업자(publisher) 또는 공표자(speaker)로서의 책임을 지지 않는다."고 규정했다.[62] 트럼프 전 대통령은 민주당의 선거 조작이라는 자신의 메시지에 대해 트위터가 허위정보일 수 있다는 경고문을 표시하는 데 불만을 갖고 인터넷 규제를 강화해야 한다고 주장했다. 특히 구글과 페이스북을 비롯한 인터넷 기업들에 대해 통신품위법상 면책특권을 폐지해야 한다고 주장하기도 했다.[63] 미국의 민주당에서도 인터넷 기업들의 면책특권을 없애야 인터넷상의 허위 정보나 가짜 뉴스를 차단할 수 있다고 주장하는 의원이 상당수 있다. 따라서 의원들의 정치적 이해관계로만 본다면 통신품위법의 인터넷 기업에 관한 책임 면제 규정은 폐지될 수도 있다. 그러나 인터넷 기업의 책임을 추궁하기 위해 규제를 강화하면 인터넷상 표현의 자유와 기술혁신이 위축된다는 논리와 입장이 여전히 미국 의회를 굳건히 지키고 있다. 인터넷 기업들

61 저작권법 제103조 및 「정보통신망 이용촉진 및 정보보호에 관한 법률」 제44조의2.

62 47 U.S. Code § 230.

63 https://www.cfr.org/in-brief/trump-and-section-230-what-know.

의 책임을 면제해 주는 통신품위법 규정이 구글, 페이스북, 아마존과 같이 세계를 지배하는 인터넷 기업들을 탄생시켰다고 할 수 있다.

미국 통신품위법의 책임 면제 규정에 관한 논의는 시사하는 바가 크다. 우리가 인터넷 기업에 관한 규제를 논의할 때 참고해야 할 중요한 비교법적 자료가 된다. 인터넷이 우리의 생각과 활동에 커다란 영향을 미치기 때문에 인터넷상의 허위 정보나 가짜 뉴스는 한국에서도 아주 중요한 논쟁 대상이 되어 왔다. 지난 20대 국회에서 허위정보 등의 불법 콘텐츠를 차단하기 위해 제안된 정보통신망법 개정안이 무려 14건에 달했다.[64] 표현의 자유와 기술혁신을 위축시킬 위험이 있다는 지적이 있었음에도 불구하고, 불법 촬영물의 유통 방지 등을 포함한 개정안이 국회를 통과했다.

해외 메신저 '텔레그램'에서 미성년 성 착취 촬영물이 유통되어 많은 충격과 비난을 받자, 정부는 정보통신망법 등을 개정해 플랫폼 사업자들에게 새로운 규제를 추가했다.[65] 성 착취 촬영물과 같은 불법 콘텐츠의 단속 및 처벌은 기존 정보통신망법에 의해서도 충분히 가능한데 불필요한 추가 규제를 한 것 아닌가 하는 의문이 제기되었다.[66] 기존 법 규정으로도 해결할 수 있는 문제일 뿐만 아니라 경찰이 신속하고 효율적으로 범죄 수사를 하지 못해 확산된 문제인데, 불합리한 규제 확대로 여론을 무마하려는 후진국적 접근법이라는 비난을 피하기 어려울 것이다. 특히 범죄의 온상이 된 텔레그램과 같은 해외 플랫

64 김여라, 「제20대 국회의 허위조작정보 관련 입법 현황 및 쟁점」, 『NARS 현안분석』 제144호(국회입법조사처, 2020. 6. 4).

65 「정보통신망 이용촉진 및 정보보호에 관한 법률」 제44조의9(불법촬영물 등 유통 방지 책임자).

66 http://www.ddaily.co.kr/news/article/?no=206686.

폼 사업자에게는 국내법을 적용하고 집행하기도 어려운데, 국내 플랫폼 사업자들에게만 규제를 강화해 국내 기업을 역차별하는 결과를 초래했다. 규제 효과나 규제로 인한 이익은 거의 없는 반면에, 그로 인한 국내 인터넷 기업의 부담만 가중시킨다면 합리적인 규제라고 하기 어려울 것이다. 최근 공정거래위원회는 '온라인 플랫폼'의 공정성을 확보하기 위해 새로운 규제 법안을 준비하고 있는데, 이에 대해서도 불합리한 규제가 아닌가 하는 우려가 제기되고 있다.[67] 중소기업과 소비자 보호에서 현행법이 중대한 공백이나 결함을 갖고 있지 않는 한, 새로운 규제를 추가로 도입해서 얻는 효과보다 그로 인한 기술혁신 위축이라는 폐해가 더 클 수 있기 때문이다.

나쁜 규제를 부르는 권리 과잉

자유 존중과 재산 보호도 중요하지만 권리 과잉이 나쁜 규제를 만들어 내고 있다는 역설적인 현상을 보여주기도 한다. 물론 인터넷상 저작권 보호 및 타인의 명예 보호와 같이 재산권과 인격권을 보호하는 것은 중요하다. 그러나 재산권과 인격권을 지나치게 강조하고 너무 중시한 결과 표현의 자유를 위축시키고 기술혁신과 투자를 억제하는 불합리한 규제를 만들어 낼 수도 있다. 한국 저작권법은 저작권 보호를 강화하면서 인터넷상 무단 복제물이 게시되면 저작권자의 요구에 따라 인터넷 기업이 무단 복제물을 삭제하도록 규정하고 있다.[68] 그러나 저작권 보호를 중시한 나머지 저작권자의 요구만으로 쉽게 삭

67 「온라인플랫폼중개거래의 공정화에 관한 법률(안)」. https://www.fnnews.com/news/202012221553121554.

68 저작권법 제103조.

제할 수 있도록 하고 있다. 인터넷 이용자로서는 자신의 게시물이 적법하다고 주장하더라도 게시물을 회복하기 어렵다. 예컨대, 어떤 어린이가 손담비의 노래를 따라 부르면서 의자 위에서 춤추는 모습을 촬영한 영상물이 UCC 사이트인 '네이버비디오'에 게시되자, 한국음악저작권협회의 요구로 네이버가 그 영상물을 삭제한 사례가 있었다. 꼬마의 영상물이 손담비의 노래를 배경음악으로만 이용한 것이기 때문에 저작권 침해라고 볼 수 없음에도 불구하고, 네이버는 저작권자의 요구만으로 그 영상물을 삭제했다. 저작권 보호를 강화하기 위해 인터넷 게시물 삭제를 쉽게 만든 저작권법 규정은 소비자들의 동영상 제작이나 표현의 자유를 위축시키는 부작용을 초래한다. 저작권 과잉보호가 표현의 자유를 위축시킬 뿐만 아니라 인터넷 기술과 산업 전체의 발전을 가로막는 것은 아닌가 우려된다.[69]

명예와 인격권의 과잉보호는 표현의 자유와 아이디어 시장을 위축시킬 수 있다. 특히 우리나라 형법은 사실을 사실대로 말해도 명예훼손죄가 성립할 수 있다고 규정하고 있어, 표현의 자유가 심하게 위축되고 아이디어 시장을 토대로 존재하는 민주주의와 법치주의의 본질까지 훼손될 수 있다. 최근 미투(Me too) 운동의 전개 과정을 보면, 성희롱 피해자가 성희롱 사실을 폭로하더라도 가해자는 피해자의 허위주장으로 자신의 명예가 훼손되었다고 주장하면서 형사고소함으로써 성희롱 피해자의 입을 틀어막는 사례가 많이 나타나고 있다.[70] 대한민국 형법은 허위 사실뿐만 아니라 진실을 폭로하더라도 명예훼손

---

69 http://itnews.inews24.com/php/news_view.php?g_serial=426645&g_menu=020300(2010. 10. 25. 방문).

70 손지원, 「프라이버시와 표현의 자유의 균형적 보호를 위한 사실적시 명예훼손죄의 개정 방향」(국회토론회 발제문, 2020. 7. 28).

이 성립되는 명예 과잉보호를 하고 있기 때문에, 성희롱 피해자는 명예훼손죄로 처벌받을 가능성을 우려한 나머지 더 이상 적극적으로 진실을 이야기하지 못한 채 자포자기하게 된다. 마찬가지로 기업의 비리나 권력자의 부정을 폭로하는 내부자 고발도 조직 내부의 압력뿐만 아니라 명예훼손죄 처벌 위협에 부딪혀 용기를 꺾고 주저앉는 경우가 많다. 이런 사례들은 형법상 명예훼손죄가 명예, 프라이버시, 인격권을 합리적으로 보호하기보다는 권력과 재력을 보호하기 위한 수단으로 악용될 수 있음을 잘 보여 준다. 명예 과잉보호는 권력과 재력의 보호에 그치지 않고 표현의 자유와 아이디어 시장을 위축시켜 궁극적으로 민주주의와 자유시장 질서를 파괴할 수 있다.

인터넷상에서 명예 과잉보호는 질서 파괴의 부정적 효과를 더욱 심각하게 보여 준다. 인터넷상의 명예훼손에 관한 분쟁이 발생하면 인터넷 기업에 어떤 책임이 있는가 하는 문제가 가장 중요한 쟁점으로 떠오른다. 인터넷 이용자가 사실을 폭로하는 게시글을 올렸음에도 불구하고 인터넷 기업이 그러한 게시글을 삭제하지 않았다는 이유로 인터넷 기업을 명예훼손죄의 공범으로 처벌하거나 명예훼손을 도와준 공동불법행위 책임을 추궁할 수 있는지를 둘러싸고 소송이 제기되기도 한다. 대법원은 인터넷 기업이 피해자로부터 직접적인 통지를 받지 않은 경우라 하더라도 명예훼손적인 게시물이 게시된 사정을 구체적으로 인식하고 있었거나 그 게시물의 존재를 인식할 수 있었음이 외관상 명백히 드러난 경우에는, 인터넷 기업이 스스로 그 게시물을 삭제하고 차단할 주의 의무가 있다고 판시한 바 있다.[71] 대법원이 명예훼손

---

71 대법원 2009. 4. 16. 선고 2008다53812 판결.

에 대한 구제나 명예훼손 방지에 지나치게 무게중심을 두어 인터넷 기업들에 사실상 감시/검열 의무를 부과한 결과가 되었다.[72] 이런 과도한 주의 의무 부과는 정치적, 경제적 부작용을 초래하고 명예보다 더 커다란 가치인 표현의 자유를 위축시키는 희생을 초래할 수 있다.[73] 특히 대한민국 형법은 '사실을 적시'한 경우에도 명예훼손죄가 성립할 수 있다고 규정하고 있어,[74] 미투와 같이 성범죄를 공개적으로 지적하는 게시글도 삭제해야 하는지 판단하기 어려운 상황이 생길 수 있다. 이러한 경우 인터넷 기업의 감시나 검열 의무는 결과적으로 자의적인 삭제 또는 담당 직원의 편견에 의한 삭제를 가능하게 할 수도 있다.

형사처벌 만능주의

규제 강화를 위한 최고의 무기는 형사처벌이다. 규제 근거가 되는 국내 법률 대부분은 그 규제 위반에 대한 형사처벌을 규정하고 있다. 규제의 불합리성과 폐해는 위반 시 부과되는 형사처벌에서 극대화된다. 형사처벌의 위협은 규제의 효율성을 높이기도 하지만 동시에 개인과 기업의 자유와 혁신을 위축시키기도 한다. 규제가 늘어나고 형사처벌 법규가 늘어나면서 전과자도 놀랄 만큼 늘어났다. 한국 국민 가운데 벌금 이상의 형벌을 받은 사람이 1,100만 명, 즉 전체 국민의

---

72 합리적인 수준의 주의 의무를 넘어 포털에 검열 의무를 부과하는 경우의 문제점과 폐해에 대해서는 외국에서도 많은 지적이 있어 왔다: Xavier Amadei, "Standards of Liability for Internet Service Providers: A Comparative Study of France and the United States with a Specific Focus on Copyright, Defamation, and Illicit Content," 35 *Cornell Int'l L. J.* 189 (2002), pp. 211-212.

73 정상조, 「명예훼손에 대한 포털의 책임 - 대법원 2009. 4. 16. 선고 2008다53812 판결에 대한 비판적 검토」, 『서울대학교 법학』 제51권 제2호(통권 155호, 2010. 6), 258-260쪽.

74 형법 제307조.

22%가 넘는다.[75]

죄를 범하고 처벌받는 전과자가 많은 것을 국민의 준법정신이 부족하기 때문이라며 전과자만 탓하기는 어렵다. 첫째, 처벌 근거가 되는 규제 자체가 불합리하거나 비현실적인 경우가 많아 규제 법규를 준수하기 어렵게 한다. 기업인 대부분이 한국에서 사업하는 것이 "교도소 담장 위를 걷는 것"처럼 아슬아슬하다고 말할 정도로 다양하고 복잡한 규제 법규를 모두 준수하기 어려운 것이 현실이다. 둘째, 설사 규제가 꼭 필요한 경우에도 위반에 대해 반드시 형사처벌해야 할 것인지 여부는 전혀 별개의 문제인데, 한국은 형사처벌 위협으로 쉽게 규제하고자 하는 행정편의주의에 입각하고 있다.

관련 법률 위반에 대해 형사처벌 제재가 규정되어 있으면, 대부분의 개인과 기업으로서는 조금이라고 규제를 위반하지 않도록 노력하는 데 시간과 자본을 투입해야 하기 때문에 기술혁신이 위축된다. 2000년대 mp3 파일을 공유할 수 있는 기술을 개발해 성공한 소리바다의 운영자는 저작권 침해를 방조했다는 사유로 민사책임뿐만 아니라 형사처벌까지 받았는데, 그 당시 동일한 서비스를 제공한 미국 기업 냅스터(Napster) 운영자는 아무런 형사처벌도 받지 않았다. 사회적으로 비난하고 엄벌해야 할 행위가 아님에도 불구하고 형사처벌하는 규정을 많이 둠으로써 개인과 기업의 기술혁신을 위축시킬 이유는 없다. 특허권 침해와 같이 판단하기 어려운 경우 재산권 침해를 모두 형사처벌하면 기술혁신을 위축시킬 위험이 더 커진다. 형사처벌로 국가의 기강을 잡으려고 하는 것은 권위주의 국가의 잘못된 유산일 뿐이다.

---

75 이인혁, 「과잉입법이 법질서 무너뜨린다」, 『법률신문』 제725호(2019. 2. 11), 11면.

기술혁신에서는 개인과 중소기업의 역할이 중요한데, 형사처벌은 대기업보다 개인이나 중소기업을 더 위협하고 기술혁신 의욕을 매우 위축시킨다. 2020년에 개정된 근로기준법은 주 52시간 근무제를 위반한 사업주는 2년 이하 징역 또는 2천만 원 이하 벌금에 처한다고 규정하고 있다.[76] 대기업들은 주 52시간 근무제를 지킬 수 있는 여력이 충분하고 생산성 향상에 도움을 받을 수도 있다. 입법 취지는 좋지만, 중소기업들은 주 52시간 근무제 위반 시 형사처벌 위기 속에서 기술혁신 능력과 속도마저 타격을 받을 수 있다. 형사처벌로 노동조건을 강제하는 것이 능사가 아니라 개인과 중소기업을 포함한 기업들의 기술혁신을 촉진하고 지원함으로써 생산성을 향상해 노동조건을 개선하도록 유인하는 것이 정부가 해야 할 일이다.

형사처벌 규정이 추상적이거나 애매모호하면 검찰은 상당한 재량을 갖고 권한을 정략적으로 악용하거나 뇌물의 유혹을 받을 수도 있다. 대부분의 법률에 형사처벌 조항을 두면서 검찰로 하여금 그 형벌 조항에 따른 수사와 기소를 자제하라고 요구하는 것은 모순이다. 검찰의 권한 남용을 방지하는 검찰 개혁은 현행법상 지나치게 많은 형벌 조항을 대폭 삭제하는 법 개정에서부터 시작해야 한다. 형벌 조항의 대폭 축소는 검찰 개혁과 기술혁신을 촉진하는 데 가장 긴요한 과제가 아닐 수 없다.

규제 완화와 재도약

규제를 만들기는 쉽지만 없애기는 어렵다. 규제의 불합리성을 지

76 근로기준법 제110조.

적하는 것은 논리적으로 옳지만 현실적으로 추진력을 갖지 못하는 경우가 많다. 이론과 달리, 정치적인 인기영합주의나 관료적인 보신주의가 현실을 지배하고 있기 때문이다. 또한 규제 완화론은 이익단체의 집요한 로비나 시민단체의 극단적인 주장에 밀리기 쉽다.

예외적으로 외부적 충격에 의해 불합리한 규제가 없어지거나 완화되는 경우가 있다. 예컨대, 공인인증서[77]는 모바일 거래 증가라는 예상 밖의 기술혁신 및 시장 변화로 인해 폐지되었다. 공인인증서가 폐지되면서 각 기업이 경쟁적으로 기술혁신에 투자하고, 인증기술 특허출원이 증가하고 있다.[78] 최근에는 코로나 위기도 불합리한 규제를 타파하는 데 기여하고 있다. 코로나로 인해 원격의료 및 화상수업의 필요성이 절실해지면서, 의료법상 '직접 진찰'해야 의료 서비스를 제공할 수 있다는 규제에도 예외가 인정되기 시작했다. 고등교육법상 원격수업 교과목은 20%로 제한되어야 한다는 규제도 완화되기 시작했다. 그러나 규제 완화를 위해 외부적 충격을 기다리고만 있을 수는 없다. 자유와 혁신의 진정한 가치에 대한 신뢰를 바탕으로 불합리한 규제를 적극적으로 철폐하는 것이 진정한 규제개혁이고 21세기의 민주화일 것이다.

규제 완화나 불합리한 규제의 철폐는 시급한 과제다. 국가 주도의 산업 발전 모델은 노사분규 및 산업 생태계의 변화로 명확한 한계가 노출되고 있다. 경쟁력이 남아 있는 반도체·자동차 등의 제조업 분야는 물론 게임 등 소프트웨어산업에서도 중국 등 후발국가와의 기술 격차가 급격히 축소되고 있다. 새로이 경쟁력을 갖춰야 할 생명공학

---

77 전자금융거래법 제21조.

78 https://blog.naver.com/kipoworld2/222152011854.

분야는 아직도 선진국에 비해 상당히 뒤처진 실정이다. 저출산·고령화 등에 대한 대비도 미흡하다. 대한민국의 재도약을 위해 기술혁신과 규제 완화로 새로운 성장동력을 모색해야 할 시점이다. 특히 코로나 위기 극복에 과학기술의 발전이 절대적으로 필요하고, 코로나 이후 대한민국의 재도약은 기술혁신과 규제 완화에 달려 있다.

우리는 이미 규제 완화로 혁신과 투자를 활성화한 실증적 경험을 갖고 있다. 1980년대 말까지 공연윤리위원회의 사전심의가 우리 문화산업을 옥죄고 있었다. 그러나 1990년대 들어 헌법재판소가 그러한 규제는 우리 헌법이 금지하고 있는 검열에 해당한다고 결정 내려 사전심의제도가 폐지될 수 있었다. 검열의 폐지와 예술의 자유의 실질적인 보장에 따라 토종 영화, 음악, 드라마, 게임 및 관련 기술이 급속히 발전하고 해외에서 한류 붐을 일으키게 되었다. 불합리한 규제 철폐가 우리의 자유 특히 표현의 자유를 회복시켜 주고, 산업의 발전과 기술의 혁신을 촉진하는 일등공신이라는 역사적 사실을 확인할 수 있다.

그 후에도 불합리한 규제 철폐로 기술혁신과 산업의 발전을 경험한 사례는 더 있다. 2012년 화장품법이 개정되기 전에는 화장품 제조 시 사용가능한 원료 목록을 열거해 엄격하게 규제했지만, 법 개정으로 배합 금지 원료를 지정하는 네거티브 리스트 방식으로 규제를 완화했다. 화장품 원료에 관한 규제가 완화되면서 화장품업계의 기술혁신과 투자가 촉진되고 매출액과 종사자 수도 급증했다. 특히 화장품 수출을 보면 개정 전에는 8억 달러에 불과했으나 규제 완화 이후 매년 40% 이상 빠른 속도로 증가해 2018년 현재 50억 달러를 넘었다.[79]

---

79 https://cafe.naver.com/biofinder/5819.

최근 주위에서 맛볼 수 있는 토종 수제 맥주의 발전도 규제 완화 덕분이다. 맥주에 관한 다양한 규제로 국산 맥주의 시장점유율이 수입 맥주에 뒤처지고 있었지만, 규제 완화로 2020년부터 토종 맥주가 수입 맥주 판매량을 넘어섰다. 3년 전까지는 수제 맥주 제조 시설과 유통 창구에 관한 규제가 엄격했지만, 수입 맥주에 유리했던 주세 부과 기준을 종량세로 개선하고 제조 시설과 유통 창구에 관한 규제를 완화한 결과 토종 수제 맥주의 제조 및 판매가 증가한 것이다. 규제 완화로 수제 맥주의 생산과 유통에 관한 기술혁신이 경쟁적으로 일어나 양조장과 맥주 시장이 대폭 성장했다.

규제 완화를 통한 기술혁신은 현재 진행 중인 4차 산업혁명에서 더욱 절실히 필요하다. 규제 완화로 개인과 기업에 자유가 주어지고 특허권과 같은 인센티브가 주어지면 기술혁신이 촉진되지만, 기존 시장이 파괴되고 새로운 시장이 만들어지는 창조적 파괴의 고통을 겪어야 한다. 규제 완화와 창조적 파괴를 위해서는 그에 관한 사회적 합의를 이끌어 내는 정치적 리더십이 필요하다. 인공지능과 빅데이터에 관한 기술혁신에 어떠한 규제 완화가 필요한지, 그로 인한 시장 변화에 어떻게 대응할 것인지 사회적 합의가 필요하기 때문이다. 예컨대, 개인정보의 보호를 위한 규제도 필요하지만, 익명화 또는 가명화를 통한 데이터 분석과 기술혁신을 도모하기 위한 사회적 합의도 필요하다. 21세기 대한민국이 재도약하기 위해서 규제완화와 기술혁신이 필요한데, 그 사회적 합의는 17세기 영국의 명예혁명, 18세기 프랑스의 대혁명, 19세기 미국의 노예해방 이상으로 어렵고 고통스러운 과정일지 모른다. 동양과 서양의 기술혁신이 어떠한 배경과 원동력에 의해 이뤄졌는지 되돌아본다면, 21세기 대한민국이 규제 완화와 기술혁신에 필요한 지혜를 찾는 데 도움을 얻을 수 있을 것이다.

참고문헌

강명관, 2014, 『조선시대 책과 지식의 역사』, 천년의상상.

김석현, 2015, 『한국의 과학기술 혁신 지표』, 과학기술정책연구원.

김영식·박성래·송상용, 2013, 『과학사』, 전파과학사.

김학준, 2010, 『서양인들이 관찰한 후기조선』, 서강대학교출판부.

노영진, 2014, 『기술혁신 환경 변화와 정책 대응』, 산업연구원.

박제가, 안대회 옮김, 2013, 『북학의: 완역정본』, 돌베개.

손영운, 2004, 『청소년을 위한 서양과학사』, 두리미디어.

연규횡, 1988, 『科學史』, 東亞學硏社.

이경식, 2006, 『한국 중세 토지제도사』, 서울대학교출판부.

이세영, 2001, 『朝鮮後期 政治經濟史』, 혜안.

이헌창 외, 2010, 『조선후기 재정과 시장』, 서울대출판문화원.

이헌창, 2014, 『한국경제통사』, 해남.

임기철, 2014, 『한국의 미래, 과학기술혁신체제에서 길을 찾다』, 삼성경제연구소.

全炳機 編, 1982, 『朝鮮科學史』, 二友出版社.

鄭多函, 2011, 「과학이라는 전통의 창출과 홍이섭의 조선시대 과학사 연구 - 『조선과학사』를 중심으로」, 『歷史教育』第118輯, pp. 165-195.

정병석, 2016, 『조선은 왜 무너졌는가』, 시공사.

천병수 외, 2012, 『새로 본 과학사』, 유한문화사.

정인경, 2014, 『동서양을 넘나드는 보스포루스 과학사』, 다산에듀.

한영우, 2013, 『과거-출세의 사다리 2』, 지식산업사.

한영우, 1999, 『왕조의 설계자 정도전』, 지식산업사.

데이비드 S. 랜즈, 안진환·최소영 옮김, 2009, 『국가의 부와 빈곤』, 한국경제신문사.

빅터 W. 황·그렉 호로윗, 권중헌·차두원 옮김, 2013, 『정글의 법칙』, 북콘서트.

샤를르 달레, 정기수 옮김, 2015, 『조선교회사』, 탐구당.

아담 스미스, 김수행 옮김, 2007, 『국부론(상)』(개역판), 비봉출판사.

제임스 B. 팔레, 김범 옮김, 2008, 『유교적 경세론과 조선의 제도들: 유형원과 조선 후기』, 산처럼.

조지프 니덤, 김영식·김제란 옮김, 1998, 『중국의 과학과 문명』, 까치.

존 P. 파월슨, 권기대 옮김, 2007, 『부와 빈곤의 역사』, 나남.

토마스 쿤, 김명자·홍성욱 옮김, 2013, 『과학혁명의 구조』, 까치글방.

프랜시스 후쿠야마, 안진환 옮김, 2005, 『프랜시스 후쿠야마의 강한 국가의 조건』, 황금가지.

이익춘 편역, 1982, 『科學史』(원제 *A Brief History of science*. A. 루퍼트 홀 & 마리 보아스 홀 지음), 仁荷大學校 出版部.

刘尚希·韩凤芹·史卫, 「唐宋科技繁荣: 政府行为与创新环境」, 『财政研究』(2015年 第5期).

李健, 2010年 11月, 「唐宋时期科技发展与唐宋变革」, 『中州学刊』 总第180期.

Annalee, S., 1994, *Regional Advantage: Culture and Competition in Silicon Valley and Route* 128, Harvard University Press.

Bessen, J. and M. J. Meurer, 2008, *Patent Failure: How Judges, Bureaucrats, and Lawyers Put Innovators at Risk*, Princeton University Press.

Carrier, M. A., 2009, *Innovation for the 21st Century: Harnessing the Power of Intellectual Property and Antitrust Law*, Oxford University Press.

Deuchler, M., 1995, *The Confucian Transformation of Korea: A Study of Society and Ideology*, Harvard University Press.

Fetzer, T. and C. S. Yoo, 2012, *New Technologies and Constitutional Law*, Faculty Scholarship, Paper 545.

Gibbons, J. H., 1988, "Science, Technology and Law in the Third Century of the Constitution," *Technology in Society*, Vol. 10: 311-315.

Hodas, D., "The Laws of Science, Constitutional Law, and the Rule of Law," Widener University Delaware Law School Legal Studies Research Paper, Series no. 16-11.

Jasanoff, S., 1995, *Science at the Bar*, Harvard University Press.

Jasanoff, S., 2011, "Constitutional Moments in Governing Science and Technology," *Sci Eng Ethics*, Vol. 17: 621-638.

Laukyte, M., "Three Factor Model: Some ideas about the Relationship between Law," *Science and Technology*, EUI Working Paper MWP 2014/14.

Maddison, A., 2004, *The World Economy: Historical Statistics*, OECD Development Centre.

Merges, R. P., 1988, "The Nature and Necessity of Law and Science," 38 *J. Legal Educ.* 315.

Silbey, S. S. (ed.), 2008, *Law and Science*, Vol. I, MIT.

U.S. Congress, September 1987, "Office of Technology Assessment," *Science, Technology, and the Constitution-Background Paper*, OTA-BP-CIT-43, Washington, DC: U.S. Government Printing Office.

찾아보기

ㄴ

ㄷ

ㄹ

ㅅ

ㅇ

ㅈ

ㅊ

ㅋ

ㅌ

An Inquiry into the Nature and Causes of Technological Innovations

Jung, Sang Jo

Technological innovation has been a key force in the development of our civilization from the stone age to the digital era. From the brilliant ancient civilization of Egypt to the economic riches of Silicon Valley, there has always been considerable scientific knowledge and superior technological innovation. The brilliant civilization of China's Tang and Song Dynasty period enjoyed technological superiority and economic richness compared to the West through technological innovations such as compass, gunpowder, paper, and printing. However, from the 14th century when the Renaissance began, the ups and downs of the East and the West are reversed. In the Ming Dynasty and the Joseon Dynasty, technological innovation has stagnated due to the harsh ideology of Confucianism and rigid class order, while in the West innovations and industrial revolution started from the Renaissance.

The so-called prehistoric technological innovation by our ancestor, Homo Sapiens, was largely influenced by geographical factors. Although there are considerable differences in settlement life and agricultural technologies at the end of hunter-gathering society, such differences are also generally affected by geographical factors such as climate and soil. However, once the agrarian society is formed, the production and storage of food and the exchange of surplus food are commenced, they are divided into a small number of ruling classes who can understand letters and numbers and those who are ruled by the ruling class. Therefore, technological innovation and economic prosperity in agrarian society can be influenced not only by geographical factors, but also by various factors such as the power and will of the ruling class, freedom of economic activity allowed to the class, protection of property, religion and ethics and so on. The pace of technological innovation and economic development in the agricultural society was very slow, but various factors have affected for thousands of years, resulting in economic differences in China, India, the Middle East and Europe, and changes in ups and downs.

From the 5th century on, European trade and technological innovation stagnated in the feudal era or in what is called the dark age. On the other hand, China had a technological and economic advantage. In the feudal era, it is presumed that the restraint of the status based on the serfdom system and the rigid mindset centering on Christianity suppressed commercial activities and did not provide any incentive for technological innovation. In contrast, in the case of China, it is presumed that long-term centralized bureaucracy, relatively free trade in domestic markets, and international trade through Silk Road have enabled technological innovation and economic wealth.

With the Renaissance in Europe starting from the 14th century, China's technological superiority began to collapse and China's economic advantage rapidly disappeared from the beginning of the 18th century. There are various prior studies on colonialism, environmentalism, cultural theory, and institutional theory as to the background of technological innovation and economic development in Europe over the past 500 years. However, it is clear that the background and the driving force of technological innovation differ slightly depending on the regions and countries. The economic prosperity and technological innovation that the Italian cities have made since the 14th century were attributed to the freedom in those cities and the Roman law tradition. On the other hand, from the end of the 15th century, Portugal and Spain conquered the colonies and plundered gold treasures with the royal support, but the technological innovations that accompanied them were limited to sailing technologies. Technological innovations in Italy, Portugal and Spain are also quite different from technological innovation and institutional innovation in the golden age of the Netherlands, which began in the late 16th century. In addition, technological innovations on the European continent are quite different from the background and the driving force of the 17th century British Glorious Revolution and 18th century industrial revolution.

Innovation and institutional innovation in continental Europe and in the UK have been followed, reproduced, and expanded on a larger scale in the nineteenth-century New World, America. The Glorious Revolution of Britain enabled the liberty and property to be protected from the tyrany of kings and queens, and the freedom and property protection and the patent system became a good institutional base for promoting investment and innovation for noble and emerging merchants. British settlers in North America were able to spread the protection of freedom and property equally without distinction of status or wealth. British settlers, including the English settlers in the United States, were able to import blacks and exploit slave labor, whilst whites could create a much more democratic political and economic order than in Europe. The democratic political order and the inclusive economic order of the New World, USA, enabled the second industrial revolution and remarkable technological innovation from the middle of nineteenth century, with a positive impact on the promotion of investment and innovation. The United Kingdom has guaranteed property rights to wealthy farmers through enclosure statutes, but President Lincoln enacted the Homestead Act, allowing not only the rich and the ruling class, but also all ordinary settlers, to enjoy opportunities to advance the introduction of new agricultural technology. Even in the case of the patent system, which has been the driving force of technological innovation, the United States has created a system that is much more equitable, much cheaper and more popular than that of the UK. In the UK, the patent application had a large limit of cost and low predictability. The US patent system, on the other hand, is regarded as a more democratic system because it can benefit the various classes of inventors at a lower cost. Unlike in the United Kingdom, in the US, only 19 percent of patentees are wealthy or professional, and 40 percent of patentees are ordinary people who, like Edison, have received education below elementary school.

After the end of World War II, Korea learned and imitated western science and technology, and has made another technological innovation. Based on the background of the technological innovation in the West and the previous studies on the driving force, it is necessary to examine how the technological innovation in Korea has been done, and to find out where the problems are and to see the direction of the technological innovation ecosystem for continuous growth in the future.

정상조

서울대학교 법대를 졸업하고 영국 런던정경대학에서 법학박사 학위를 취득한 후 서울대학교 법과대학에서 지식재산권법 연구와 강의를 하고 있다. 학술 면에서는 특허, 저작권, 상표, 부정경쟁방지, 독점규제, 인터넷 등에 관한 논문과 단행본을 저술했고, 하버드 로스쿨과 워싱턴 로스쿨에서 한국법 강좌를, 듀크 로스쿨과 조지타운 로스쿨에서 한국지식재산권법 강좌를 맡아서 강의한 바 있다. 행정 면에서는 서울대학교 법과대학장 및 법학대학원장을 역임했고, 대외활동으로는 국가지식재산위원회 민간위원장 및 한국과학기술한림원 정회원으로 정부의 정책 입안과 운영에 관한 지원활동을 수행한 바 있다.

학력

London School of Economics, Ph. D.(1988. 1~1991. 6)

London School of Economics, LL. M.(1986. 10~1987. 9)

서울大學校 大學院 法學科 法學碩士(1982. 3~1984. 2)

서울大學校 法科大學 法學士(1978. 3~1982. 2)

경력

현재, 서울대학교 법학대학원 교수(1994. 3~)

현재, 국가지식재산위원회 민간위원장(2020. 3~)

현재, 한국과학기술한림원 정회원(2015. 12~)

현재, 특허법원 사법행정자문위원회 위원(2017. 4~)

현재, Member of the Editorial Board of GRUR International(2020. 12~)

서울대학교 법과대학 학장 겸 법학대학원 원장(2012. 6~2014. 5)

서울대학교 법학연구소 技術과法센터장(2003. 1~2012. 5)

한국게임법과정책학회 회장(2014~2019)

Visiting Professor teaching Korean Law, Harvard Law School(January Term 2015)

Garvey Schubert Barer Professor of Law, University of Washington School of Law(September to December 2014)

사법연수원 운영위원회 위원(2014. 5~)
특허청 산업재산정책제도 분과위원회 위원장(2014. 6~2014. 8)
2013 한미 지재소송 콘퍼런스 추진위원회 위원장(2012. 10~2014. 9)
Visiting Professor teaching Korean law and comparative intellectual property, Georgetown Law Center(Jan. & Feb. 2007)
Visiting Professor teaching Korean intellectual property law, Duke Law School(Jan. & Feb. 2003)
Visiting Scholar, Stanford Law School(2000. 7~2001. 7)
법무부 법무자문위원회 위원(2007. 12~2009. 12)
WIPO Arbitration and Mediation Center UDRP Panelist(2000. 5~2010. 4)
독일 MAX-PLANCK 연구소 초청연구원(1991. 3~1991. 9)